本書の特長＆使い方

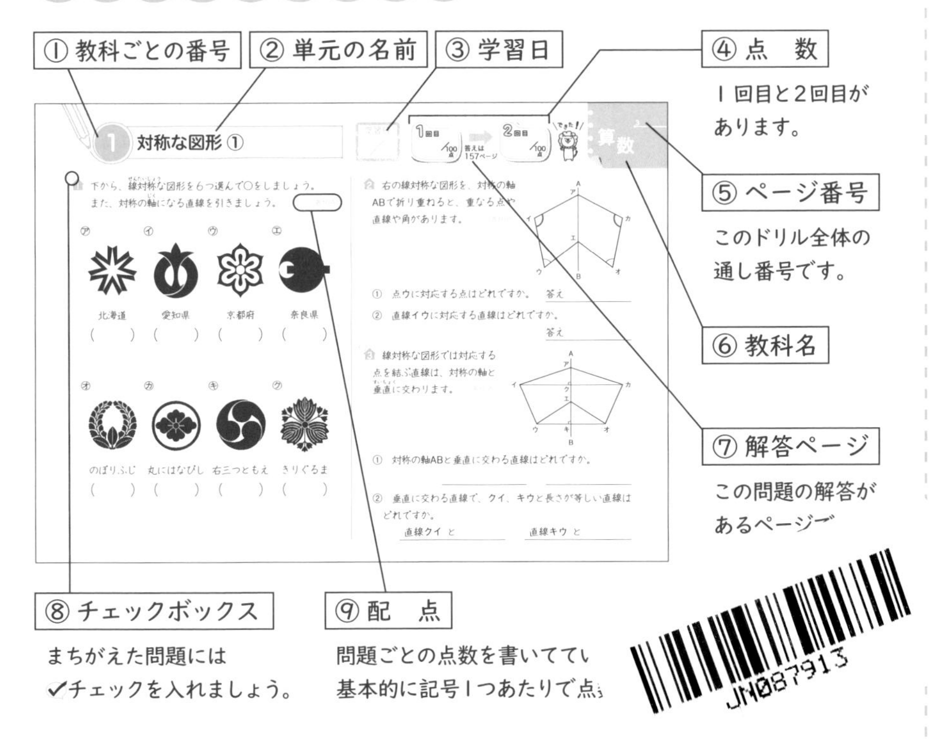

１回１枚、切り取って使える！

各教科１回１枚ずつ取り組むと、約１か月で予習・復習できます。

やさしく学べて、成績アップ！

教科書レベルの内容が、しっかり身につきます。

苦手がわかる、チェック式！

まちがえた問題にチェックを入れると、苦手を知れて対策できます。

両面に問題を収録！ 問題数NO.1！(※当社比)

学期や学年末の総まとめとして、さまざまな問題に取り組めます。

もくじ＆点数表

このもくじは、学習日と点数を記録する表になっています。
点数は、１回目だけでなく、２回目の点数も書けます。
１回目：今の実力の点数
２回目：１回目でまちがえた問題を解きなおし、100点を目指した点数
２回目は解答を確認しながらでもいいので、まちがえをそのままにせず、解きなおしをして苦手をなくしましょう。

理科	学習日	1回目	2回目
①植物と水や空気①	／	点	点
②植物と水や空気②	／	点	点
③植物と養分①	／	点	点
④植物と養分②	／	点	点
⑤呼吸のはたらき	／	点	点
⑥消化管のはたらき	／	点	点
⑦消化管と心臓のはたらき	／	点	点
⑧心臓と血液のはたらき	／	点	点
⑨生物とかん境①	／	点	点
⑩生物とかん境②	／	点	点
⑪生物とかん境③	／	点	点
⑫水よう液の仲間分け	／	点	点
⑬水よう液と金属	／	点	点
⑭水よう液にとけているもの①	／	点	点
⑮水よう液にとけているもの②	／	点	点
⑯月と太陽①	／	点	点
⑰月と太陽②	／	点	点
⑱月の形と見え方①	／	点	点
⑲月の形と見え方②	／	点	点
⑳地層と大地のつくり	／	点	点
㉑大地の変化	／	点	点
㉒燃え方と空気	／	点	点
㉓酸素と二酸化炭素	／	点	点
㉔器具の使い方	／	点	点
㉕発電・ちく電①	／	点	点
㉖発電・ちく電②	／	点	点
㉗電気の利用①	／	点	点
㉘電気の利用②	／	点	点
㉙棒を使ったてこ	／	点	点
㉚てこのつり合い①	／	点	点
㉛てこのつり合い②	／	点	点
㉜てこの利用	／	点	点

社会	学習日	1回目	2回目
①日本国憲法	／	点	点
②三権分立	／	点	点
③自然災害からの復旧・復興	／	点	点
④縄文・弥生時代	／	点	点
⑤弥生時代から古墳時代へ	／	点	点
⑥飛鳥時代	／	点	点
⑦奈良時代	／	点	点
⑧平安時代①	／	点	点
⑨平安時代②	／	点	点
⑩鎌倉時代	／	点	点
⑪室町時代	／	点	点
⑫安土・桃山時代①	／	点	点
⑬安土・桃山時代②	／	点	点
⑭江戸時代①	／	点	点
⑮江戸時代②	／	点	点
⑯江戸時代③	／	点	点
⑰江戸時代④	／	点	点
⑱江戸時代⑤	／	点	点
⑲明治時代①	／	点	点
⑳明治時代②	／	点	点
㉑明治時代③	／	点	点
㉒明治時代④	／	点	点
㉓明治・大正時代	／	点	点
㉔昭和時代①	／	点	点
㉕昭和時代②	／	点	点
㉖昭和時代③	／	点	点
㉗昭和時代④	／	点	点
㉘国際社会	／	点	点
㉙世界の国々とのつながり①	／	点	点
㉚世界の国々とのつながり②	／	点	点
㉛国連のはたらき	／	点	点
㉜地球かん境	／	点	点

国語	学習日	1回目	2回目
①読解：干し柿	／	点	点
②漢字①	／	点	点
③読解：追う目、にげる目	／	点	点
④漢字②	／	点	点
⑤読解：マグロの完全養しょく	／	点	点
⑥言葉と文① 名詞・動詞・形容詞・形容動詞	／	点	点
⑦読解：ラクダ	／	点	点
⑧漢字③	／	点	点
⑨読解：みそ	／	点	点
⑩漢字④	／	点	点
⑪読解：うた時計	／	点	点
⑫言葉と文② 副詞・助詞・助動詞	／	点	点
⑬読解：おじいさんのランプ	／	点	点
⑭漢字⑤	／	点	点
⑮読解：くもの糸	／	点	点
⑯漢字⑥	／	点	点
⑰読解：生ゴミの減量	／	点	点
⑱言葉と文③ 接頭語・接尾語	／	点	点
⑲読解：カレー料理	／	点	点
⑳漢字⑦	／	点	点
㉑読解：切りさく歯、すりつぶす歯	／	点	点
㉒漢字⑧	／	点	点
㉓読解：いろはたんてい	／	点	点
㉔言葉と文④ 文末表現	／	点	点
㉕総合：福男レース	／	点	点
㉖総合：時計の歴史	／	点	点
㉗総合：たこあげ	／	点	点
㉘総合：ワサビ	／	点	点
㉙総合：こどもの日	／	点	点
㉚総合：かかしの里	／	点	点
㉛総合：植物工場	／	点	点
㉜総合：白衣の天使	／	点	点

英語	学習日	1回目	2回目
①アルファベット大文字・小文字	／	点	点
②自己紹介をしよう！	／	点	点
③日本について話そう！	／	点	点
④していることを話そう！	／	点	点
⑤何時に何をするかについて話そう！	／	点	点
⑥いちばん好きなものや人について話そう！	／	点	点
⑦どんな人か紹介しよう！	／	点	点
⑧行きたい国・場所について話そう！	／	点	点
⑨得意なことなりたい職業について話そう！	／	点	点
⑩休みの思い出を話そう！	／	点	点
⑪小学校での思い出について話そう！	／	点	点
⑫中学校でやってみたいことを話そう！	／	点	点

英語には、音声がついています。
下記HPの商品ページから
ダウンロードしてください。
スマホやパソコン、タブレット
からお聞きいただけます。
（音声は無料ですが、通信料がかかります）

▶下記からダウンロード
http://foruma.co.jp/sankousyo/sankousyo6468

1 対称な図形 ①

答えは157ページ

できた！

1 下から、線対称（せんたいしょう）な図形を６つ選んで○をしましょう。
また、対称の軸（じく）になる直線を引きましょう。（各10点）

㋐ 北海道（　　）
㋑ 愛知県（　　）
㋒ 京都府（　　）
㋓ 奈良県（　　）

㋔ のぼりふじ（　　）

㋕ 丸にはなびし（　　）

㋖ 右三つともえ（　　）

㋗ きりぐるま（　　）

2 右の線対称な図形を、対称の軸ABで折り重ねると、重なる点や直線や角があります。（各10点）

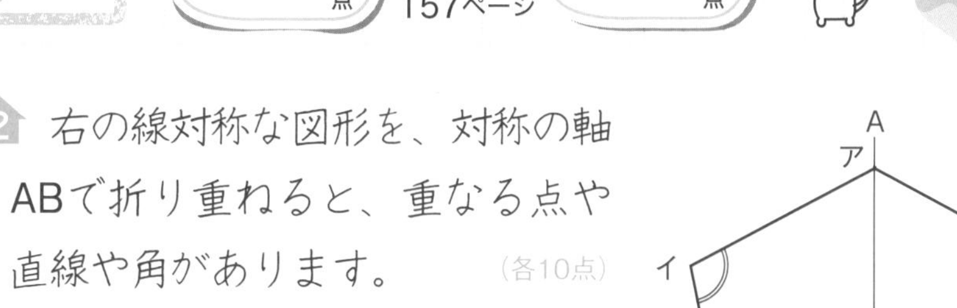

① 点ウに対応する点はどれですか。　答え＿＿＿＿

② 直線イウに対応する直線はどれですか。

答え＿＿＿＿

3 線対称な図形では対応する点を結ぶ直線は、対称の軸と垂直（すいちょく）に交わります。（各10点）

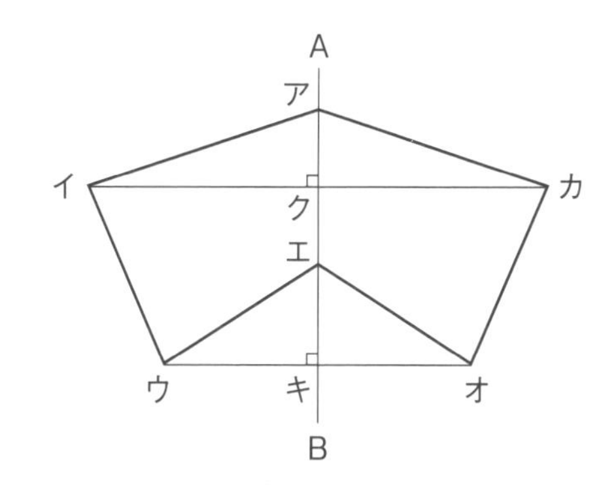

① 対称の軸ABと垂直に交わる直線はどれですか。

＿＿＿＿　＿＿＿＿

② 垂直に交わる直線で、クイ、キウと長さが等しい直線はどれですか。

直線クイ と＿＿＿＿　直線キウ と＿＿＿＿

2 対称な図形 ②

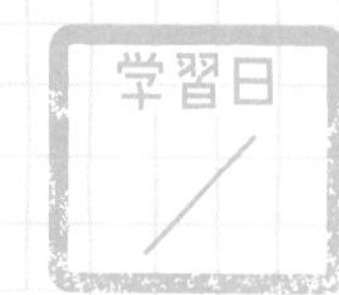

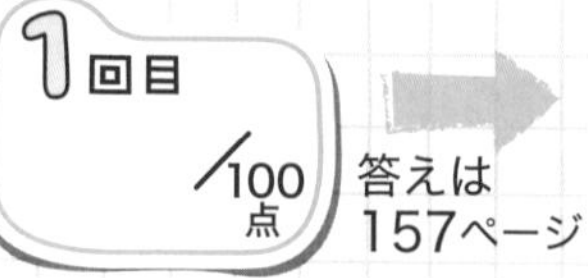

算数

1 下の府県のマークで、点対称（てんたいしょう）になっているものはどれですか。４つ選んで○をしましょう。また、点対称の中心に×印をつけましょう。 （各10点）

㋐	㋑	㋒	㋓

大分県	岩手県	宮崎県	埼玉県
（　　）	（　　）	（　　）	（　　）

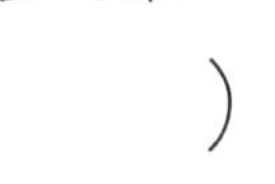

㋔	㋕	㋖	㋗

京都府	島根県	長野県	大阪府
（　　）	（　　）	（　　）	（　　）

2 点対称な図形で、対称の中心（点O）のまわりに180°まわして重なる点や直線や角があります。 （各10点）

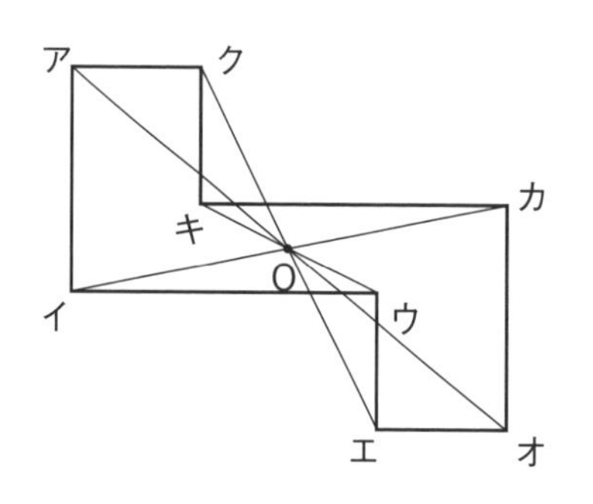

① 点アに対応する点はどれですか。 答え ＿＿＿＿

② 点イに対応する点はどれですか。 答え ＿＿＿＿

③ 直線アイに対応する直線はどれですか。 答え ＿＿＿＿

3 点対称な図形では対応する点を結ぶ直線は、点対称の中心を通ります。 （各10点）

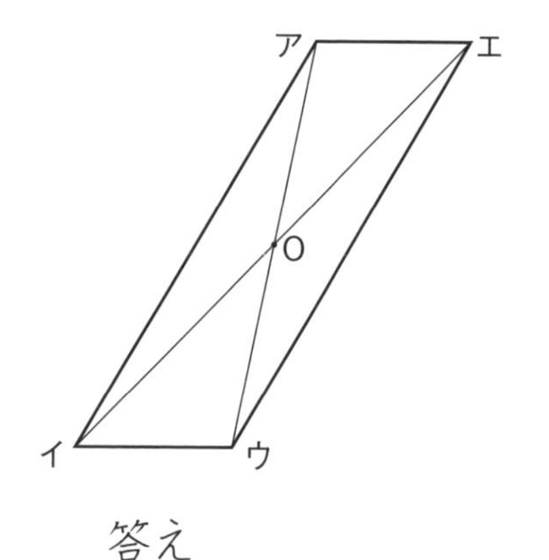

① 直線イウに対応する直線はどれですか。

答え ＿＿＿＿

② 直線Oイと長さの等しい直線はどれですか。

答え ＿＿＿＿

③ 直線Oウと長さの等しい直線はどれですか。

答え ＿＿＿＿

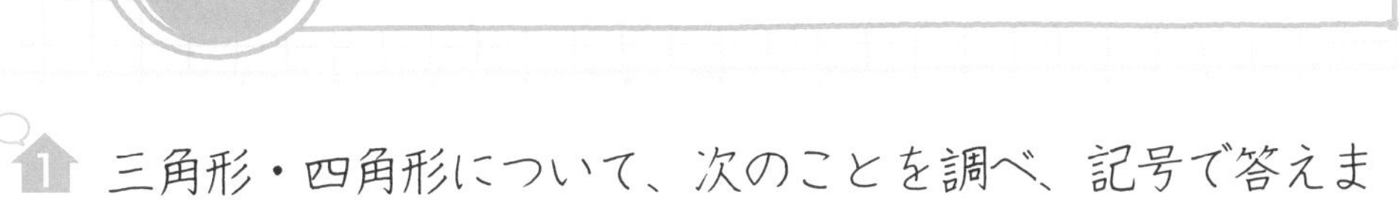

3 対称な図形 ③

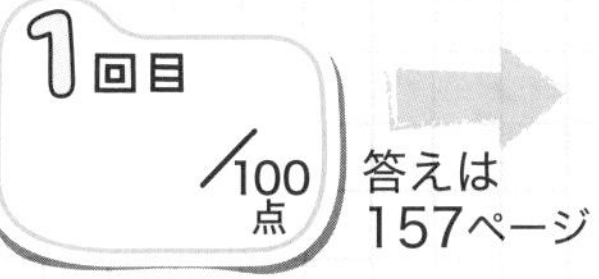

答えは157ページ

1 三角形・四角形について、次のことを調べ、記号で答えましょう。（各８点）

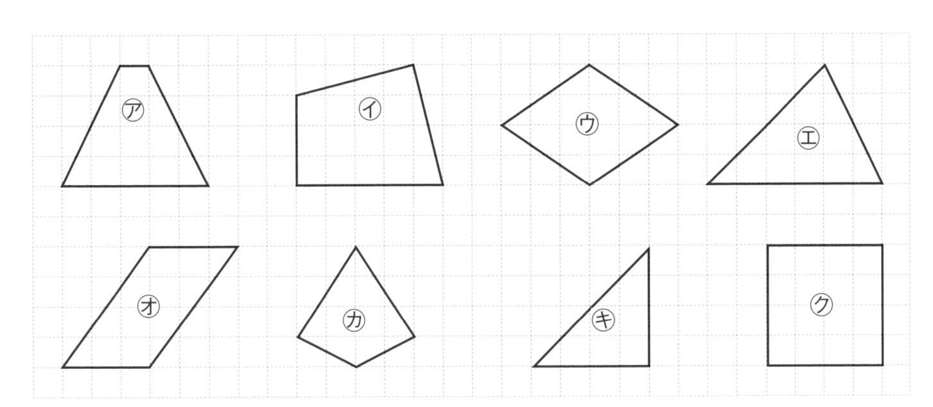

① 線対称(せんたいしょう)な図形はどれですか。

答え ＿＿＿＿＿＿＿＿

② 点対称な図形はどれですか。

答え ＿＿＿＿＿＿＿＿

③ 線対称でも点対称でもない図形はどれですか。

答え ＿＿＿＿＿＿＿＿

④ 線対称で、対称の軸(じく)が１本なのはどれですか。

答え ＿＿＿＿＿＿＿＿

⑤ 線対称で、対称の軸が２本なのはどれですか。

答え ＿＿＿＿＿＿＿＿

2 正多角形について、次のことを調べましょう。（各15点）

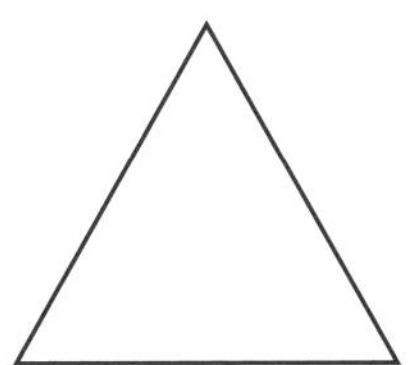

㋐ 正三角形

㋑ 正方形

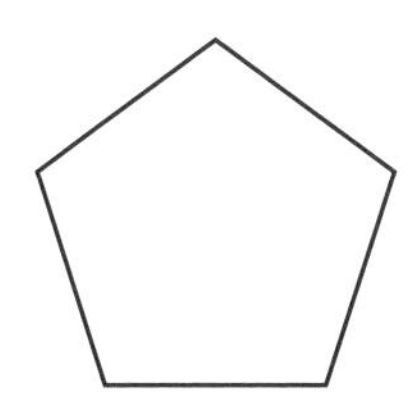

㋒ 正五角形

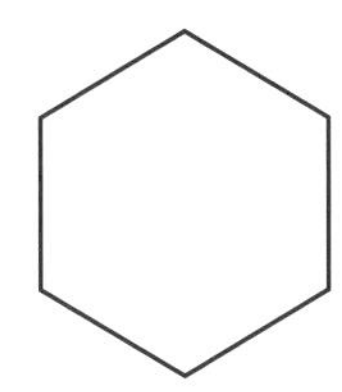

㋓ 正六角形

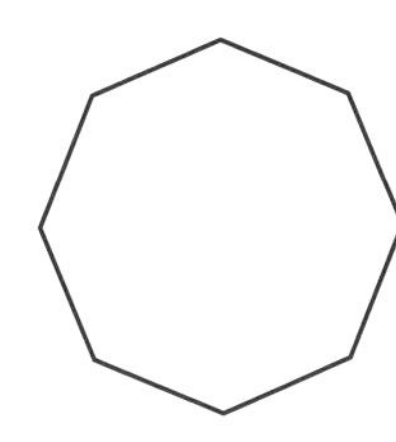

㋔ 正八角形

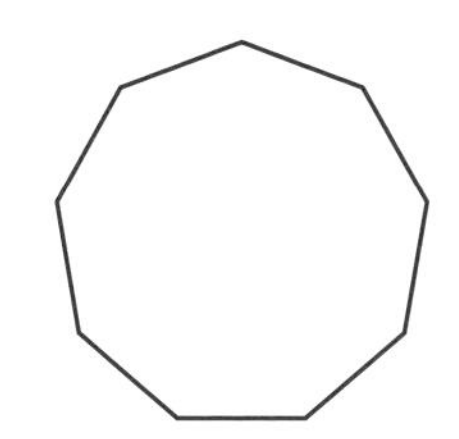

㋕ 正九角形

① 線対称な図形はどれですか。記号で答えましょう。

答え ＿＿＿＿＿＿＿＿

② 線対称な図形であり、点対称でもあるのはどれですか。記号で答えましょう。

答え ＿＿＿＿＿＿＿＿

③ ㋒、㋓、㋔の対称の軸は、それぞれ何本ありますか。

答え ㋒ ＿＿＿  ＿＿＿  ＿＿＿

④ ㋓、㋔の対称の中心をかき入れましょう。

4 対称な図形 ④

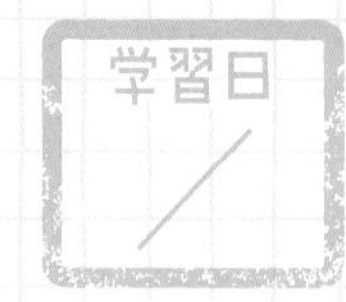

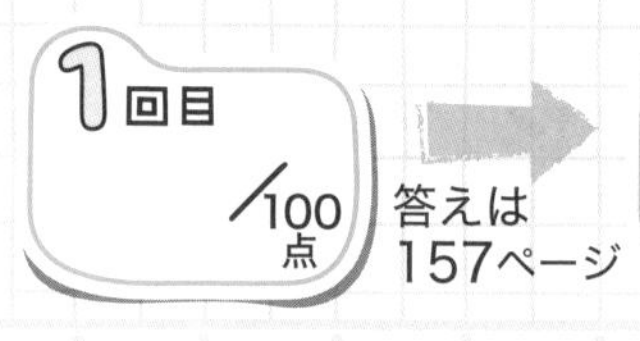

答えは157ページ

算数

1 方眼紙に、直線ABを対称の軸とする線対称な図形をかきましょう。 （各25点）

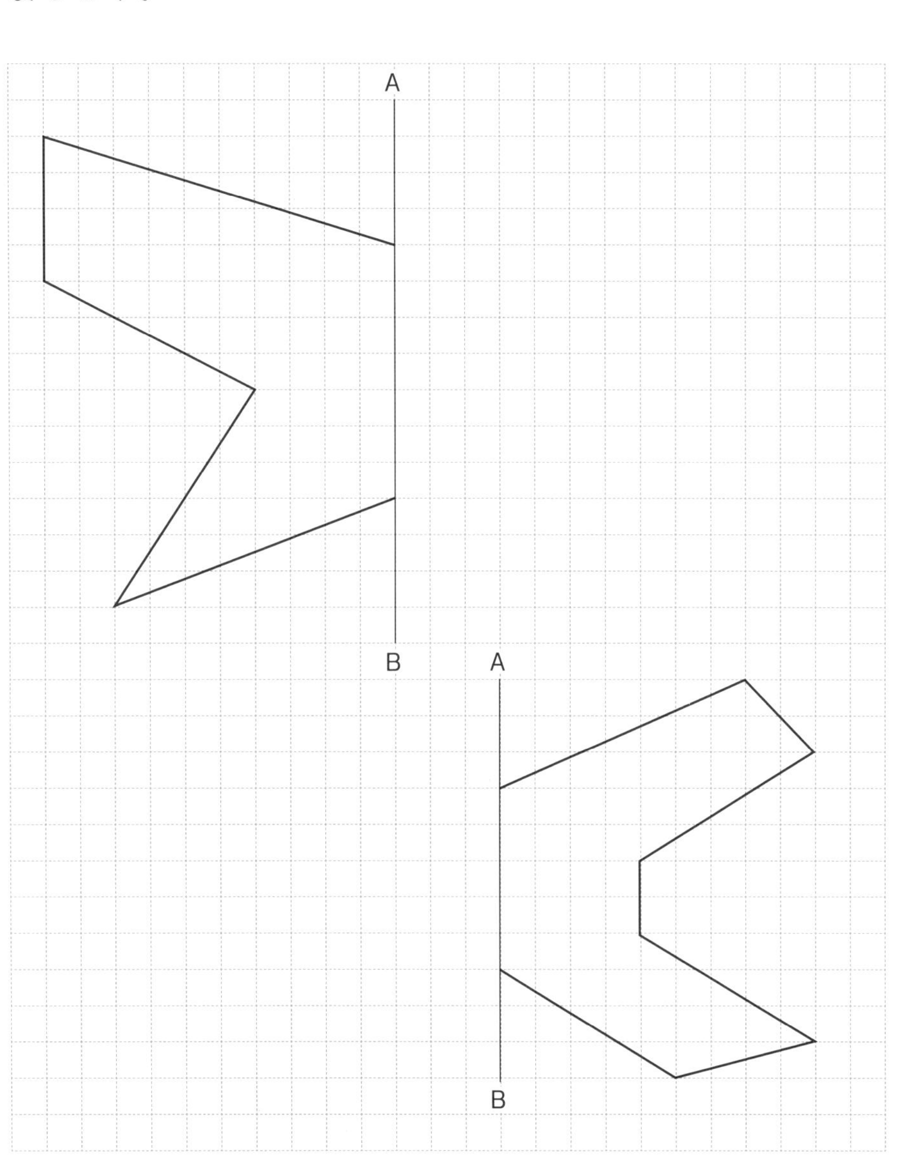

2 点Oを対称の中心とする点対称な図形をかきましょう。 （各25点）

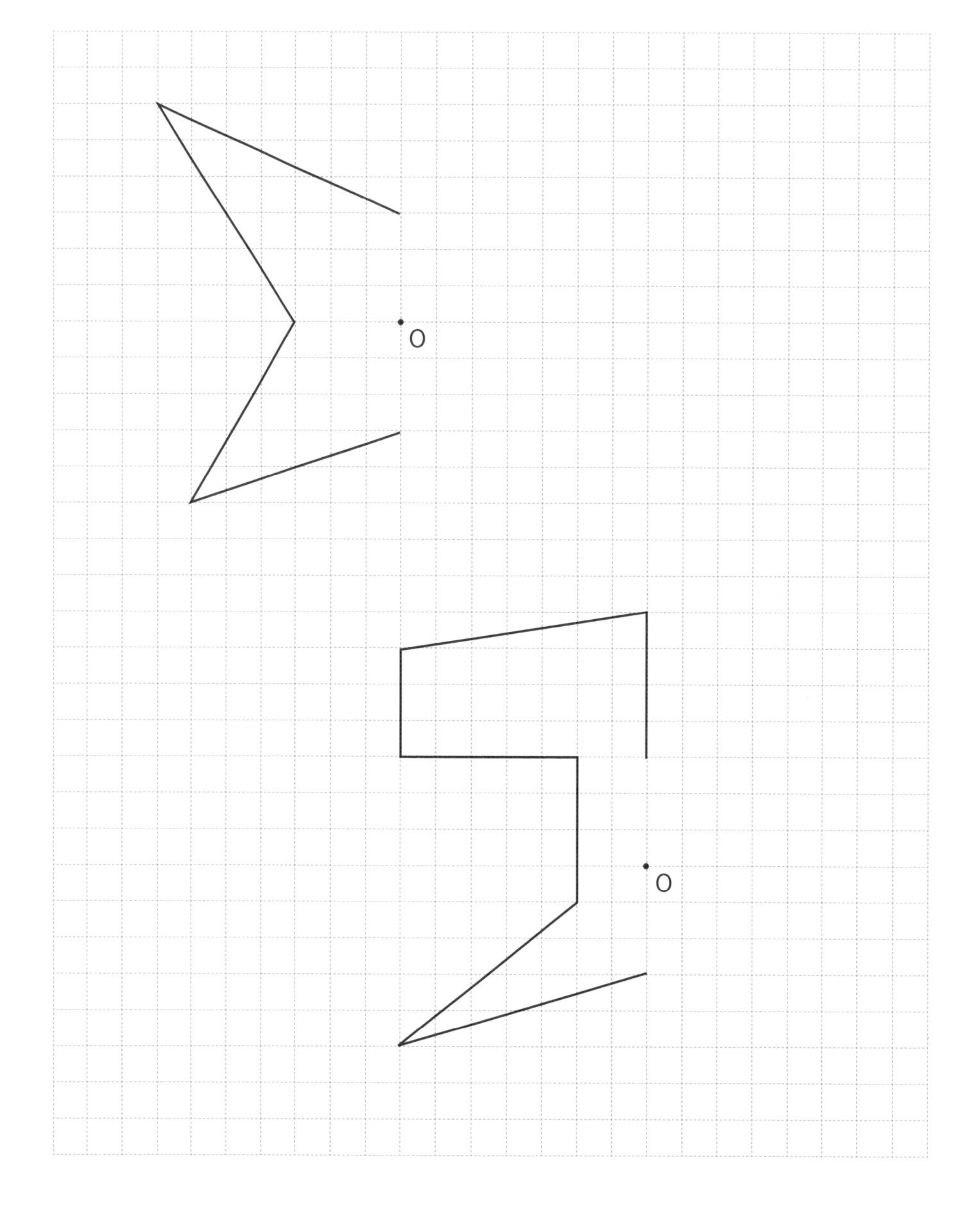

5 分数のかけ算 ①

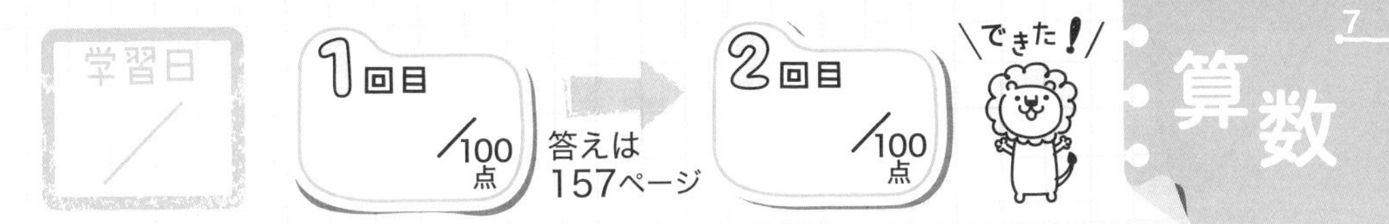

1 次の計算をしましょう。（仮分数はそのままで答えます）

（各５点）

① $\frac{5}{7} \times \frac{3}{4} =$　　② $\frac{5}{6} \times \frac{5}{7} =$

③ $\frac{7}{9} \times \frac{5}{8} =$　　④ $\frac{9}{10} \times \frac{3}{7} =$

⑤ $\frac{4}{5} \times \frac{8}{9} =$　　⑥ $\frac{5}{7} \times \frac{3}{8} =$

⑦ $\frac{7}{8} \times \frac{7}{6} =$　　⑧ $\frac{8}{5} \times \frac{4}{7} =$

2 兄がロールケーキを$\frac{4}{5}$残していました。私（わたし）は、その$\frac{1}{3}$をもらいました。もらったのは全体の何分の何になりますか。

（10点）

式

答え

3 次の計算をしましょう。（約分できるものは約分し、仮分数はそのままで答えます）

（各５点）

① $\frac{3}{4} \times \frac{6}{7} =$　　② $\frac{5}{8} \times \frac{6}{7} =$

③ $\frac{4}{7} \times \frac{5}{6} =$　　④ $\frac{3}{8} \times \frac{6}{5} =$

⑤ $\frac{9}{8} \times \frac{7}{12} =$　　⑥ $\frac{3}{7} \times \frac{5}{6} =$

⑦ $\frac{5}{12} \times \frac{9}{7} =$　　⑧ $\frac{8}{21} \times \frac{14}{9} =$

4 ビン１本分の砂糖（さとう）は$2\frac{1}{4}$kgです。今日、その$\frac{1}{3}$を使いました。何kg使いましたか。

（10点）

式

答え

6 分数のかけ算 ②

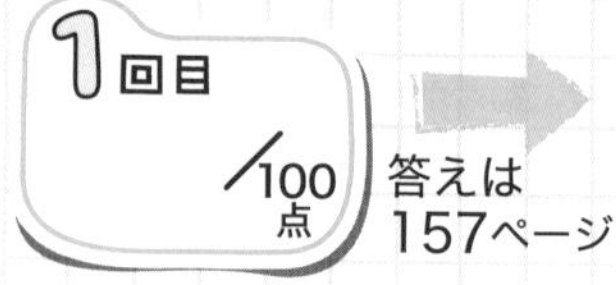

答えは157ページ

1 次の計算をしましょう。(約分できるものは約分し、仮分数はそのままで答えます) (各5点)

① $\frac{21}{4} \times \frac{6}{35} =$　② $\frac{14}{15} \times \frac{25}{8} =$

③ $\frac{16}{15} \times \frac{9}{28} =$　④ $\frac{12}{35} \times \frac{14}{15} =$

⑤ $\frac{8}{15} \times \frac{9}{20} =$　⑥ $\frac{27}{8} \times \frac{28}{45} =$

⑦ $\frac{20}{27} \times \frac{15}{8} =$　⑧ $\frac{9}{16} \times \frac{20}{21} =$

2 縦(たて)が $\frac{20}{21}$ m、横が $\frac{3}{8}$ mの長方形の面積を求めましょう。 (10点)

式

答え

3 次の計算をしましょう。(約分できるものは約分し、仮分数はそのままで答えます) (各5点)

① $\frac{2}{3} \times \frac{3}{5} =$　② $\frac{3}{10} \times \frac{4}{9} =$

③ $\frac{2}{9} \times \frac{6}{8} =$　④ $\frac{5}{9} \times \frac{6}{15} =$

⑤ $\frac{8}{21} \times \frac{27}{28} =$　⑥ $\frac{18}{25} \times \frac{15}{8} =$

⑦ $\frac{15}{14} \times \frac{4}{21} =$　⑧ $\frac{14}{9} \times \frac{15}{16} =$

4 1ふくろが $\frac{12}{25}$ kg入りの豆を5ふくろもらいました。全部で何kgありますか。 (10点)

式

答え

7 分数のかけ算 ③

1 次の計算をしましょう。（答えが仮分数なら帯分数になおします） （各5点）

① $\frac{8}{25} \times \frac{15}{14} =$

② $\frac{9}{16} \times \frac{20}{21} =$

③ $\frac{6}{35} \times \frac{21}{8} =$

④ $\frac{8}{45} \times \frac{27}{10} =$

⑤ $\frac{6}{25} \times \frac{10}{21} =$

⑥ $\frac{8}{15} \times \frac{25}{12} =$

⑦ $\frac{8}{45} \times \frac{27}{20} =$

⑧ $\frac{12}{35} \times \frac{14}{9} =$

2 1時間に$1\frac{7}{9}$km歩くとして、$1\frac{1}{20}$時間では、何km歩けますか。 （10点）

式

答え

3 次の計算をしましょう。（答えが仮分数なら帯分数になおします） （各5点）

① $2\frac{1}{4} \times \frac{10}{21} =$

② $\frac{10}{27} \times 5\frac{5}{8} =$

③ $1\frac{5}{9} \times \frac{15}{16} =$

④ $\frac{9}{10} \times 2\frac{1}{12} =$

⑤ $2\frac{1}{10} \times \frac{8}{9} =$

⑥ $\frac{16}{25} \times 2\frac{11}{12} =$

⑦ $2\frac{7}{10} \times \frac{14}{15} =$

⑧ $\frac{10}{21} \times 4\frac{3}{8} =$

4 1目もりの体積が$1\frac{1}{9}$Lの入れものに、$2\frac{1}{2}$目もり分だけ水を入れました。水は何L入っていますか。 （10点）

式

答え

8 分数のかけ算 ④

答えは157ページ

1 次の計算をしましょう。(約分できるものは約分します) (各10点)

① $5 \times \frac{4}{15} =$

② $\frac{3}{4} \times 16 =$

③ $24 \times \frac{2}{3} =$

④ $\frac{7}{10} \times 4 =$

⑤ $35 \times \frac{6}{25} \times \frac{3}{14} =$

2 次の計算をしましょう。(小数は分数になおします) (各10点)

① $1.2 \times \frac{3}{8} =$

② $0.75 \times \frac{7}{18} =$

③ $3.6 \times \frac{14}{9} =$

④ $1\frac{2}{3} \times 0.12 =$

⑤ $1\frac{5}{12} \times 0.68 =$

9 分数のわり算 ①

1 次の計算をしましょう。（仮分数はそのままで答えます）　（各5点）

① $\frac{3}{4} \div \frac{8}{9} =$　② $\frac{3}{7} \div \frac{4}{5} =$

③ $\frac{4}{7} \div \frac{5}{9} =$　④ $\frac{2}{3} \div \frac{9}{10} =$

⑤ $\frac{3}{5} \div \frac{10}{9} =$　⑥ $\frac{8}{7} \div \frac{9}{5} =$

⑦ $\frac{7}{6} \div \frac{8}{7} =$　⑧ $\frac{9}{7} \div \frac{4}{5} =$

2 $\frac{5}{7}$m²の土地を耕すのに$\frac{1}{5}$時間かかりました。
1時間では、何m²耕せますか。　（10点）

式

答え

3 次の計算をしましょう。（約分できるものは約分し、仮分数はそのままで答えます）　（各5点）

① $\frac{7}{9} \div \frac{5}{12} =$　② $\frac{3}{8} \div \frac{5}{6} =$

③ $\frac{7}{10} \div \frac{5}{12} =$　④ $\frac{7}{15} \div \frac{9}{10} =$

⑤ $\frac{8}{9} \div \frac{7}{15} =$　⑥ $\frac{8}{9} \div \frac{10}{7} =$

⑦ $\frac{14}{9} \div \frac{21}{10} =$　⑧ $\frac{8}{5} \div \frac{6}{7} =$

4 分速$\frac{3}{5}$kmの自転車で$\frac{9}{10}$kmの道のりを進むと、何分かかりますか。　（10点）

式

答え

10 分数のわり算 ②

答えは158ページ

算数

1 次の計算をしましょう。（約分できるものは約分します）

（各5点）

① $\frac{4}{7} \div 6 =$　　② $\frac{2}{3} \div 4 =$

③ $\frac{8}{9} \div \frac{20}{21} =$　　④ $\frac{10}{21} \div \frac{14}{15} =$

⑤ $\frac{16}{15} \div \frac{10}{9} =$　　⑥ $\frac{15}{16} \div \frac{21}{20} =$

⑦ $\frac{10}{27} \div \frac{25}{6} =$　　⑧ $\frac{15}{14} \div \frac{21}{10} =$

2 ペンキ $\frac{5}{6}$dLで、$\frac{3}{4}$m²の板がぬれます。
ペンキ1dLでは、何m²の板がぬれますか。（10点）

式

答え

3 次の計算をしましょう。（約分できるものは約分します）

（各5点）

① $\frac{6}{25} \div \frac{9}{20} =$　　② $\frac{8}{27} \div \frac{14}{15} =$

③ $\frac{12}{25} \div \frac{8}{15} =$　　④ $\frac{16}{21} \div \frac{14}{15} =$

⑤ $\frac{21}{32} \div \frac{27}{40} =$　　⑥ $\frac{20}{27} \div \frac{35}{36} =$

⑦ $\frac{10}{21} \div \frac{16}{15} =$　　⑧ $\frac{3}{4} \div \frac{9}{10} =$

4 $\frac{8}{7}$Lで重さが $\frac{8}{5}$kgの砂（すな）があります。
この砂1Lの重さは、何kgですか。（10点）

式

答え

11 分数のわり算③

学習日 ／

1回目 ／100点

答えは158ページ

2回目 ／100点

できた！

1 次の計算をしましょう。（答えが仮分数なら帯分数になおします） （各5点）

① $\frac{15}{16} \div \frac{9}{10} =$

② $\frac{8}{21} \div \frac{6}{35} =$

③ $9 \div \frac{15}{7} =$

④ $8 \div \frac{6}{5} =$

⑤ $\frac{20}{21} \div \frac{8}{9} =$

⑥ $\frac{15}{14} \div \frac{21}{10} =$

⑦ $\frac{14}{15} \div \frac{8}{9} =$

⑧ $\frac{40}{21} \div \frac{25}{18} =$

2 6ふくろで$\frac{8}{3}$kgの砂糖（さとう）があります。
1ふくろの重さは、何kgですか。 （10点）

式

答え

3 次の計算をしましょう。（答えが仮分数なら帯分数になおします） （各5点）

① $10 \div \frac{6}{5} =$

② $12 \div \frac{8}{5} =$

③ $\frac{27}{40} \div \frac{21}{16} =$

④ $\frac{12}{35} \div \frac{8}{15} =$

⑤ $\frac{20}{21} \div \frac{32}{35} =$

⑥ $\frac{16}{45} \div \frac{28}{27} =$

⑦ $\frac{28}{9} \div 8\frac{1}{6} =$

⑧ $1\frac{7}{8} \div 2\frac{1}{12} =$

4 $3\frac{4}{15}m^2$の長方形の畑があります。横の長さは$2\frac{1}{10}$mです。縦（たて）は何mですか。 （10点）

式

答え

12 分数のわり算 ④

答えは158ページ

1 次の計算をしましょう。(約分できるものは約分します)(各10点)

① $9 \div \frac{21}{8} =$

② $\frac{9}{8} \div 6 =$

③ $3 \div \frac{8}{15} =$

④ $14 \div \frac{20}{21} =$

⑤ $\frac{12}{7} \div 10 =$

2 次の計算をしましょう。(小数は分数になおします)(各10点)

① $0.8 \div \frac{12}{13} =$

② $0.7 \div \frac{21}{25} =$

③ $\frac{11}{60} \div 0.22 =$

④ $\frac{17}{36} \div 0.125 =$

⑤ $0.75 \div 1.5 =$

13 分数の計算 ①

答えは158ページ

1 次の計算をしましょう。 (各10点)

① $\frac{14}{5}\times\frac{25}{21}\times\frac{3}{10}=$

② $\frac{3}{4}\times\frac{20}{9}\times\frac{3}{10}=$

③ $\frac{14}{15}\div\frac{21}{10}\div\frac{8}{9}=$

④ $\frac{7}{6}\div\frac{15}{8}\div\frac{14}{9}=$

2 次の計算をしましょう。 (各15点)

① $\left(\frac{3}{14}+\frac{1}{6}\right)\times\frac{7}{12}=$

② $\left(\frac{8}{15}+\frac{3}{10}\right)\div\frac{5}{8}=$

③ $\frac{7}{15}-\frac{2}{15}\div\frac{4}{9}=$

④ $\frac{9}{10}\times\frac{5}{12}-\frac{1}{12}=$

14 分数の計算 ②

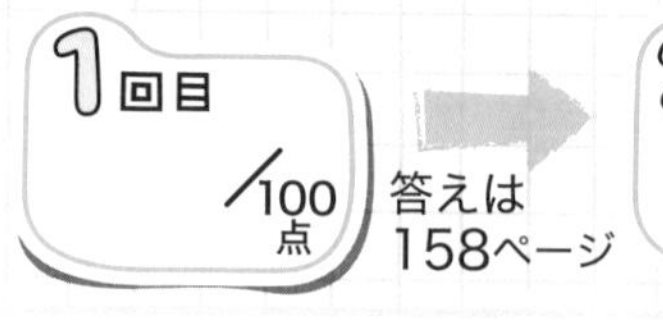

答えは158ページ

1 次の計算をしましょう。（各6点）

① $0.2 \times \frac{1}{8} =$　　② $0.5 \times \frac{6}{35} =$

③ $0.8 \times \frac{5}{12} =$　　④ $0.7 \times \frac{4}{21} =$

⑤ $\frac{5}{6} \times 0.3 =$　　⑥ $\frac{3}{16} \times 0.4 =$

⑦ $\frac{5}{18} \times 0.6 =$　　⑧ $\frac{6}{27} \times 0.9 =$

⑨ $\frac{1}{3} \times \frac{2}{5} \times \frac{1}{4} =$

⑩ $\frac{1}{12} \times \frac{4}{7} \times \frac{3}{5} =$

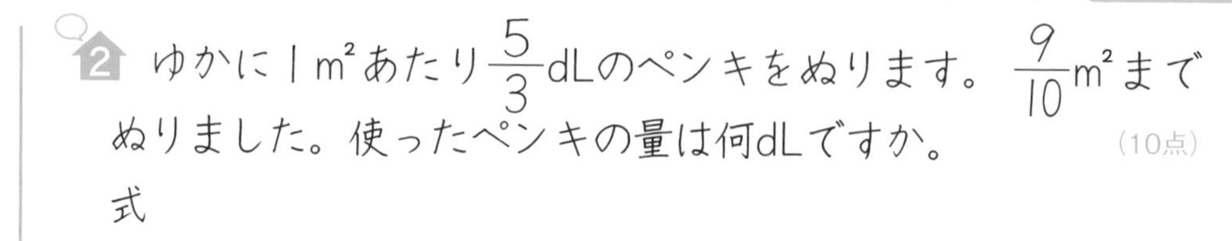

2 ゆかに1 m^2 あたり $\frac{5}{3}$ dLのペンキをぬります。$\frac{9}{10}$ m^2 までぬりました。使ったペンキの量は何dLですか。（10点）

式

答え

3 1 mの値段（ねだん）が150円のリボンがあります。このリボン $\frac{2}{3}$ mの値段はいくらですか。（10点）

式

答え

4 底辺が $\frac{8}{3}$ m、高さが $\frac{5}{3}$ mの平行四辺形の面積は何 m^2 ですか。（10点）

式

答え

5 ただし君は時速70kmの自動車で、おばあさんの家へ行くのに30分かかりました。おばあさんの家まで何kmありますか。（10点）

30分＝$\frac{\square}{\square}$ 時間　　式

答え

15 分数の計算 ③

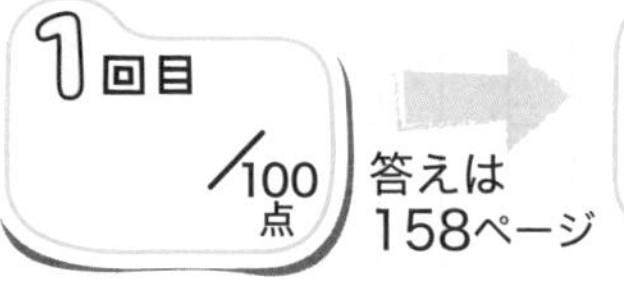

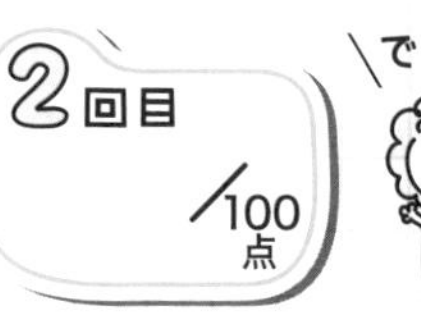

1 次の計算をしましょう。（各5点）

① $2\frac{1}{4} \div \frac{3}{5}$

=

② $2\frac{1}{7} \div \frac{5}{8}$

=

③ $2\frac{1}{3} \div 1\frac{1}{6}$

=

④ $2\frac{5}{6} \div \frac{1}{2}$

=

⑤ $1\frac{7}{8} \div 1\frac{2}{3}$

=

⑥ $2\frac{2}{5} \div 3\frac{1}{3}$

=

⑦ $0.12 \div \frac{3}{4}$

=

⑧ $\frac{4}{5} \div 0.24$

=

2 重さが$\frac{15}{16}$kgで、長さが$\frac{7}{8}$mのパイプがあります。このパイプ1mの重さは何kgですか。（15点）

式

答え

3 65kmの道のりを$\frac{5}{4}$時間で走る車があります。この車の時速はいくらですか。（15点）

式

答え

4 1Lあたりの重さが$\frac{4}{5}$kgの油があります。この油$\frac{6}{7}$kgは何Lですか。（15点）

式

答え

5 1時間に$\frac{6}{7}$haのしばをかる機械があります。$\frac{12}{5}$haのしばをかるには、何時間かかりますか。（15点）

式

答え

16 分数の計算 ④

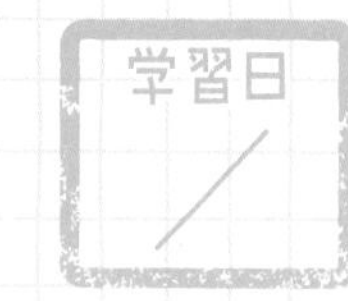

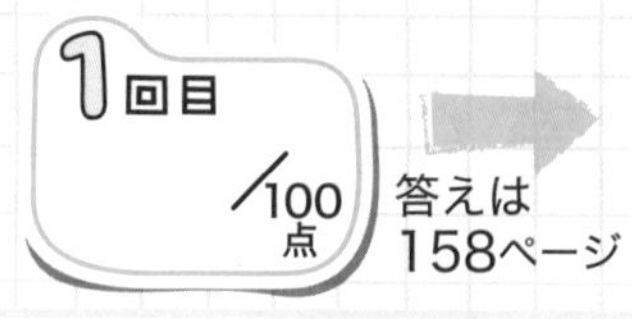

答えは158ページ
答えは158ページ

算数

1 1mの重さが$\frac{9}{4}$kgの銅管があります。銅管の長さが$\frac{5}{2}$mのとき、重さは何kgですか。（15点）

式

答え

2 $\frac{9}{7}$m²のかべに$\frac{9}{8}$dLのペンキをぬります。1dLでは何m²ぬれますか。（15点）

式

答え

3 1m²の銅板の重さは$\frac{20}{3}$kgです。この銅板$\frac{3}{4}$m²の重さは何kgですか。（15点）

式

答え

4 1m²のアルミ板3枚(まい)から、それぞれ$\frac{2}{5}$m²を切りとりました。残っているアルミ板は全部で何m²ありますか。1つの式で計算しましょう。（15点）

式

答え

5 次の図形の面積や辺の長さ、高さを求めましょう。（各10点）

① 長方形

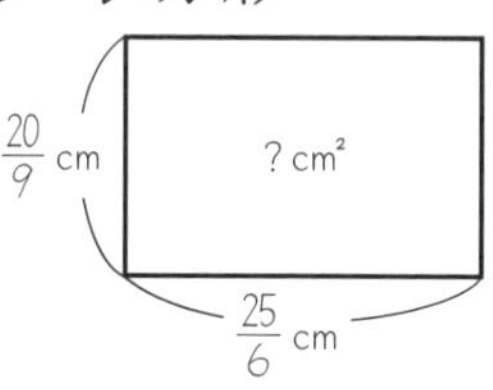

式

答え

② 平行四辺形

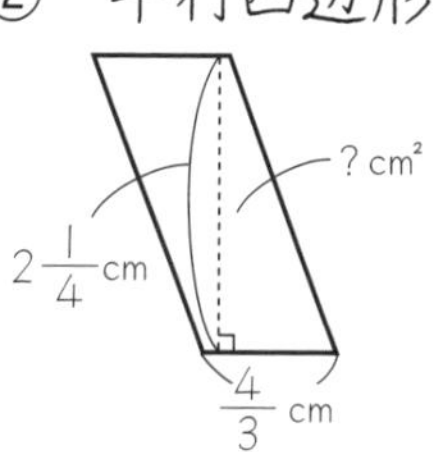

式

答え

③ 三角形（面積$\frac{10}{3}$m²）

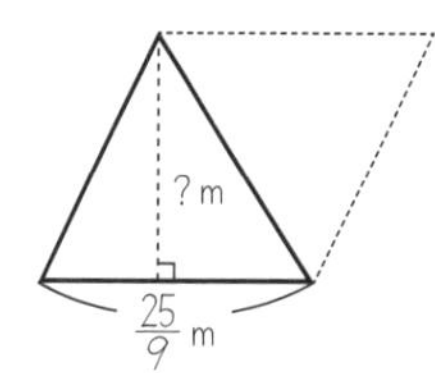

式

答え

④ 三角形（面積0.8m²）

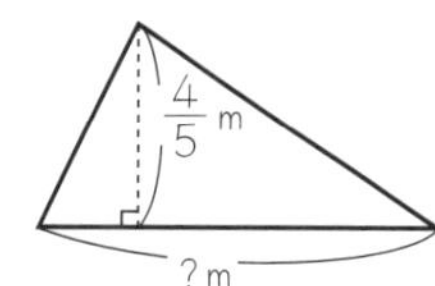

式

答え

17 比①

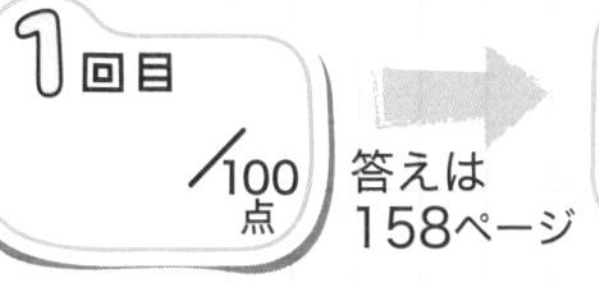

答えは158ページ

1 次の□にあてはまる数を求めましょう。（各4点）

① 3：5＝□：15

② 4：7＝□：28

③ 8：3＝56：□

④ 14：49＝2：□

⑤ 15：21＝□：7

2 次の比を簡単（かんたん）にしましょう。（各5点）

① 21：15＝

② 24：56＝

③ 36：48＝

④ 1.2：0.8＝

⑤ 1.2：2.8＝

⑥ 1.5：2.1＝

⑦ $\frac{7}{9}$：$\frac{2}{3}$＝

⑧ $\frac{9}{14}$：$\frac{5}{7}$＝

⑨ $\frac{7}{8}$：$\frac{1}{2}$＝

⑩ 0.6：$\frac{3}{4}$＝

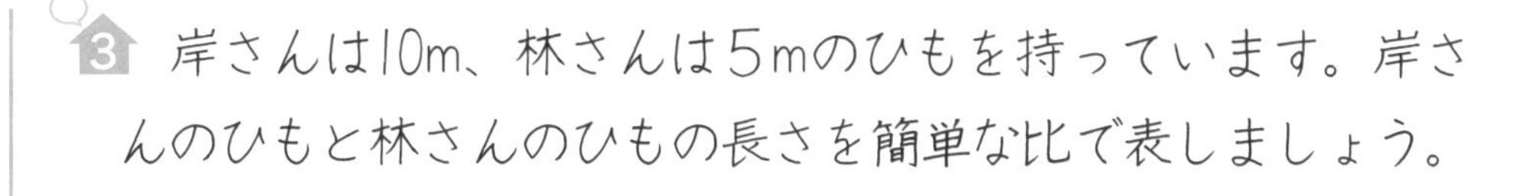

3 岸さんは10m、林さんは5mのひもを持っています。岸さんのひもと林さんのひもの長さを簡単な比で表しましょう。（10点）

式

答え ＿＿＿＿＿＿

4 6年生は、男子が21人で女子が18人です。
男子と女子の人数を簡単な比で表しましょう。（10点）

式

答え ＿＿＿＿＿＿

5 母の体重は49kgで、私（わたし）の体重は28kgです。
母と私の体重を簡単な比で表しましょう。（10点）

式

答え ＿＿＿＿＿＿

18 比 ②

答えは159ページ

1 縦(たて)と横の長さの比が5：7になる長方形のスポーツ公園を作(つく)ります。横を420mにすると、縦は何mになりますか。（15点）

式

答え ____________

2 兄と弟の体重の比は4：3です。兄が28kgとすると、弟は何kgですか。（15点）

式

答え ____________

3 135枚(まい)の色紙を、姉：妹が5：4になるように分けます。それぞれ何枚ですか。（15点）

式

答え 姉 ________ 妹 ________

4 広場にいる126人の男子：女子の人数の比は、3：4です。それぞれ何人ですか。（15点）

式

答え 男子 ________ 女子 ________

5 赤と白のバラが合わせて50本あります。赤いバラを6本ふやしたので、赤と白のバラの比は9：5になりました。それぞれのバラは何本になりましたか。（20点）

式

答え 赤 ________ 白 ________

6 あるクラブの男女比は7：5で、男子は女子より6人多いです。それぞれ何人ですか。（20点）

式

答え 男子 ________ 女子 ________

19 拡大図と縮図 ①

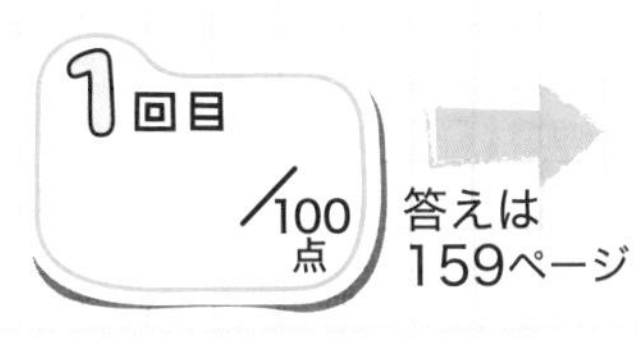

答えは159ページ

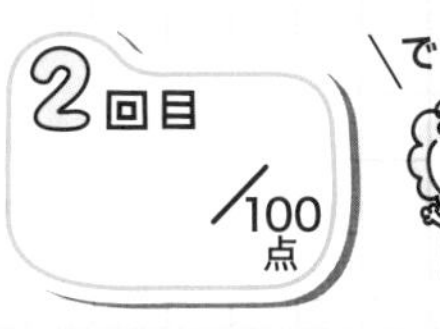

できた!

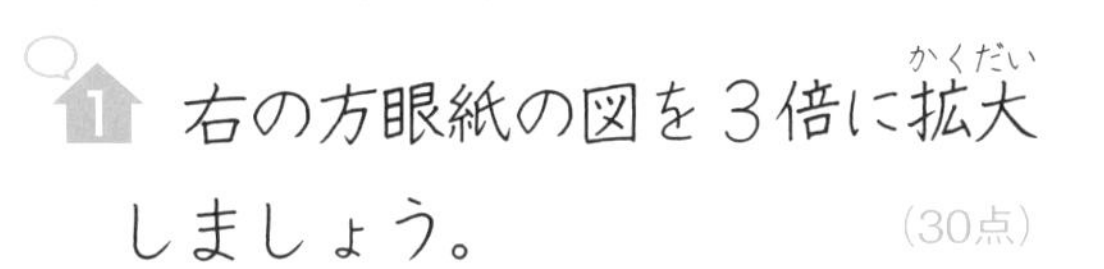

1 右の方眼紙の図を3倍に拡大（かくだい）しましょう。（30点）

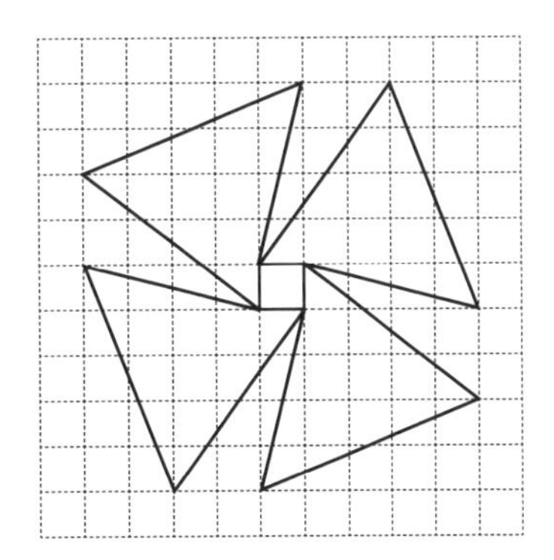

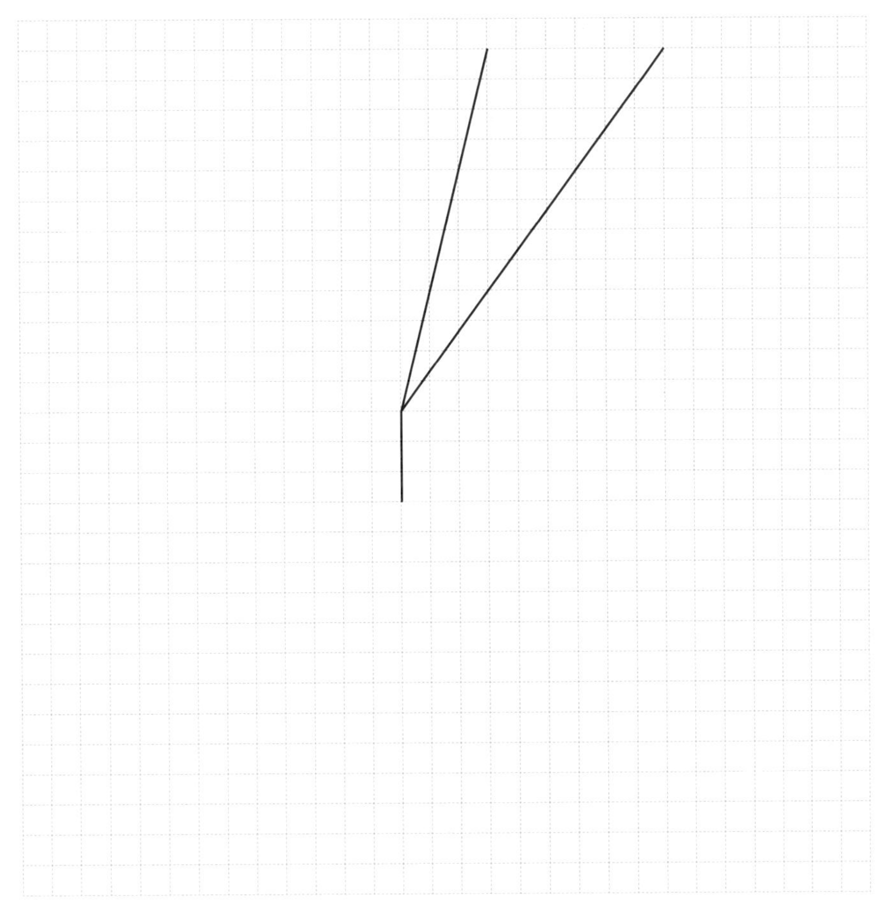

2 2倍と3倍に拡大しましょう。Oは、拡大のもとになる点です。（35点）

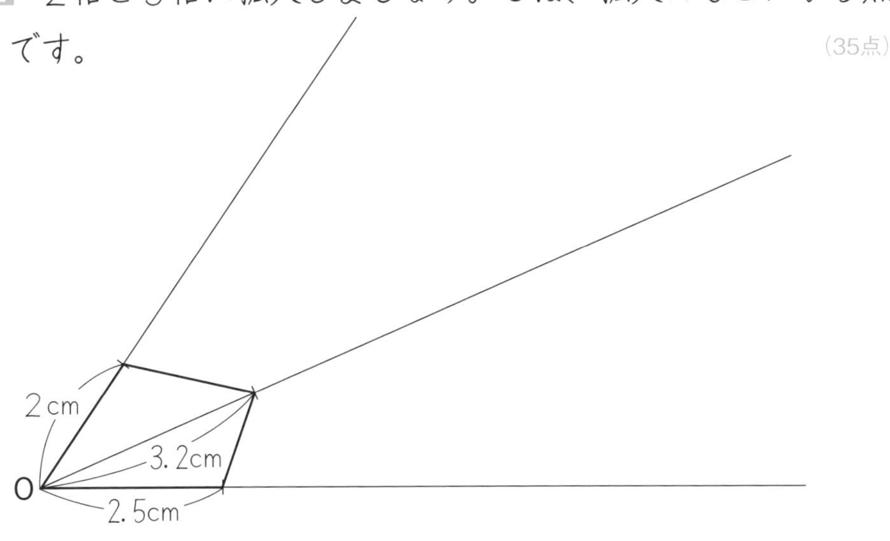

3 $\frac{1}{2}$と$\frac{1}{3}$に縮小（しゅくしょう）しましょう。Oは、縮小のもとになる点です。（35点）

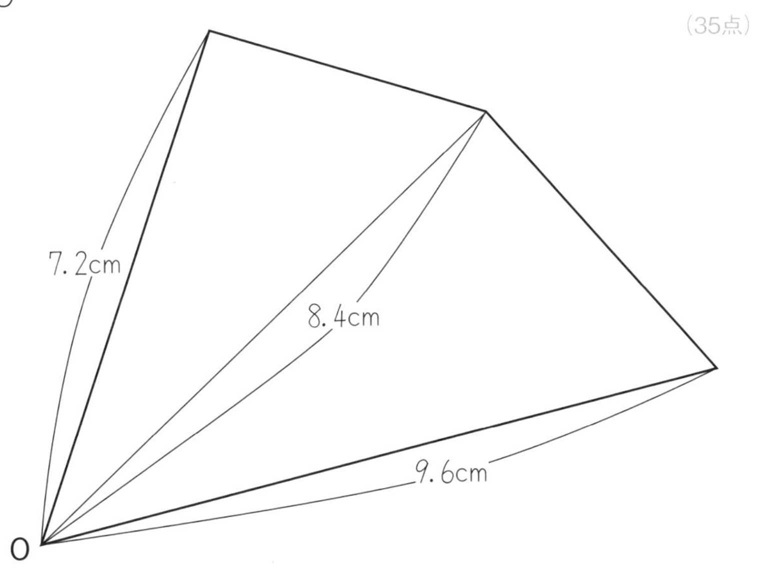

20 拡大図と縮図 ②

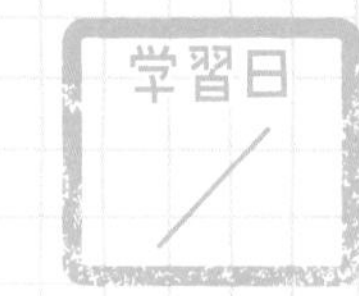

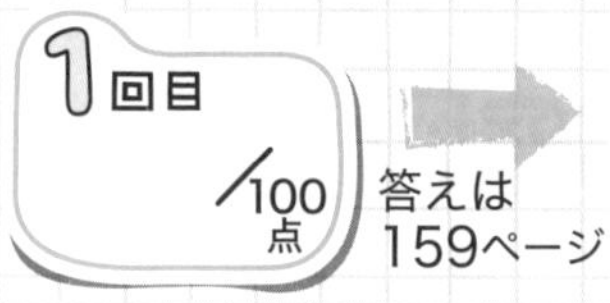

答えは159ページ

算数

1 左の図は、川はばを求めるためにかいた縮図（しゅくず）です。

BCの実際の長さは20mです。川はばのACの実際の長さは何mですか。計算で求めましょう。（25点）

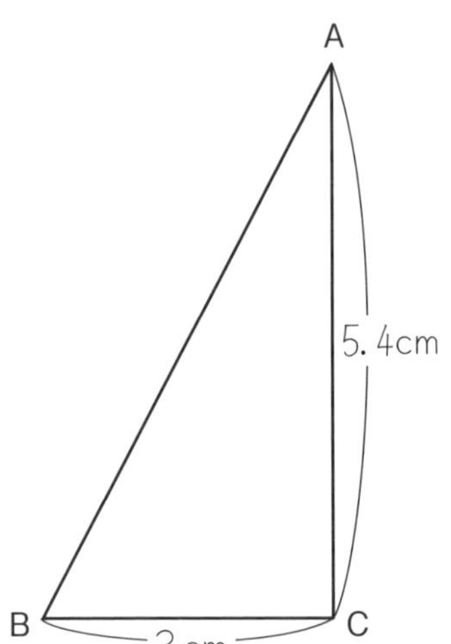

式

答え ＿＿＿＿＿＿

2 もとの直角三角形の$\frac{1}{10}$の縮図は、下の図のとおりです。

この縮図の、辺ABと辺ACの長さをはかり、実際の長さを計算で求めましょう。（25点）

式

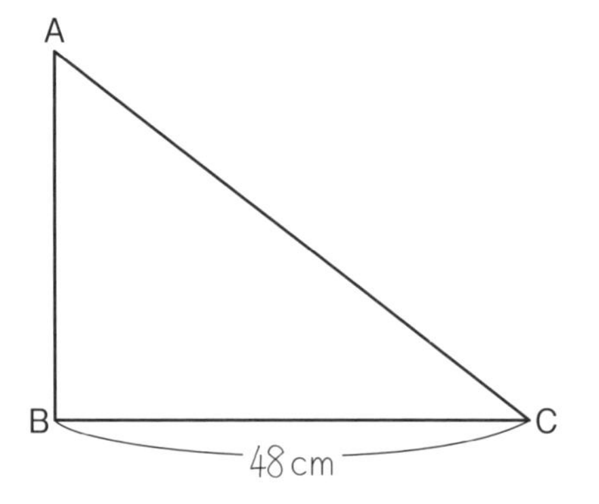

答え　辺AB ＿＿＿＿，辺AC ＿＿＿＿

3 校舎のかげの長さをはかって、右のような図をかきました。

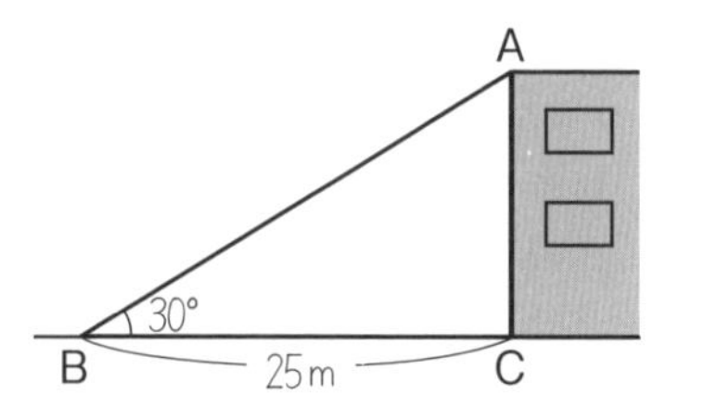

① 方眼の1目もりを1mとして、縮図をかきましょう。（10点）

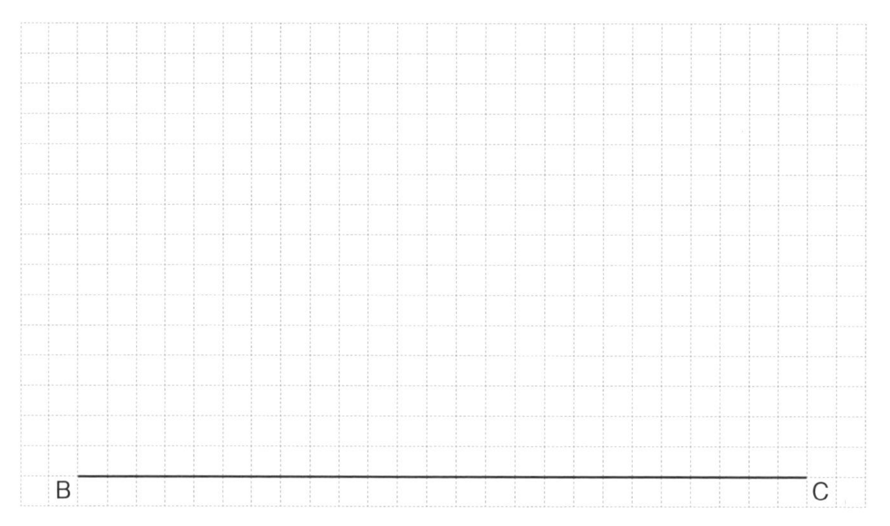

② ACは、約何mといえますか。（15点）

答え　約 ＿＿＿＿＿＿

4 高さ1mの棒（ぼう）のかげが80cmのとき、高さ12mのセンターポールのかげの長さは何mになりますか。（25点）

式

答え ＿＿＿＿＿＿

21 円の面積 ①

学習日 ／

1回目 ／100点 → 2回目 ／100点

答えは159ページ

できた！

1 次の円の円周を求めましょう。（各10点）

①

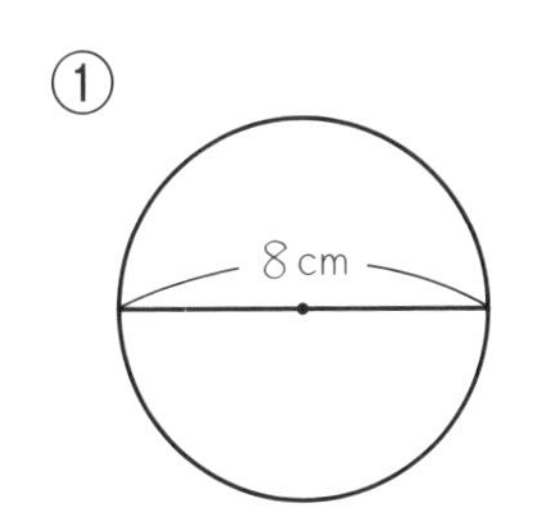

式

答え ＿＿＿＿

②

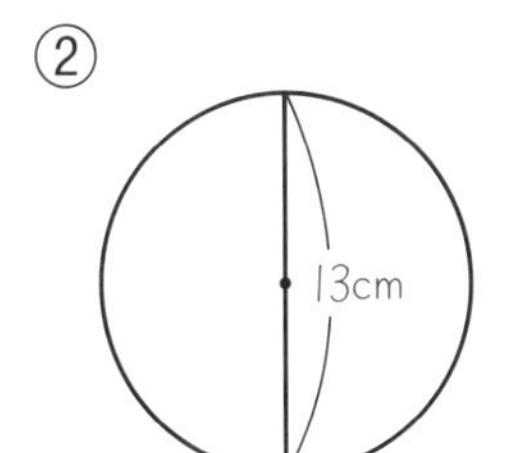

式

答え ＿＿＿＿

③

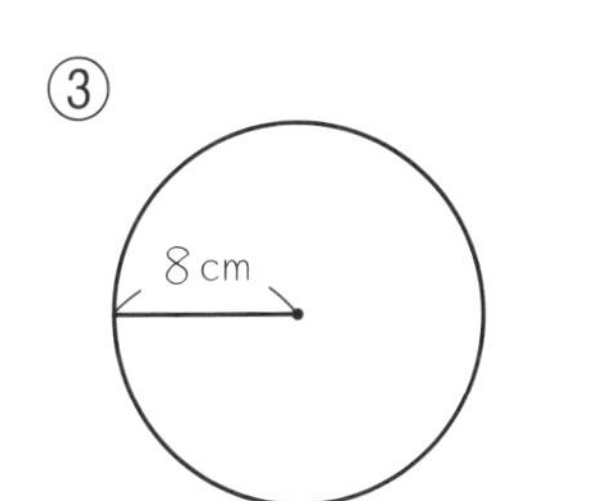

式

答え ＿＿＿＿

④

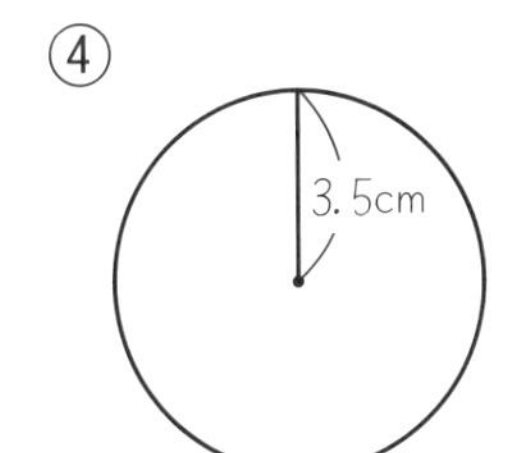

式

答え ＿＿＿＿

2 次の円の面積を求めましょう。（各12点）

① 半径2cmの円

式

答え ＿＿＿＿

② 半径4cmの円

式

答え ＿＿＿＿

③ 半径9cmの円

式

答え ＿＿＿＿

④ 直径6cmの円

式

答え ＿＿＿＿

⑤ 直径14cmの円

式

答え ＿＿＿＿

22 円の面積 ②

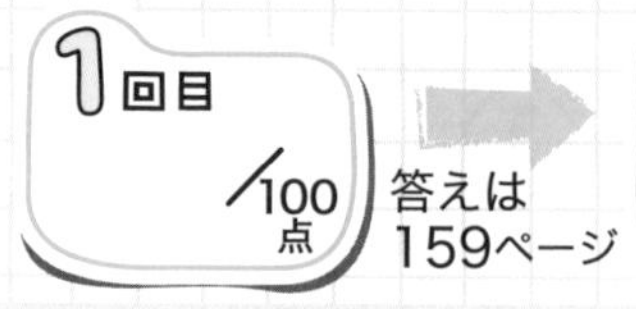

答えは159ページ

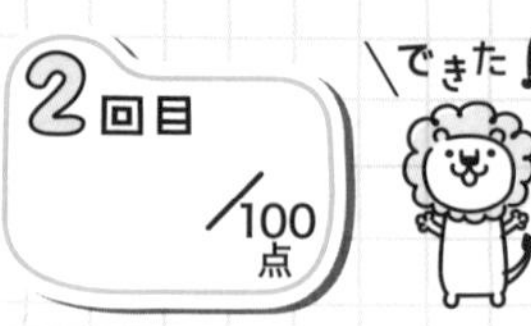

できた！

 次の円の面積を求めましょう。 (各10点)

①

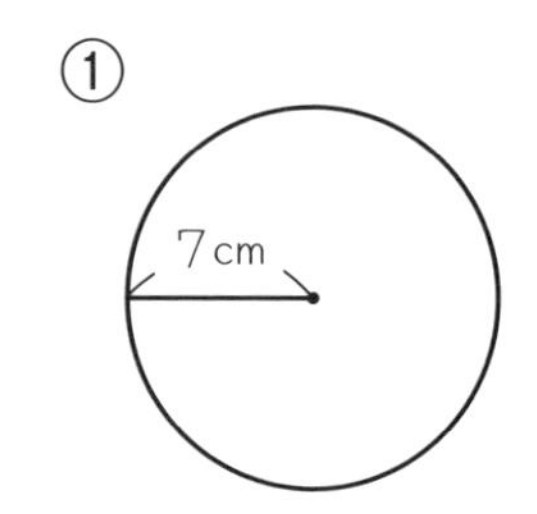

式

答え ＿＿＿＿＿＿

②

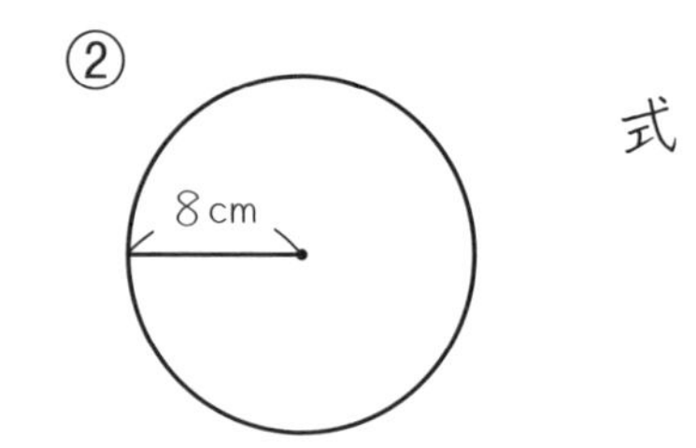

式

答え ＿＿＿＿＿＿

③

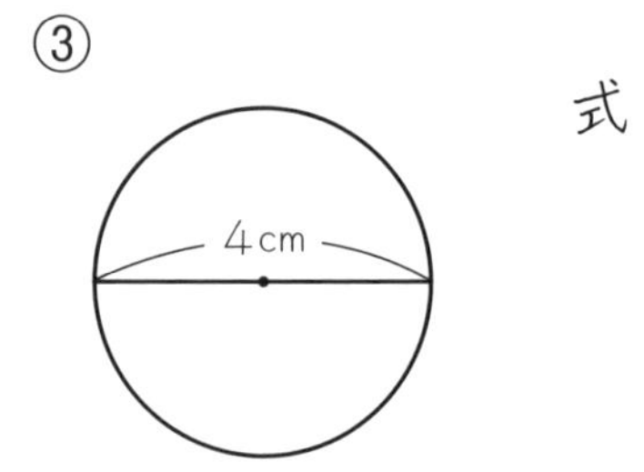

式

答え ＿＿＿＿＿＿

④

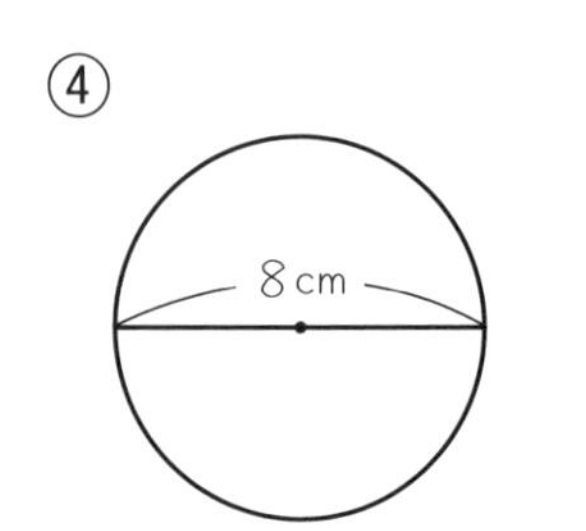

式

答え ＿＿＿＿＿＿

2 次の図は、半径6cmの円の$\frac{1}{2}$、$\frac{1}{4}$、$\frac{1}{3}$、$\frac{1}{6}$の図です。それぞれの面積を求めましょう。 (各15点)

①

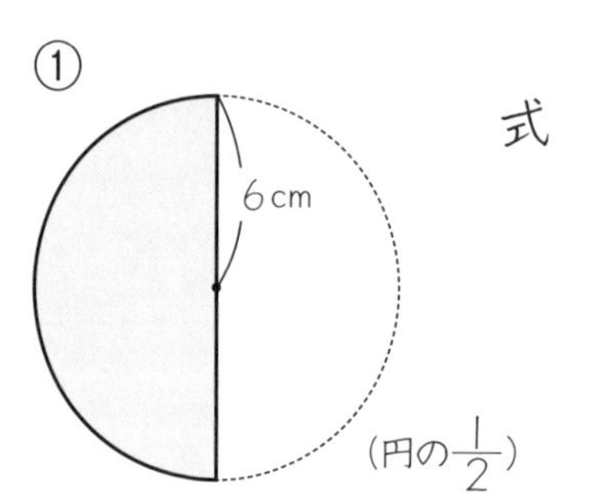

(円の$\frac{1}{2}$)

式

答え ＿＿＿＿＿＿

②

6cm

(円の$\frac{1}{4}$)

式

答え ＿＿＿＿＿＿

③

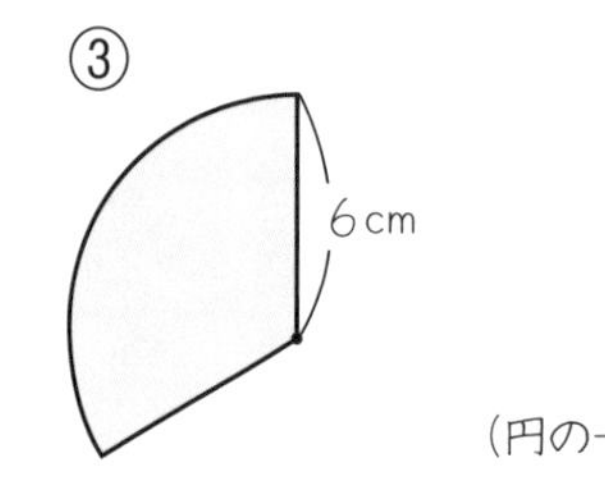

(円の$\frac{1}{3}$)

式

答え ＿＿＿＿＿＿

④

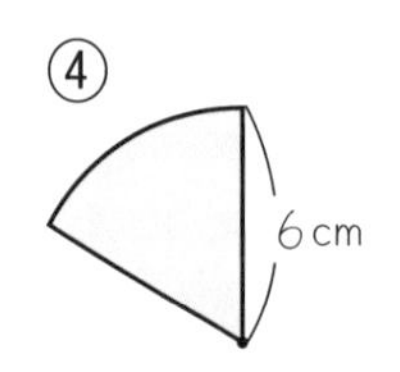

(円の$\frac{1}{6}$)

式

答え ＿＿＿＿＿＿

23 円の面積 ③

1 □の面積を求めましょう。
円の半径は、すべて12cmです。 （各20点）

①

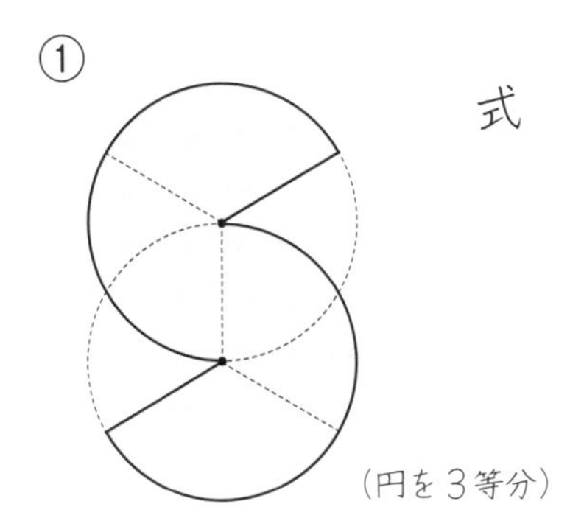

（円を３等分）

式

答え ＿＿＿＿＿＿＿＿

②

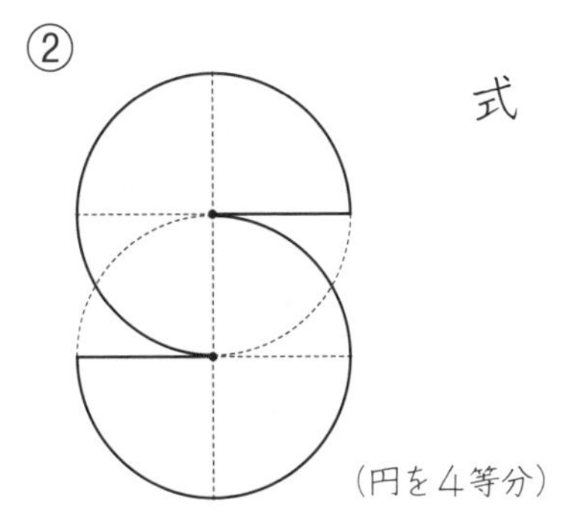

（円を４等分）

式

答え ＿＿＿＿＿＿＿＿

③

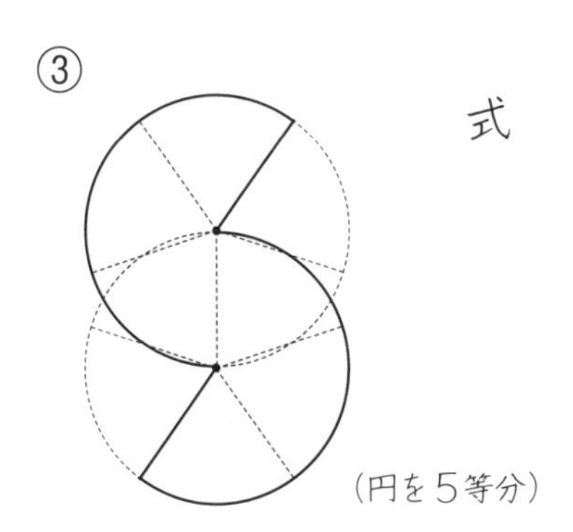

（円を５等分）

式

答え ＿＿＿＿＿＿＿＿

2 直径16mの円形の池の中に、直径８mの円形の島があります。この池の水面の面積を求めましょう。 （10点）

式

答え ＿＿＿＿＿＿＿＿

3 半径９mの円形の池の周囲に、はば１mの道をつけます。道の面積を求めましょう。 （15点）

式

答え ＿＿＿＿＿＿＿＿

4 半径15mの円形の花だんを５等分して、その２つ分にしばふを植えます。しばふを植える面積を求めましょう。 （15点）

式

答え ＿＿＿＿＿＿＿＿

24 円の面積 ④

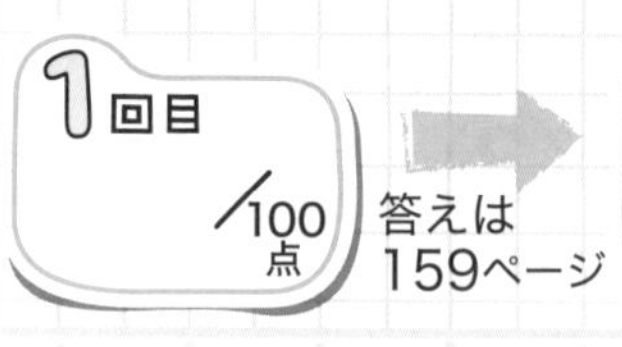

答えは159ページ

1 次の□の面積を求めましょう。（各10点）

①

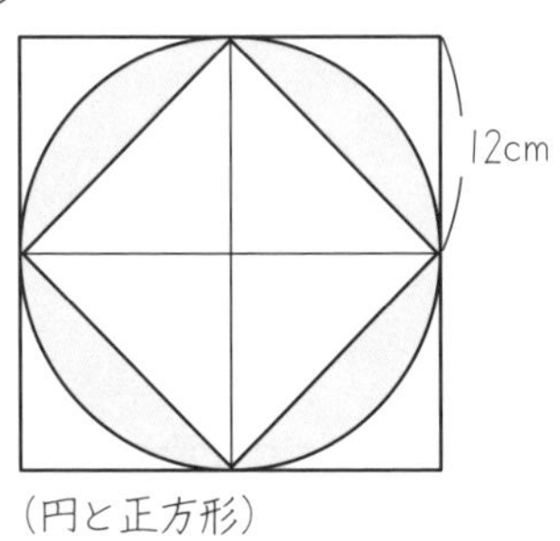

（円と正方形）

式

答え ＿＿＿＿＿＿

②

10cm

（円と正方形）

式

答え ＿＿＿＿＿＿

③

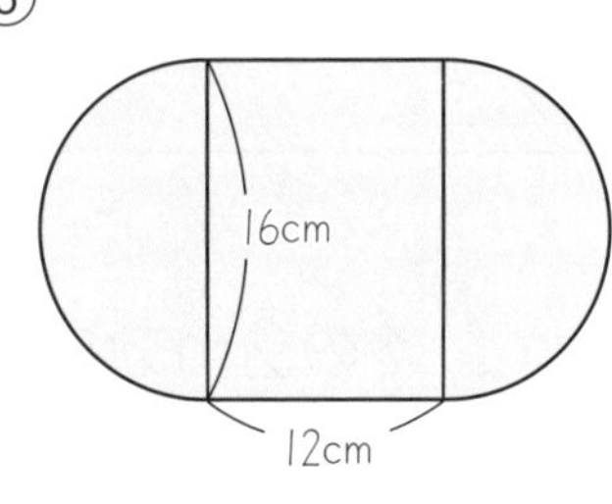

（半円と長方形）

式

答え ＿＿＿＿＿＿

④

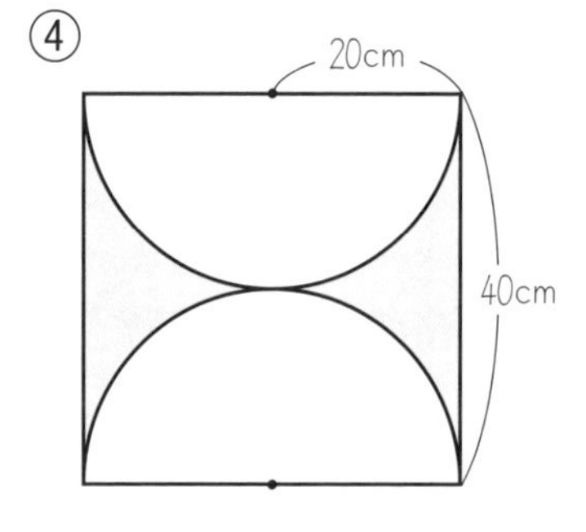

式

答え ＿＿＿＿＿＿

2 次の□の面積を求めましょう。（各20点）

①

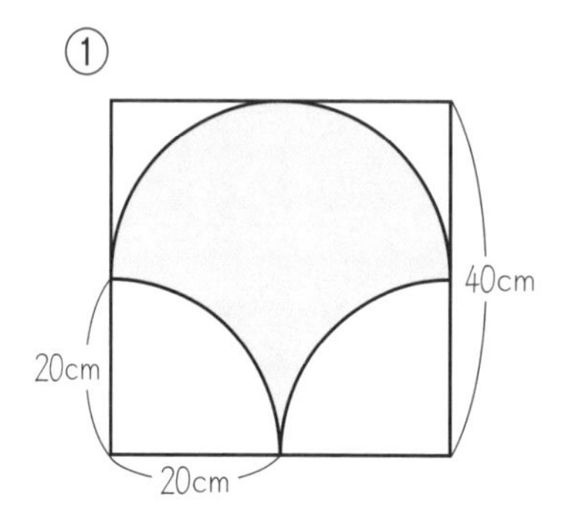

式

答え ＿＿＿＿＿＿

②

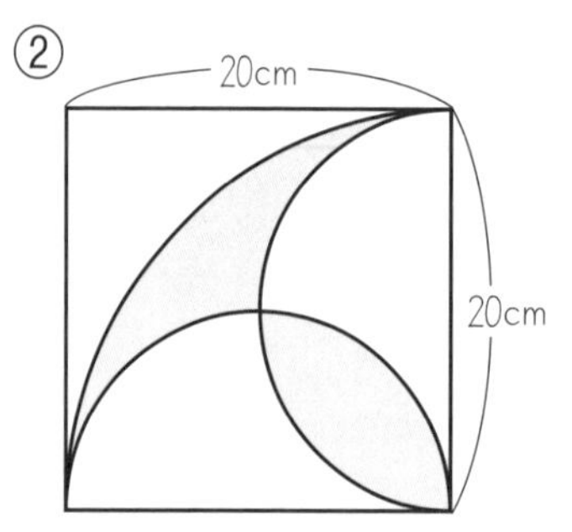

式

答え ＿＿＿＿＿＿

③

10cm
12cm
12cm
4cm

式

答え ＿＿＿＿＿＿

25 体積 ①

学習日 ／

1回目 ／100点　答えは160ページ　2回目 ／100点

1 次の角柱の体積を求めましょう。（各20点）

① 三角柱

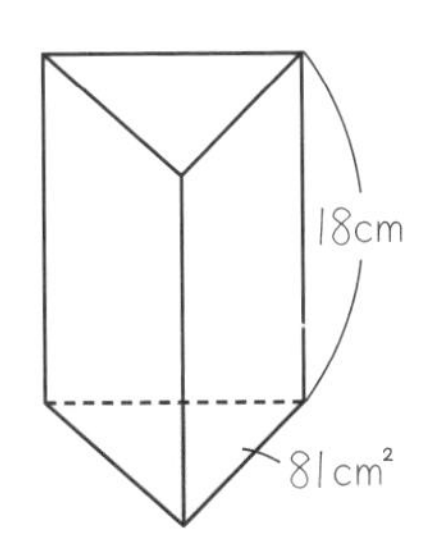

式

答え

② 四角柱

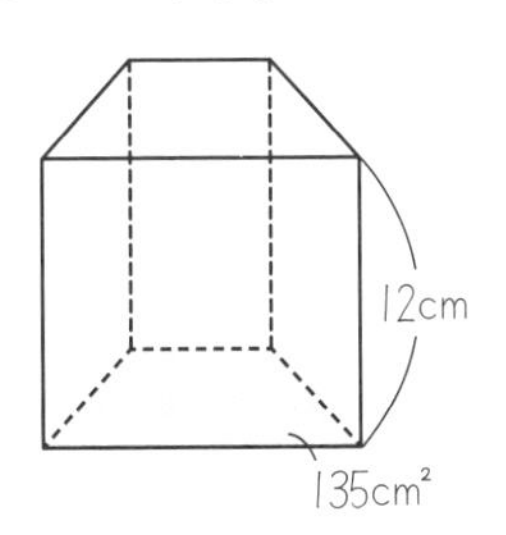

式

答え

2 次の角柱の体積を求めましょう。（各20点）

① 三角柱

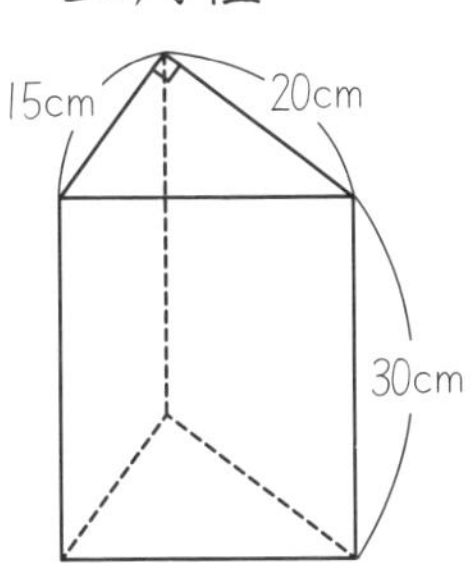

式

答え

② 四角柱

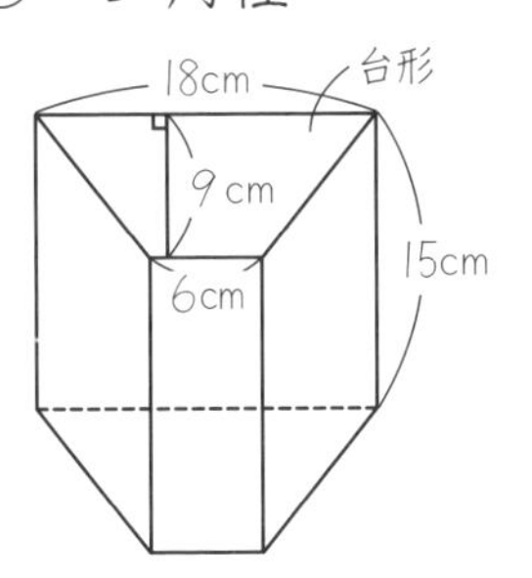

式

答え

3 次の２つの三角柱でできた立体の体積を求めましょう。（20点）

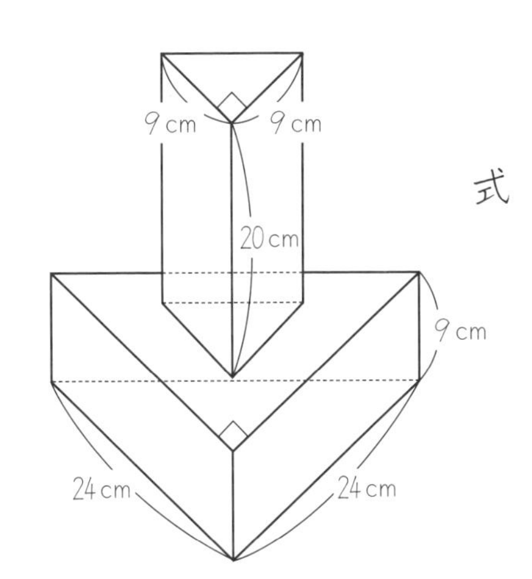

式

答え

26 体積 ②

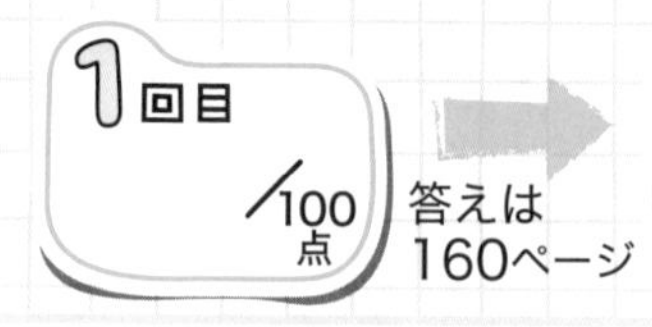

答えは160ページ

1 次の円柱の体積を求めましょう。（各20点）

①

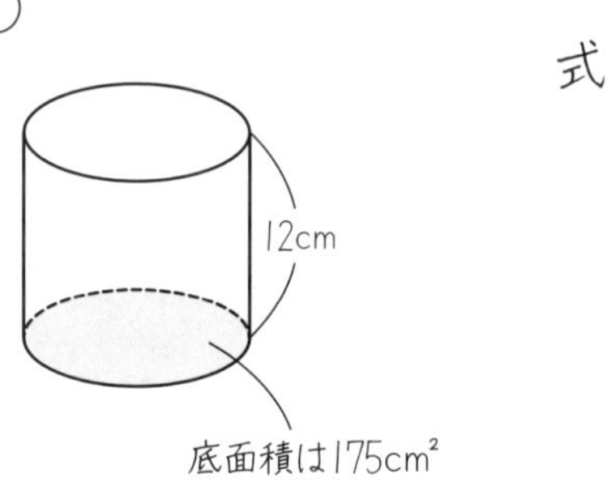

式

答え

②

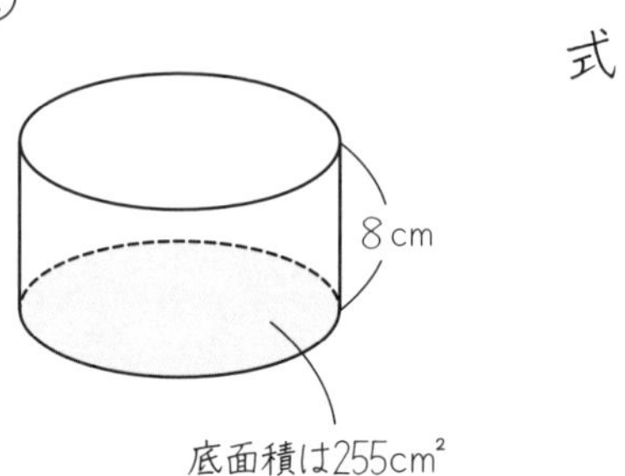

式

答え

2 次の円柱の体積を求めましょう。（円周率は3.14）（各20点）

①

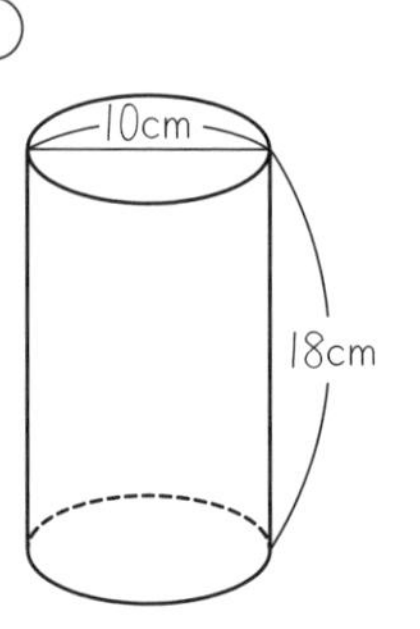

式

答え

②

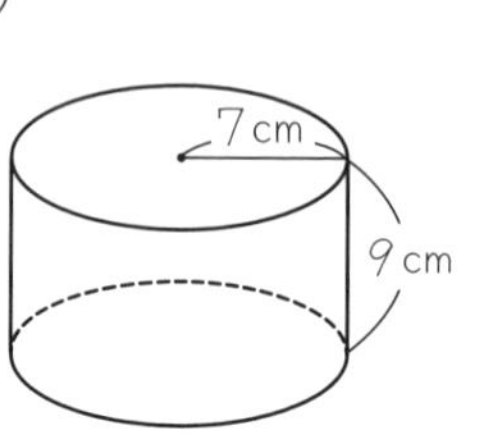

式

答え

3 次の立体の体積を求めましょう。（20点）

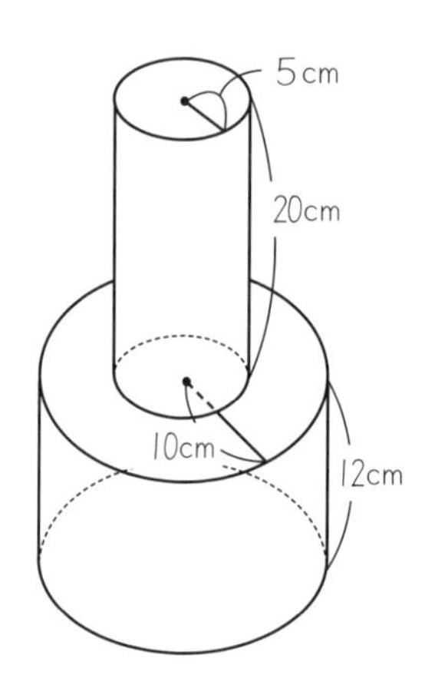

式

答え

27 体積 ③

学習日 ／

1回目 ／100点 答えは160ページ 2回目 ／100点 できた！

展開図が下の図のようになる立体があります。この立体の体積は何cm^3ですか。（各20点）

①

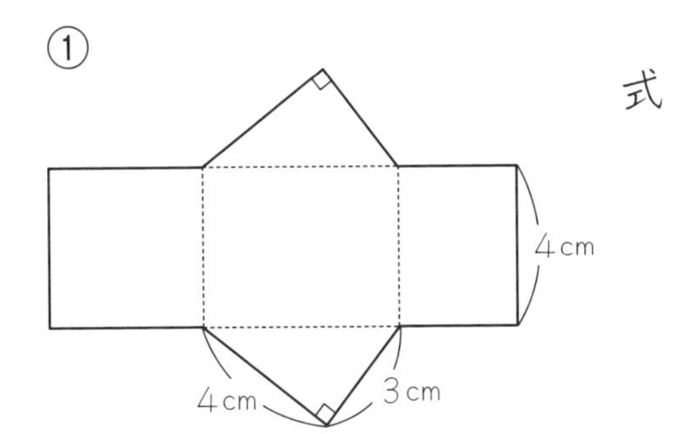

式

答え

②

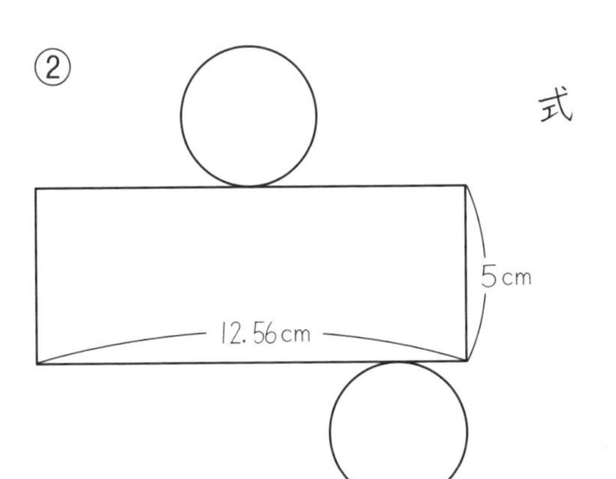

式

答え

③

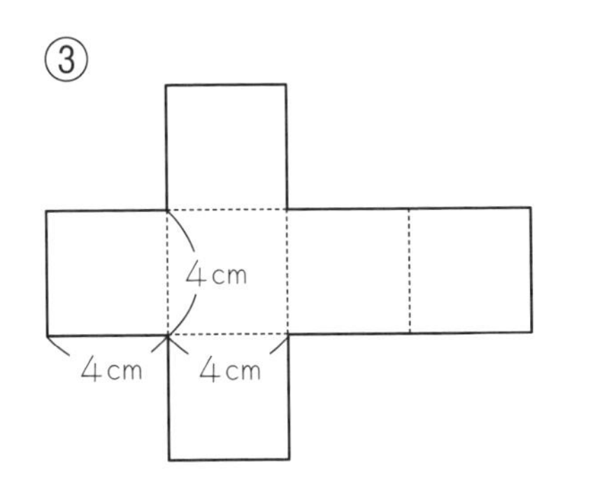

式

答え

④

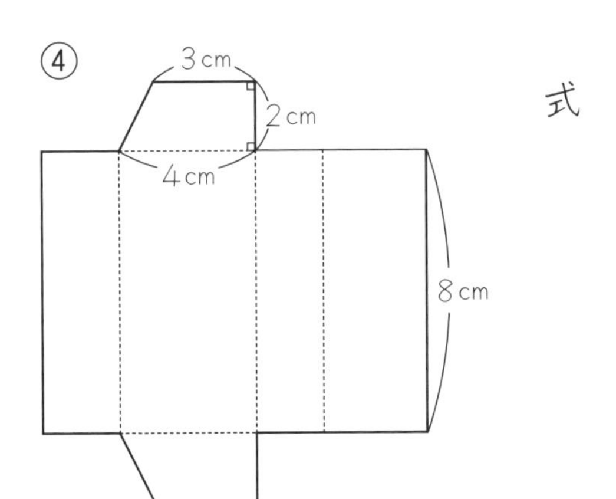

式

答え

⑤

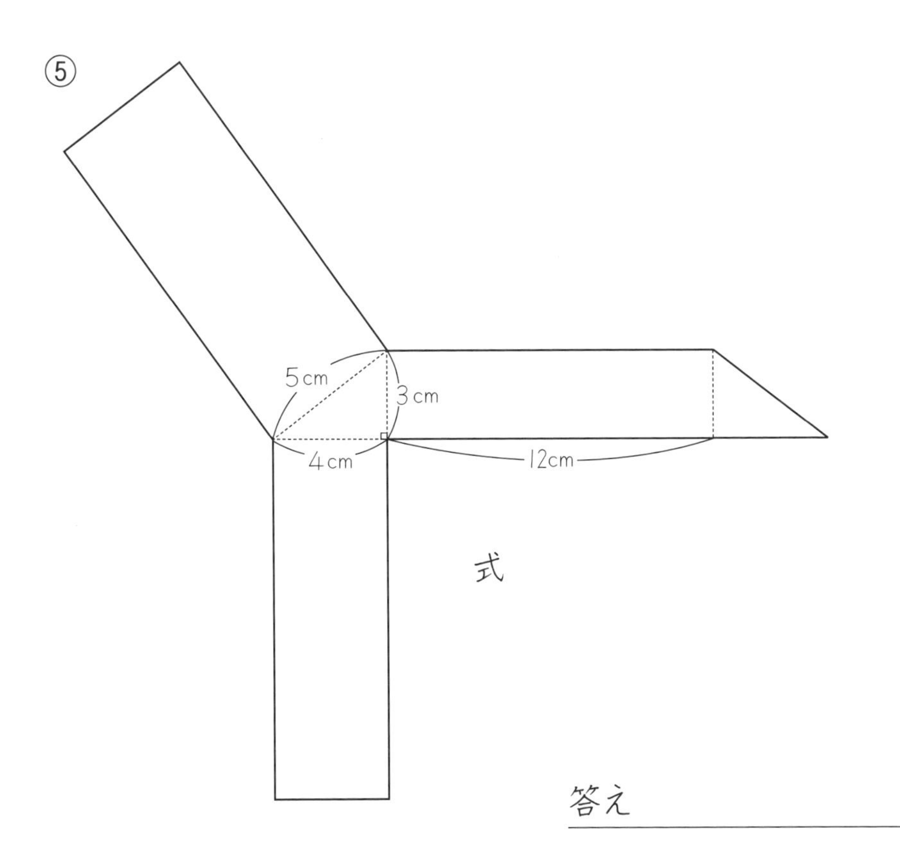

式

答え

28 体積 ④

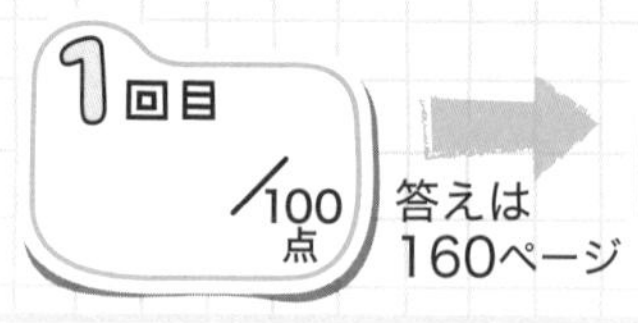

答えは160ページ

算数

1 次の立体の体積を求めましょう。 (各20点)

①

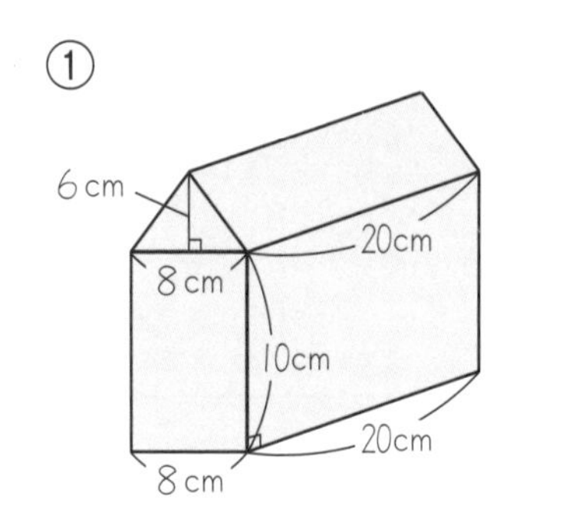

式

答え ＿＿＿＿＿

②

直方体
3cm
3cm
5cm
5cm
5cm
5cm
立方体

式

答え ＿＿＿＿＿

③ 円柱のあながあいています。

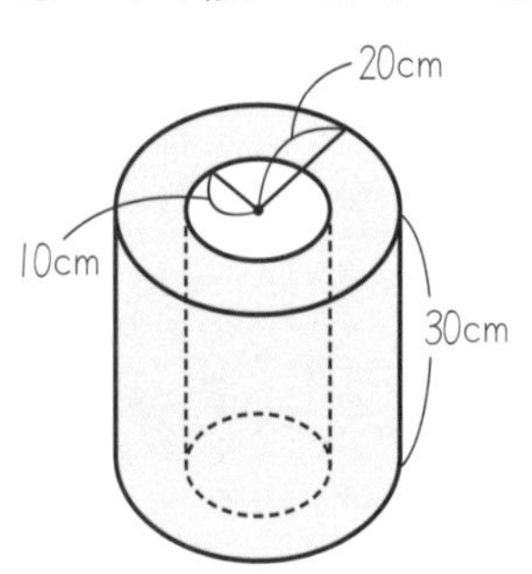

式

答え ＿＿＿＿＿

2 次の立体の体積を求めましょう。 (各20点)

①

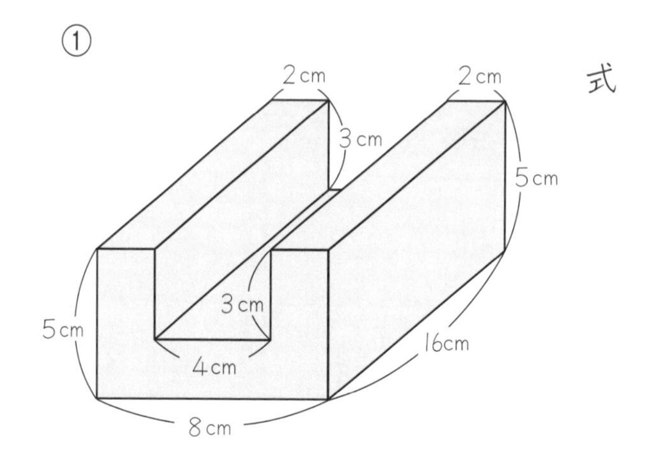

式

答え ＿＿＿＿＿

②

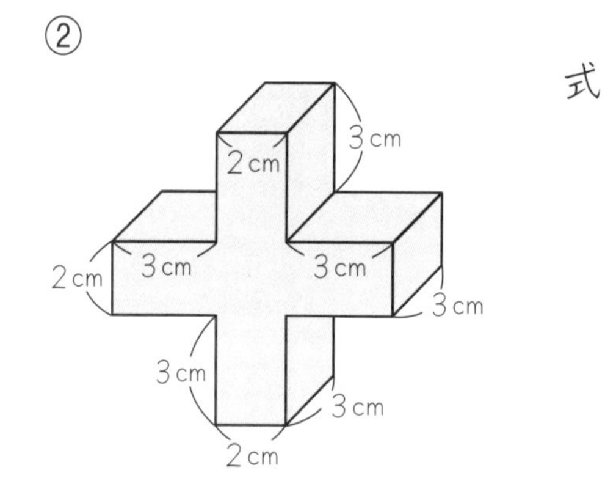

式

答え ＿＿＿＿＿

29 分数の計算 ⑤

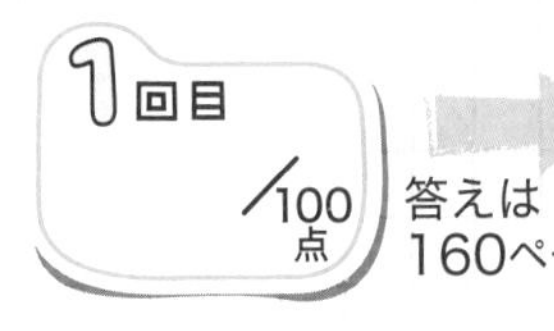

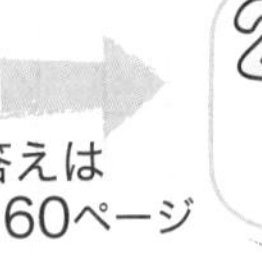

答えは160ページ

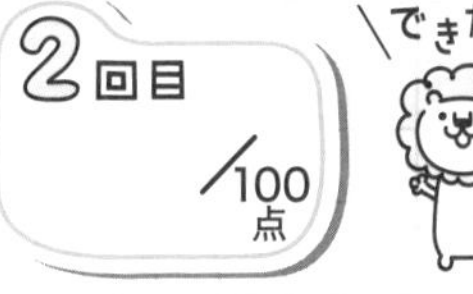

1 馬は108mを6秒で走りました。
この馬の秒速（1秒あたりの速さ）は何mですか。
この問題を図で表すと下図のようになります。
？は何mになりますか。 （10点）

？m	108m
1秒	6秒

式

答え

2 犬は96mを8秒で走りました。
犬の秒速は何mですか。（上の問題と同じようにして解きましょう） （15点）

？m	96m
1秒	8秒

式

答え

3 25秒間に150m進むときの秒速は何mですか。 （15点）

？m	150m
1秒	25秒

式

答え

4 図にかいてそれぞれの速さ（速度）を求めましょう。 （各20点）

① 30分間に48km進むときの分速は何kmですか。

1分	

式

答え

② 8時間で36km進むときの時速は何kmですか。

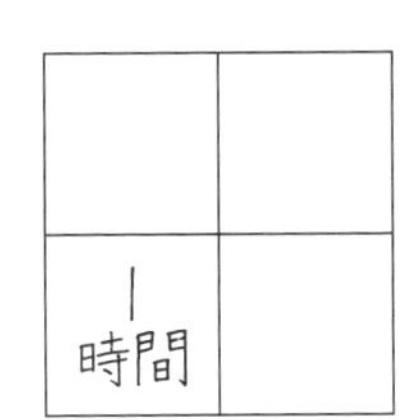

式

答え

③ 14時間に455km進むときの時速は何kmですか。

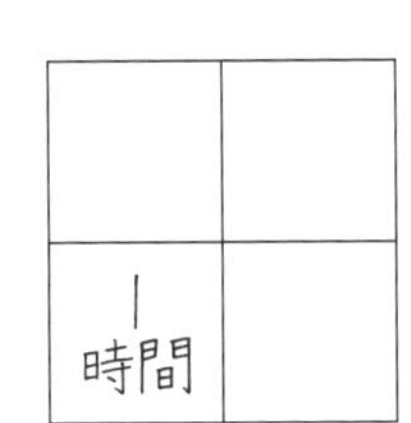

式

答え

30 分数の計算 ⑥

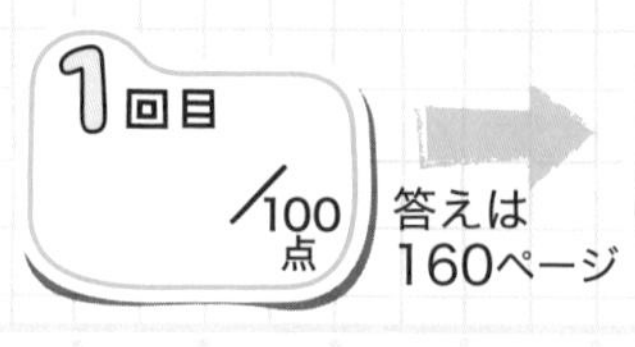

答えは160ページ

1 時速75kmで高速道路を3時間走ると何km進みますか。（10点）

75 km	? km
1 時間	3 時間

式

答え ＿＿＿＿＿＿

2 分速1.2kmで飛ぶハトが10分間飛ぶと何km進みますか。（15点）

1.2 km	? km
1分	10分

式

答え ＿＿＿＿＿＿

3 チーターは秒速32mで走ります。
7秒走ると、何m進みますか。（15点）

32 m	? m
1秒	7秒

式

答え ＿＿＿＿＿＿

4 図にかいてそれぞれの道のりを求めましょう。（各20点）

① 高速道路を時速70kmで走る自動車は、4時間で何km進みますか。

1 時間	

式

答え ＿＿＿＿＿＿

② 馬は秒速12mで走ります。3分間走ると、何m進みますか。

1秒	

式

答え ＿＿＿＿＿＿

③ 分速0.25kmの自転車が40分間走ると、何km進みますか。

1分	

式

答え ＿＿＿＿＿＿

31 文字を使った式 ①

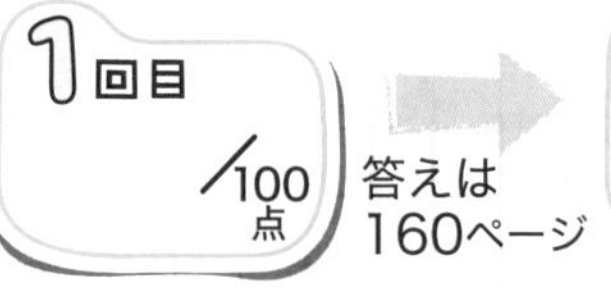

答えは160ページ

2回目 /100点

1 わからない数を□として、次の問題を式に表しましょう。（各10点）

① 縦（たて）が5cmで、横の長さが□cmの長方形の面積

式

② 1個の重さが□gのかんづめを6個、400gの箱につめたときの全体の重さ

式

2 □のかわりに x（エックス）を使って式に表しましょう。（各10点）

① 300ページの本を、x ページ読んだ残りのページ数

式

② 1ふくろ10個入りのアメ、x ふくろのアメ全部の数

式

③ 1本 x 円のえんぴつ5本と、750円の本を買った代金

式

3 次の問題を x を使って式に表しましょう。（各10点）

① x 円のピンセット2本と350円の虫めがねを買った代金が1000円であることを表す式

式

② 縦が2.5mで、横が x mの長方形の花だんの周りの長さが14mであることを表す式

式

③ 高さが8cmで、底辺が x cmの三角形の面積が24cm²であることを表す式

式

4 次の場面で、x と y（ワイ）の関係を式に表しましょう。（各10点）

① 底辺が10cm、高さが x cmの平行四辺形があります。面積は y cm²です。

式

② 1.5Lのジュースがあります。x L飲みました。残りは y Lです。

式

32 文字を使った式 ②

答えは160ページ

1 次の□の数を求めましょう。（各6点）

① $5\times\square=20$
□＝

② $3\times\square=15$
□＝

③ $2\times\square=36$
□＝

④ $4\times\square+5=29$
□＝

⑤ $3\times\square+8=17$
□＝

⑥ $5\times\square+7=67$
□＝

2 次の x の数を求めましょう。（各5点）

① $6\times x=24$
$x=$

② $8\times x=48$
$x=$

③ $750+x=1000$
$x=$

④ $x-6=15$
$x=$

⑤ $6\times x+300=480$
$x=$

⑥ $2\times x-450=50$
$x=$

⑦ $(1.5+x)\times2=13$
$x=$

⑧ $(x+2)\times5=30$
$x=$

3 $x\times6=y$ の式について、次の問いに答えましょう。

(1) x の値(あたい)が次のときの、y の値を求めましょう。（各6点）

① $x=10$

答え ＿＿＿＿＿＿

② $x=15$

答え ＿＿＿＿＿＿

(2) y の値が次のときの、x の値を求めましょう。（各6点）

① $y=54$

答え ＿＿＿＿＿＿

② $y=9$

答え ＿＿＿＿＿＿

33 文字を使った式 ③

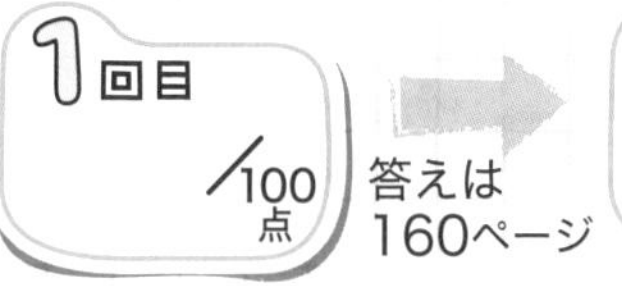

答えは160ページ

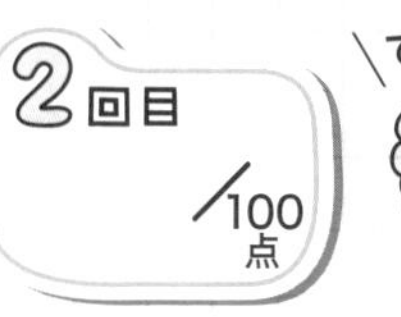

1 長方形を見て、次の問いに答えましょう。 （各10点）

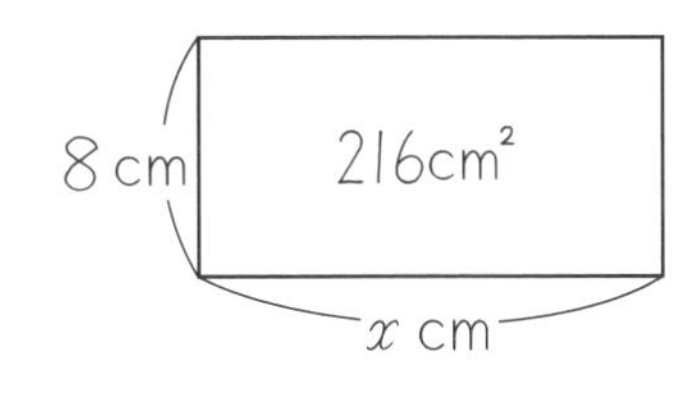

① 周りの長さ y cmを求める式をかきましょう。

式 ＿＿＿＿＿＿

② 長方形の面積は216cm²です。このことを式で表し、横の長さを求めましょう。

式

答え ＿＿＿＿＿＿

③ この長方形の周りの長さは何cmですか。

式

答え ＿＿＿＿＿＿

2 底辺が8cmの二等辺三角形があります。 （各10点）

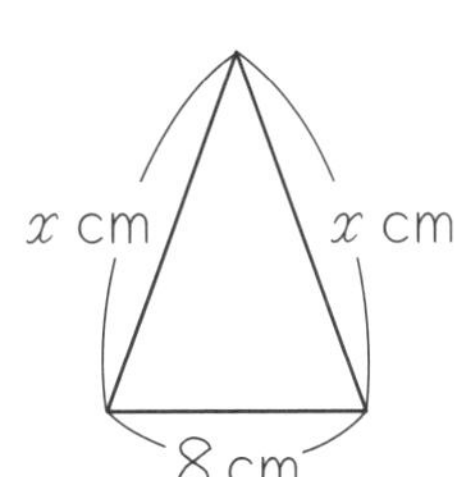

① 等しい辺の長さを x cm、周りの長さを y cmとしたときの、x と y の関係を式に表しましょう。

式 ＿＿＿＿＿＿

② 周りの長さ y が22cmのとき、x は何cmですか。

式

答え ＿＿＿＿＿＿

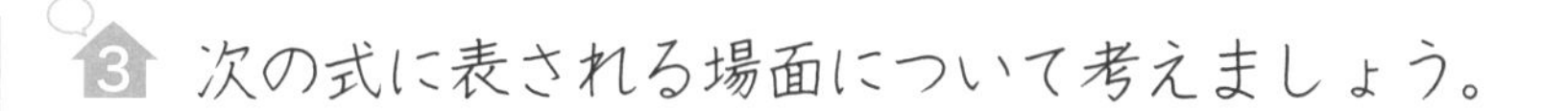

3 次の式に表される場面について考えましょう。 （各10点）

㋐ $120+x=y$　　㋑ $120-x=y$

㋒ $120\times x=y$　　㋓ $120=x\times y$

① 120円のパンを x 個買うと代金は y 円です。

② 120円のパンと x 円の牛乳を買うと、代金は y 円です。

③ x 円のパンを y 個買うと、代金は120円です。

④ お金を120円持っています。x 円のパンを買うと、残金は y 円です。

⑤ 120円のパンを x 人が1個ずつ買ったときの代金は y 円です。

①～⑤にあてはまるのは㋐～㋓のどれですか。記号をかきましょう。

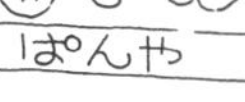

①（　　）②（　　）③（　　）

④（　　）⑤（　　）

34 文字を使った式 ④

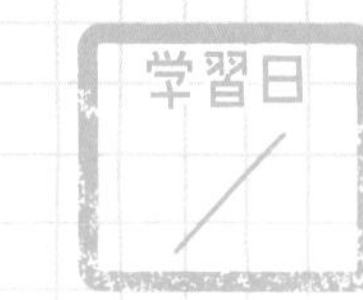

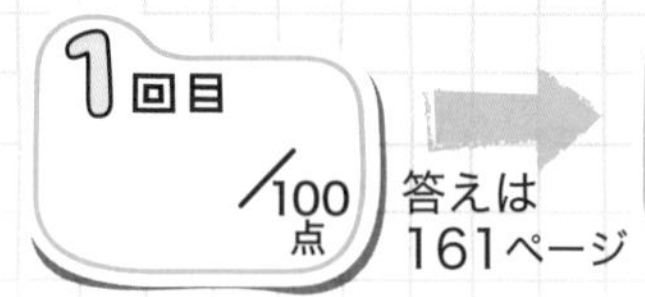

答えは161ページ

1 次の問題を、x と y を用いた式に表しましょう。（各５点）

① x 円のケーキを４個買ったときの代金（y 円）

式 ＿＿＿＿＿＿

② x 円のケーキを150円の箱に入れたときの代金（y 円）

式 ＿＿＿＿＿＿

③ x 円のケーキ５個を200円の箱に入れたときの代金（y 円）

式 ＿＿＿＿＿＿

④ 1000円わたして、x 円のケーキを買ったときのおつりの金額（y 円）

式 ＿＿＿＿＿＿

2 次の問いに答えましょう。

① 半径の長さ x cmの円周の長さ y cmを求める式をかきましょう。（10点）

式 ＿＿＿＿＿＿

② ①の x が７のとき、円周の長さは何cmですか。（10点）

答え ＿＿＿＿＿＿

3 次の x を求めましょう。（各10点）

① $x\times 6+300=1380$

答え ＿＿＿＿＿＿

② $(3.5+x)\times 2=16.4$

答え ＿＿＿＿＿＿

③ $12\times x-100=44$

答え ＿＿＿＿＿＿

④ $(x+4.3)\times 8\div 2=40$

答え ＿＿＿＿＿＿

4 図の三角形は、底辺が12cmで面積は y cm² です。（各10点）

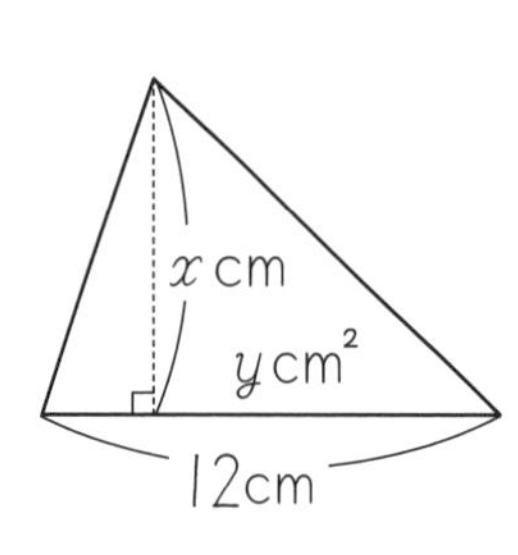

① 高さを x cmとしたときの面積 y cm² を表す式をかきましょう。

式 ＿＿＿＿＿＿

② y が60のときの x を求めましょう。

答え ＿＿＿＿＿＿

35 比例・反比例 ①

1 針金（はりがね）の長さと重さの関係を表しています。

① 表のあいているところに数をかきましょう。（各5点）

長さ（xm）	0	1	2	3	4	5	6	7	8	9	10
重さ（yg）	0	5	㋐	15	20	㋑	㋒	35	40	㋓	50

② グラフをかきましょう。（20点）

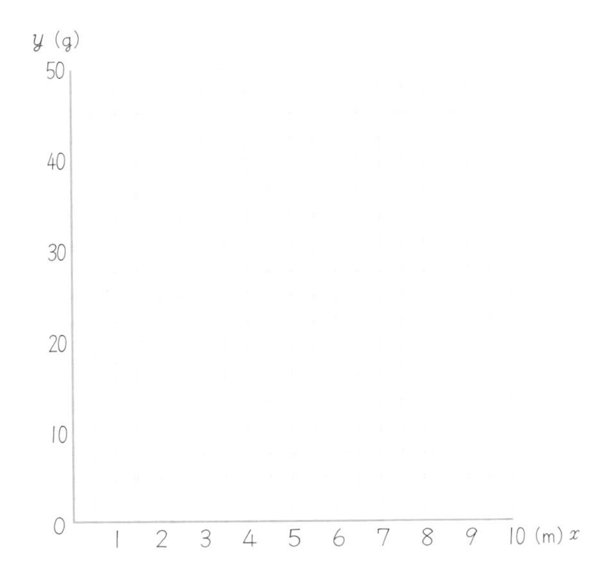

③ グラフから x と y の関係を式にかきましょう。（10点）

（y = 　　　　）

④ この関係を何と呼（よ）びますか。（10点）

（　　　　）

2 4時間で32m²のかべにペンキをぬります。

① このときの時間と広さ（m²）の関係を表にかきましょう。㋐、㋑はいくらですか。（各5点）

x（時間）	1	…	4	㋑
y（m²）	㋐	…	32	48

㋐（　　　）

㋑（　　　）

② 表から x と y の関係を式にかきましょう。（10点）

答え　y =

3 10Lのガソリンで120km走る車があります。

① この車のガソリンの量（L）と走るきょり（km）の関係を表にかきましょう。㋐、㋑はいくらですか。（各5点）

x（L）	1	…	10	40
y（km）	㋐	…	120	㋑

㋐（　　　）

㋑（　　　）

② 表から x と y の関係を式にかきましょう。（10点）

答え　y =

36 比例・反比例 ②

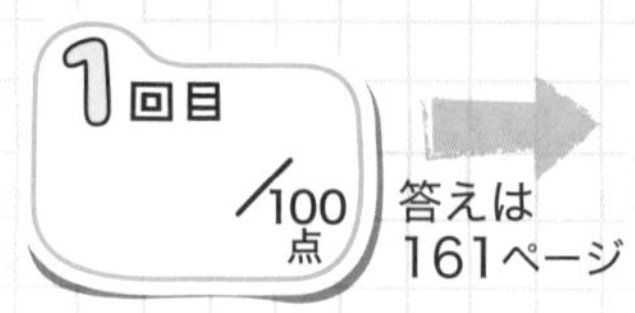

答えは161ページ

1 yを求める式をかきましょう。xとyが比例する式には○を、比例しない式には×をしましょう。（各10点）

① 高さ８cmの平行四辺形の底辺$x$cmと面積$y$cm²

（　）$y=$

② 5000円札でx円の本を買い、残ったお金y円

（　）$y=$

③ x円のカステラを、200円の箱に入れたときの代金y円

（　）$y=$

④ 油0.6L入りのペットボトルx本と、油の量yL

（　）$y=$

⑤ 240cmのリボンをx等分したときの１本分の長さ$y$cm

（　）$y=$

⑥ 直径の長さ$x$cmと、円周の長さ$y$cm

（　）$y=$

2 yはxに比例しています。表を完成し、yを求める式をかきましょう。（各10点）

①

x	3	9
y	6	㋐

㋐ ＿＿＿＿

$y=$

②

x	25	75
y	㋑	30

㋑ ＿＿＿＿

$y=$

③

x	0.2	0.8
y	0.5	㋒

㋒ ＿＿＿＿

$y=$

④

x	8	12
y	㋓	5.4

㋓ ＿＿＿＿

$y=$

37 比例・反比例 ③

答えは161ページ

1 縦(たて) x cm、横 y cmの長方形の面積は12cm²です。

① 表のあいているところに数をかきましょう。（各5点）

縦の長さ（x cm）	1	2	3	4	5	6	12
横の長さ（y cm）	㋐	㋑	4	㋒	㋓	2	1

② グラフにかきましょう。（20点）

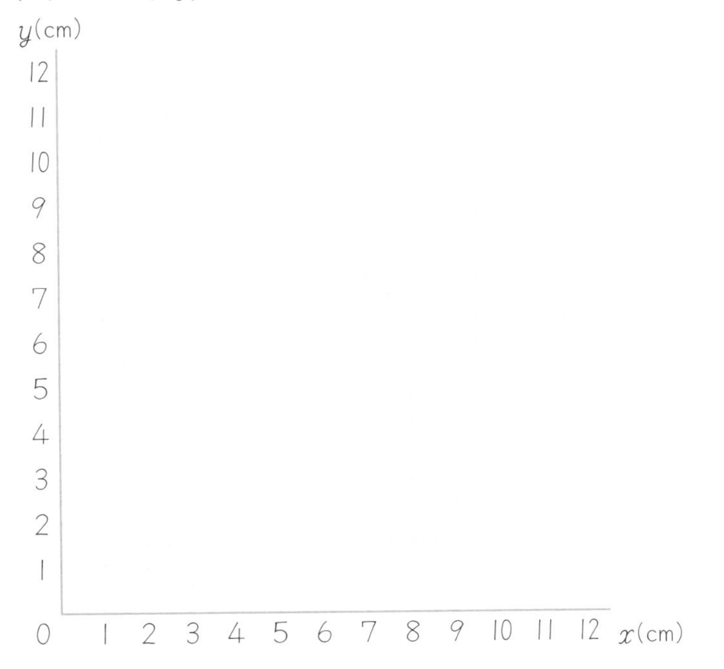

③ グラフから x と y の関係を式にかきましょう。（10点）

（　　　　　）

④ この関係を何と呼(よ)びますか。（10点）

（　　　　　）

2 30kmはなれたところへ行くのに、時速 x kmで進むと、y 時間かかります。

時速 x（km）	1	2	3	4	5	6	10	12	15	30
時間 y（時間）										

① 表のあいているところに、数をかきましょう。（10点）

② y を、x を使った式で表しましょう。（5点）

答え ＿＿＿＿＿＿＿＿

3 48L入る水そうに、水をいっぱい入れます。1分間に入れる水の量 x Lと、かかる時間 y 分との関係を調べます。

① 表のあいているところに、数をかきましょう。（10点）

1分間に入れる水の量 x（L）	1	2	3	4	6	8	12	16	24	48
かかる時間 y（分）										

② y は x に反比例していますか。（7点）

答え ＿＿＿＿＿＿＿＿

③ y を、x を使った式で表しましょう。（8点）

答え ＿＿＿＿＿＿＿＿

38 比例・反比例 ④

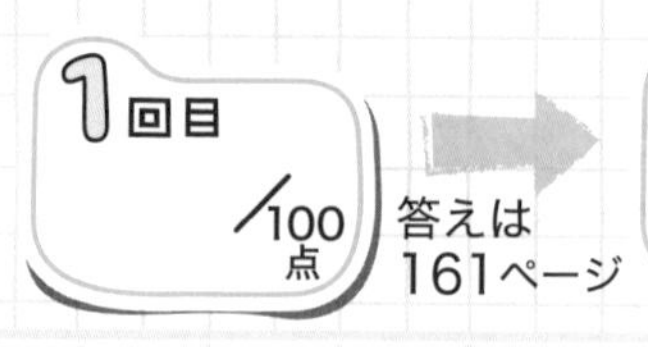

答えは161ページ

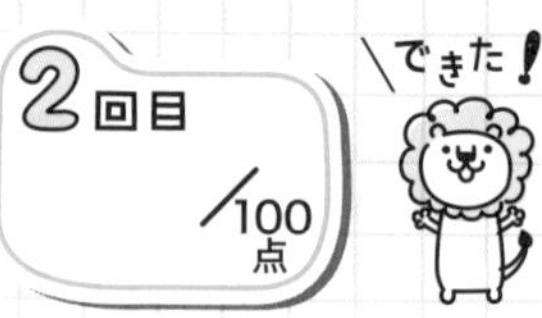

できた！

1 A市からB市までは240kmあります。このときの時速とかかる時間を表にします。

① 表のあいているところに、数をかきましょう。（5点）

時速 x（km）	10	20	30	40	50	60		120		240
時間 y（時間）										1

② $x \times y$ の値（あたい）はいつも同じです。いくらになりますか。（5点）

（　　　　　　　　）

2 次の図形の面積、辺の長さ、高さの関係を x、y を使って文字式に表し、比例しているものには○、反比例しているものには△を（　　）にかきましょう。（各10点）

①
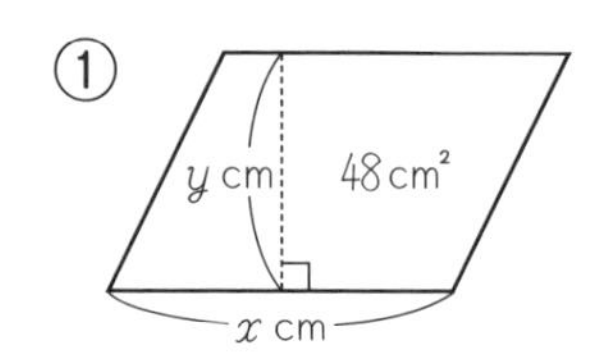

（　　）$y =$

②
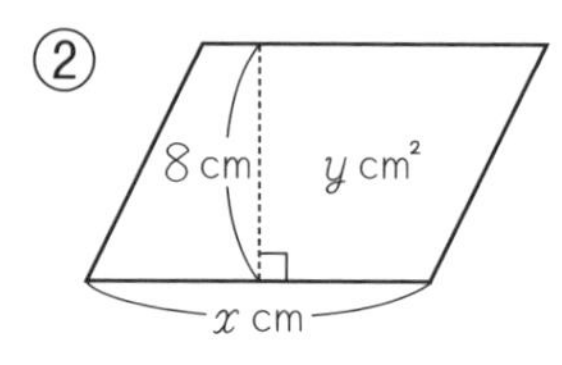

（　　）$y =$

③
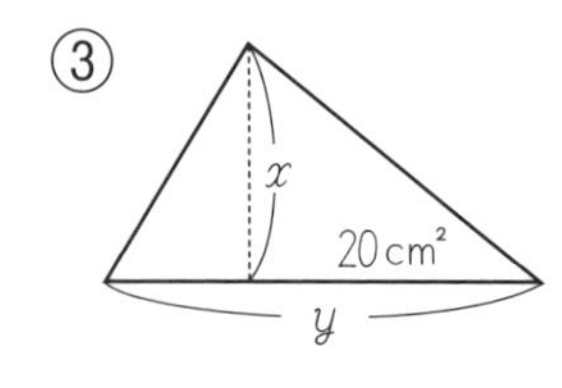

（　　）$y =$

④
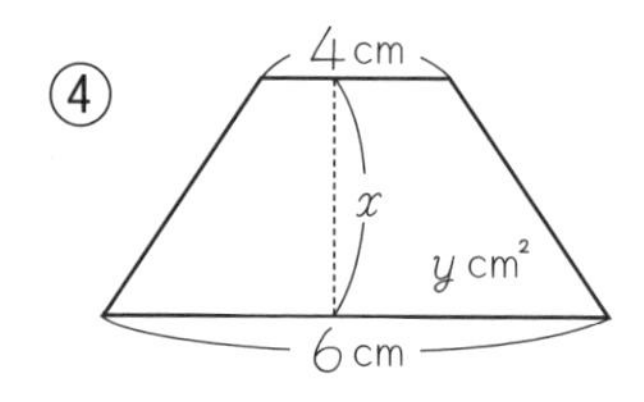

（　　）$y =$

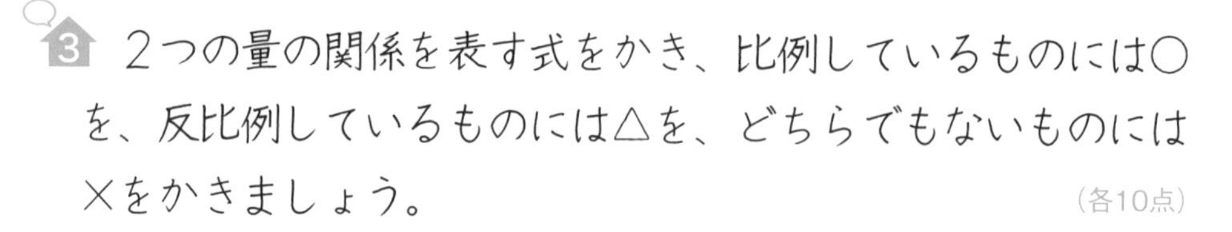

3 2つの量の関係を表す式をかき、比例しているものには○を、反比例しているものには△を、どちらでもないものには×をかきましょう。（各10点）

① 面積が60cm²の長方形の横の長さ x cmと縦（たて）の長さ y cm

（　　）式＿＿＿＿＿＿＿＿

② 重さ300gのびんに塩を入れていくとき、入れた塩の重さ x gと全体の重さ y g

（　　）式＿＿＿＿＿＿＿＿

③ 父の年れい y 才と、父より32才若（わか）い兄の年れい x 才

（　　）式＿＿＿＿＿＿＿＿

④ 正方形の1辺の長さ x cmと周りの長さ y cm

（　　）式＿＿＿＿＿＿＿＿

⑤ 容積60Lの水そうを水で満たすときの、1分間に入れる水の量 x Lとかかる時間 y 分

（　　）式＿＿＿＿＿＿＿＿

39 場合の数 ①

学習日 ／

1回目 ／100点　答えは161ページ　2回目 ／100点

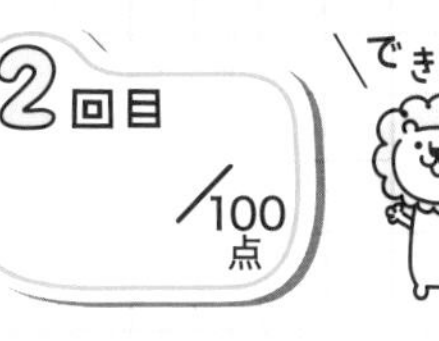

1 ㋶ライオン、㋩パンダ、㋚さるのカードを順に並べます。　（各10点）

① 並べ方の図をかきましょう。

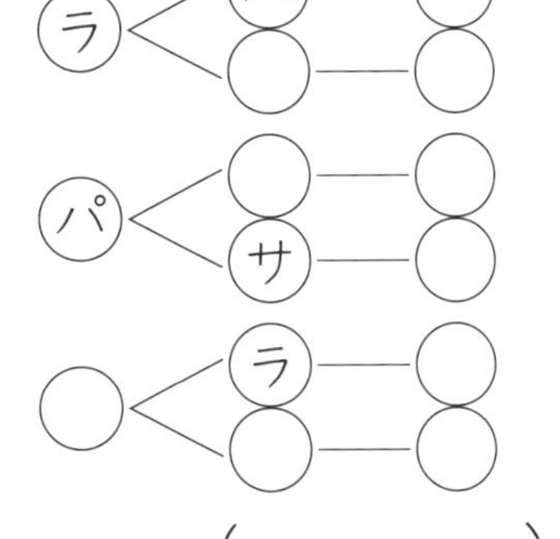

② 並べ方は、何通りありますか。　（　　　）

2 下の旗に、赤、青、黄、緑の4色で色をぬります。（各10点）

① 左はしを赤としたときのぬり方をかきましょう。

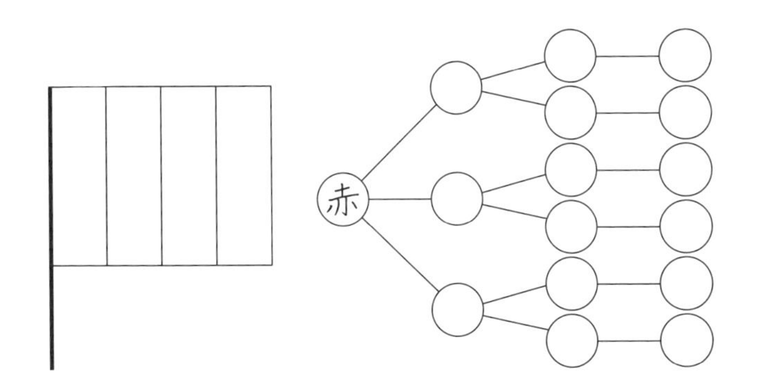

② ぬり方は全部で何通りありますか。　（　　　）

3 [3] [4] [5] [6]の数字カードを並べてできる4けたの整数のうち、千の位が3の整数を全部かきましょう。　（各10点）

① ○に数字をあてはめましょう。

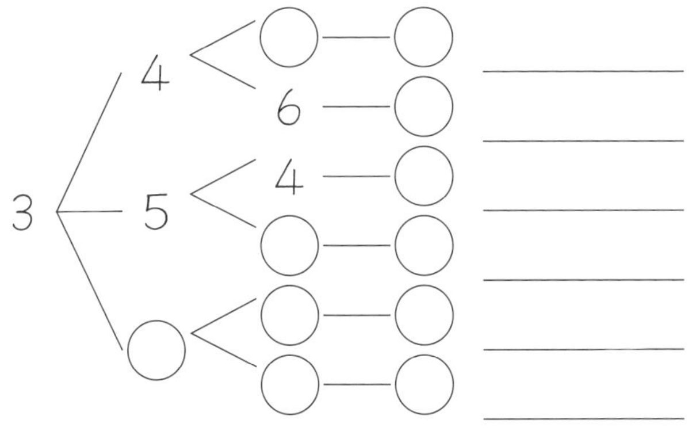

② 千の位のカードを順にかえて4けたの整数を作ると、全部で何通りできますか。　（　　　）

4 [0] [2] [5] [7]の数字カードを並べて、4けたの整数を作ります。　（各10点）

① 1番小さい数は何ですか。　（　　　）

② 2番目に小さい数は何ですか。　（　　　）

③ 3番目に大きい数は何ですか。　（　　　）

④ 4けたの数は、全部で何個できますか。　（　　　）

40 場合の数 ②

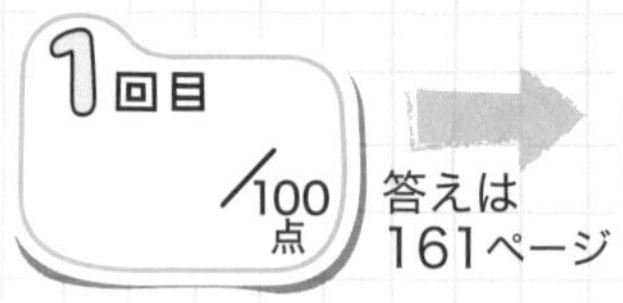

答えは
161ページ

1 A、B、C、Dの4チームでドッジボールの試合をします。どのチームも他のチームと1回ずつ試合をします。

① 試合をするチームに○をつけ、表を完成させましょう。

（10点）

② 全部で何試合しますか。

（10点）

答え ＿＿＿＿＿＿

	A	B	C	D
A				
B				
C				
D				

2 ㋟だいこん、㋩はくさい、㋤なす、㋖きゅうりから2種類選ぶ組み合わせの表を完成させましょう。全部で何通りありますか。

（表…15点×2　答え…10点）

だ	は	な	き

だ  は  な  き

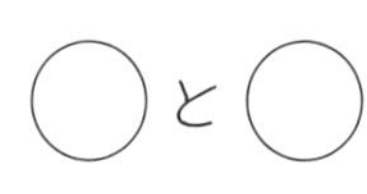

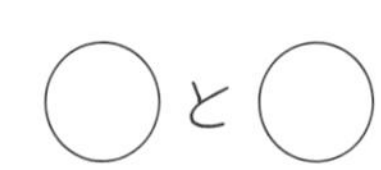

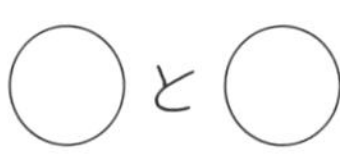

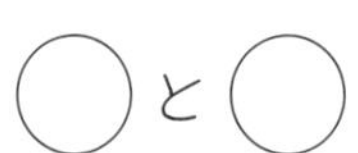

答え ＿＿＿＿＿＿

3 ㋷りんご、㋯みかん、㋱メロン、� パイン、㋤なしのゼリーから2つを選び、箱づめセットにします。何通りのセットができますか。組み合わせをすべてかきましょう。

（表…15点×2　答え…10点）

り	み	メ	パ	な

○と○　○と○

○と○　○と○

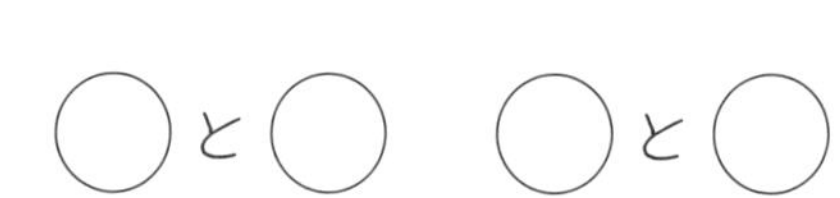

○と○　○と○

○と○　○と○

答え ＿＿＿＿＿＿

41 場合の数③

学習日 ／

1回目 ／100点　答えは162ページ　2回目 ／100点

できた！

1 赤、青、黄、白、黒の５色から２色選びます。組み合わせは全部で何通りありますか。　(25点)

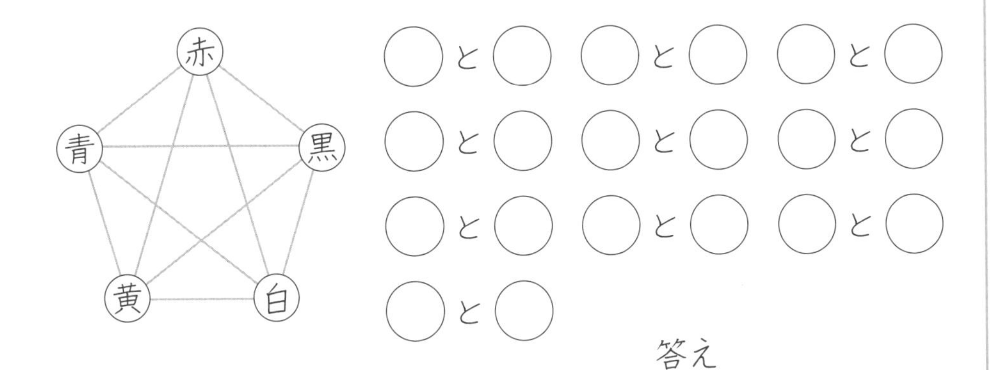

答え ＿＿＿＿＿＿

2 ㋮松、㋟竹、㋒梅、㋚桜、㋜すぎから３本選びます。組み合わせは全部で何通りありますか。　(25点)

ま	た	う	さ	す

○.○.○　○.○.○

答え ＿＿＿＿＿＿

3 下の表のようなランチセットメニューがあります。全部で組み合わせは何通りありますか。　(25点)

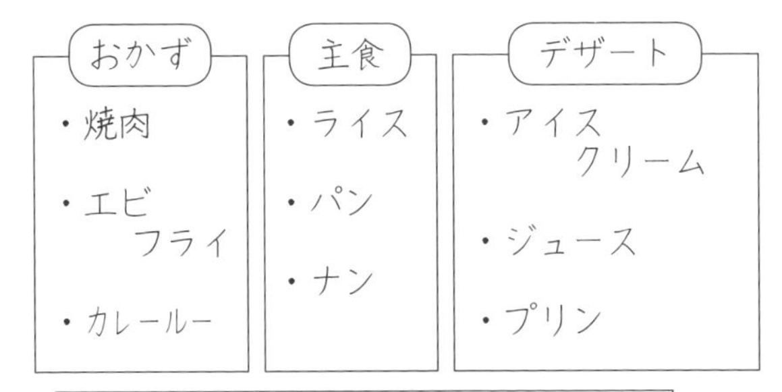

答え ＿＿＿＿＿＿

4 [2][4][7][9] から３つの数を使ってできる３けたの整数をかきましょう。全部で何通りありますか。　(25点)

百	十	一

答え ＿＿＿＿＿＿

42 場合の数④

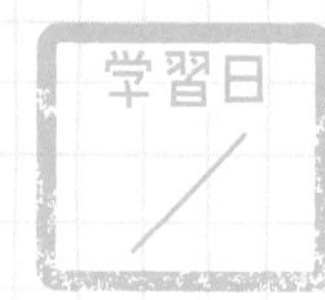

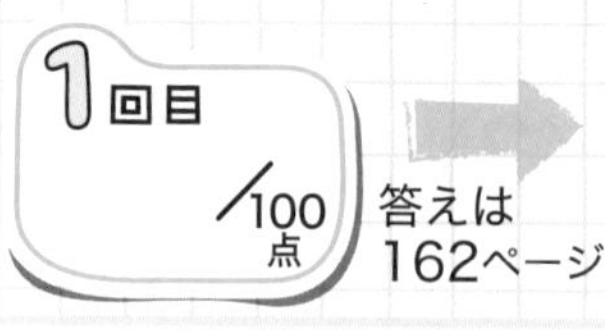

答えは162ページ

1 赤、青、黄の３色から２色を使って、下のもようをぬりましょう。何通りありますか。（15点）

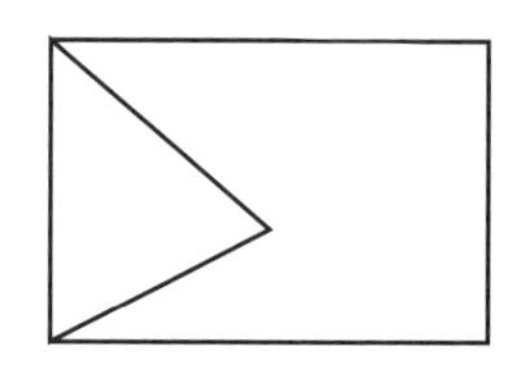

答え ＿＿＿＿＿＿

2 右のような旗があります。赤、青、黄、緑の４色を使ってぬります。
　全部で何通りの旗ができますか。（15点）

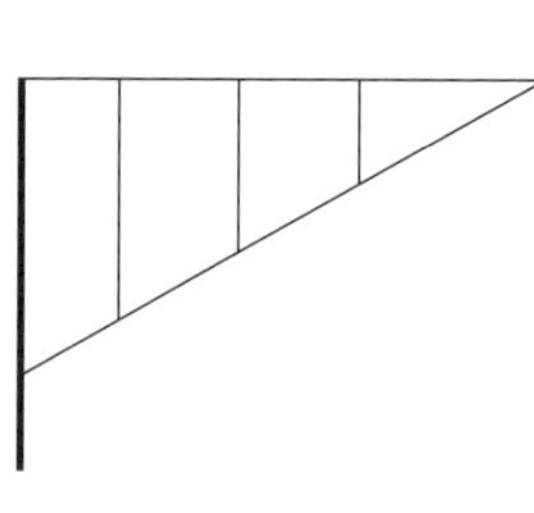

答え ＿＿＿＿＿＿

3 赤、青、黄、緑の４色から３色を使って、下の旗をぬります。
　ぬり方は全部で何通りありますか。（15点）

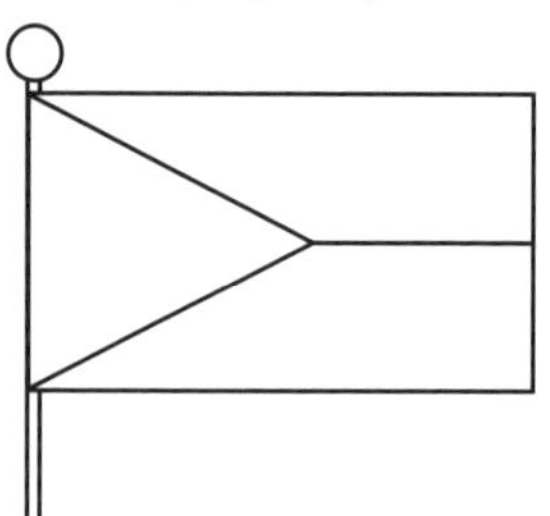

答え ＿＿＿＿＿＿

4 コインを３回続けて投げるときの、表・裏（うら）の出方は全部で何通りありますか。（15点）

答え ＿＿＿＿＿＿

5 ４枚（まい）の数字カード［0］［7］［8］［9］を並（なら）べて、４けたの整数を作ります。（各10点）

① １番大きい数は何ですか。（　　　）

② １番小さい数は何ですか。（　　　）

6 お金があります。このうち２枚を組み合わせてできる金額を考えます。（各10点）

① 異（こと）なる金額は全部で何通りありますか。

答え ＿＿＿＿＿＿

② １番小さい金額はいくらですか。

答え ＿＿＿＿＿＿

43 資料を整理しよう ①

答えは162ページ

1 次の表は6年1組の算数テストの点数です。

●6年1組の算数テストの点数●

名前(さん)	Ⓐ	Ⓑ	Ⓒ	Ⓓ	Ⓔ	Ⓕ	Ⓖ	Ⓗ	Ⓘ	Ⓙ
点数(点)	90	90	75	65	90	85	80	100	95	90

① このデータの平均値を求めましょう。 (10点)

式

答え ＿＿＿＿＿＿＿＿

② 全体のちらばりがわかるように、データを数直線上に記録し、ⒶとⒷのようにドットプロットで表しましょう。 (各3点)

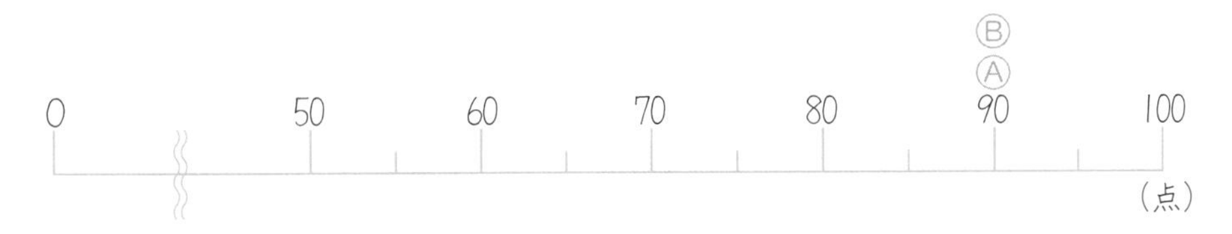

③ このデータの最ひん値と中央値を求めましょう。 (各8点)

最ひん値(　　　　　　)、中央値(　　　　　　)

2 次の表は6年2組の50m走の記録です。

●6年2組の50m走の記録●

番号(人)	1	2	3	4	5	6	7	8	9	10	11	12	13
記録(秒)	7.8	9.1	8.7	9.4	8.8	7.9	9.9	7.6	8.5	9.1	8.2	9.1	11.1

① このデータを下の度数分布表に表しましょう。 (各5点)

●6年2組の50m走の記録●

階　級(秒)	度数(人)
7秒以上8秒未満	
8秒以上9秒未満	
9秒以上10秒未満	
10秒以上11秒未満	
11秒以上12秒未満	
合　計	

② このデータの最ひん値を求めましょう。 (10点)

(　　　　　　)

③ このデータの中央値はどの区切りに入りますか。 (10点)

(　　　　　　)

44 資料を整理しよう ②

答えは162ページ

算数

1 次の表は、1組、2組、3組のソフトボール投げの記録です。

ソフトボール投げの記録（m）

1組 15人	32	39	33	43	28	37	34	37
	40	38	29	34	30	34	31	
2組 16人	27	37	37	29	37	38	32	40
	23	30	28	42	24	36	26	34
3組 14人	29	31	38	40	37	35	36	33
	37	38	39	38	33	31		

① 1組の記録を数直線に○でかきましょう。（各3点）

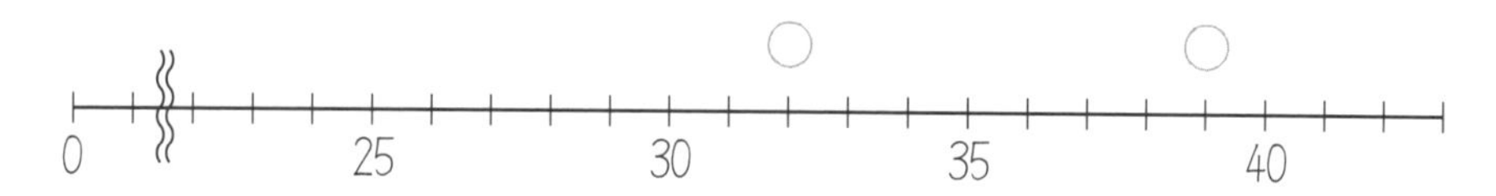

② データの中で、最も多く出てくる値（あたい）を最ひん値（ち）といいます。1組の最ひん値をかきましょう。（5点）

答え ＿＿＿＿

2 1の表を見て答えましょう。

① 2組の記録を表に整理しましょう。（各3点）

階級	正の字	数
20m以上～25m未満		
25m～30m		
30m～35m		
35m～40m		
40m～45m		

② 3組のデータを小さい順にならべましょう。（各1点）

＿，＿，＿，＿，＿，＿，＿，＿

＿，＿，＿，＿，＿，＿，＿

③ ちょうどまん中にある値（あたい）を中央値（ちゅうおうち）といいます。3組の記録の中央値を求めましょう。（6点）

答え ＿＿＿＿

45 資料を整理しよう ③

学習日 ／

1回目 ／100点　答えは162ページ　2回目 ／100点　できた！

1 ソフトボール投げの結果を調べましょう。

番号	きょり(m)	番号	きょり(m)
①	25	⑪	10
②	30	⑫	29
③	20	⑬	22
④	15	⑭	24
⑤	21	⑮	21
⑥	13	⑯	18
⑦	12	⑰	16
⑧	18	⑱	28
⑨	28	⑲	30
⑩	26	⑳	11

① ちらばりがわかるように数直線に表しましょう。（各1点）

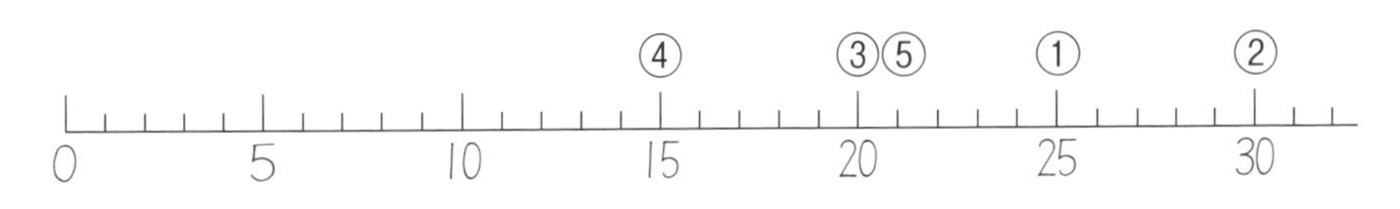

② 下の表とグラフに表しましょう。（30点）

きょり(m)	人数(人)
以上 未満 0 ～ 10	
10 ～ 15	
15 ～ 20	
20 ～ 25	
25 ～ 30	
30 ～ 35	
合　計	(人)

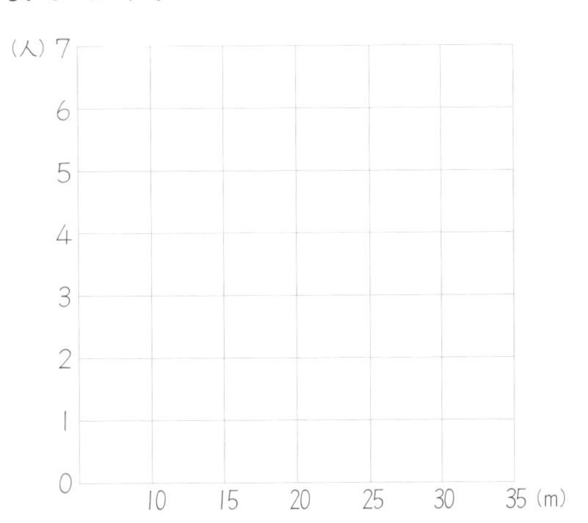

2 右のグラフは、あるクラスの子どもたちが、1年間に買ったジュースの本数を柱状グラフに示したものです。（各10点）

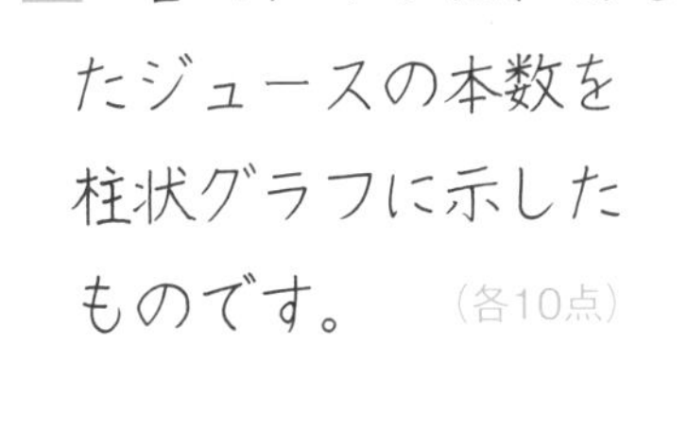

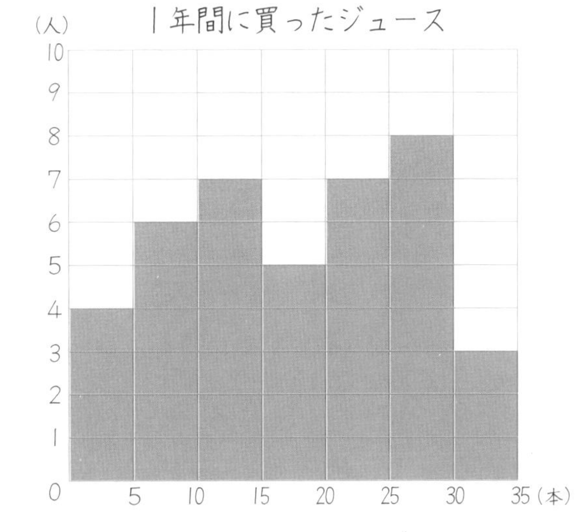

① このクラスの人数は何人ですか。

（　　　人）

② 一番多いのは、何本以上何本未満のところですか。また、それはクラス全体の何%にあたりますか。

（　　　本以上　　　本未満）（　　　%）

③ クラスで少ない方から15番目の人は、どの区切りに入りますか。（　　　本以上　　　本未満）

④ 10本以上15本未満の人は、クラス全体の何%にあたりますか。（　　　%）

⑤ 一番人数が少ないのは何本以上何本未満のところですか。また、それはクラス全体の何%にあたりますか。

（　　　本以上　　　本未満）（　　　%）

46 資料を整理しよう ④

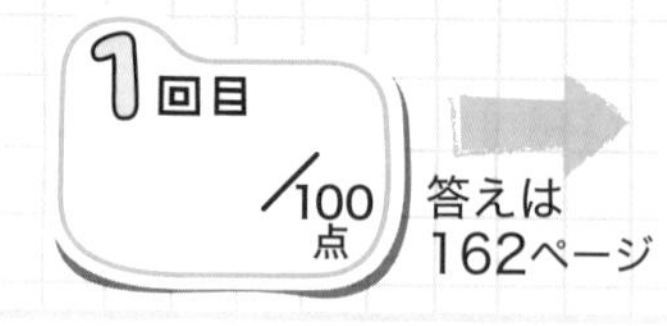

答えは162ページ

算数

1 下の表は、6年1組のボール投げの結果の記録です。

1組

きょり（m）	人数（人）
10以上～15未満	1
15～20	3
20～25	5
25～30	2
30～35	8
35～40	3
40～45	6
45～50	2

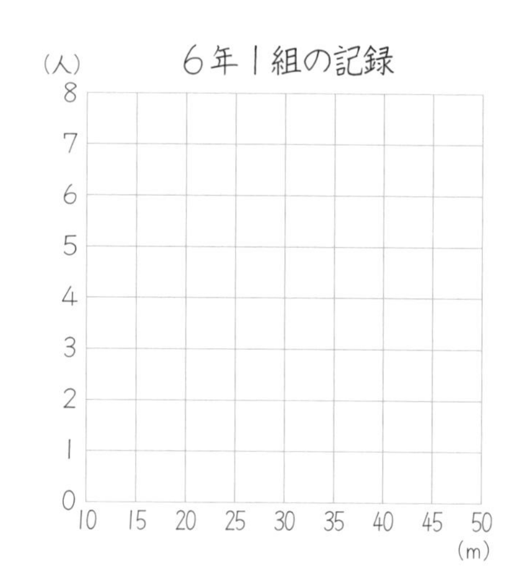

① 柱状グラフに表しましょう。（20点）

② 1組の人数は何人ですか。（10点）

（　　　　人）

③ 1組で1番多いはんいはどこですか。（10点）

（　　　　）

④ ひろし君は39mでした。遠くへ投げた方から数えて何番目から何番目の間にいますか。（20点）

（　　　　）

2 次の数は、6年生8人の身長の数値（すうち）（cm）です。

150、143、152、148、
144、146、148、149

① 平均値を求めましょう。（20点）

式

答え

② 中央値を求めましょう。（10点）

答え

③ 最ひん値を求めましょう。（10点）

答え

1 植物と水や空気①

1回目　／100点

答えは163ページ

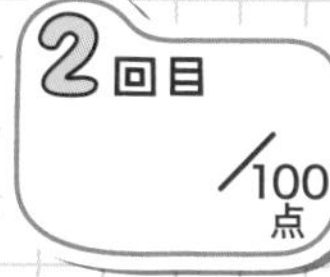

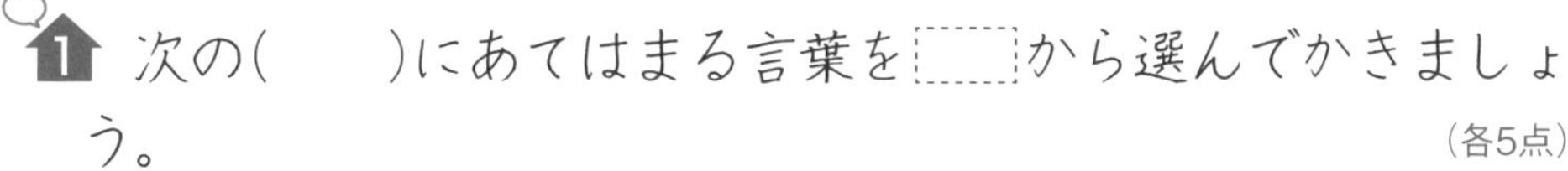

1 次の(　　)にあてはまる言葉を[　　]から選んでかきましょう。（各5点）

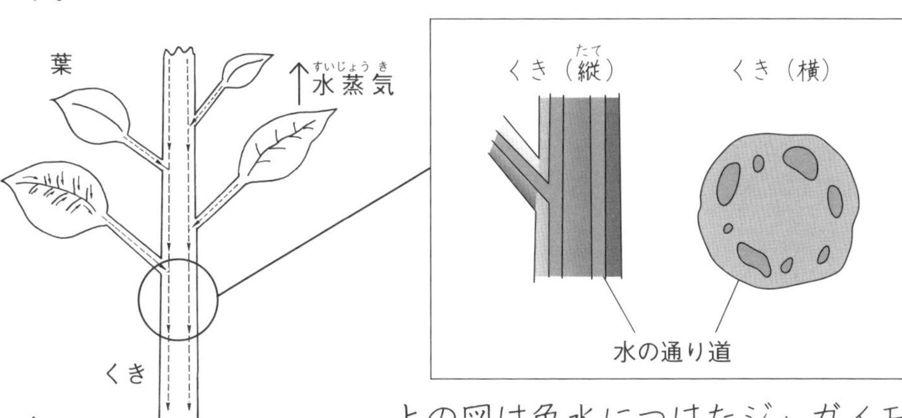

上の図は色水につけたジャガイモの(①　　　)を切ったようすです。

この実験から、赤く染まったところが(②　　　)とわかります。

(③　　　)から吸い上げられた水は根、くき、葉にある(②)を通って、ジャガイモの(④　　　)に運ばれていくのです。

そして、最後に水は(⑤　　　)から、水蒸気として(⑥　　　)に出ていきます。

体全体	水の通り道	空気中	根	くき	葉

2 次の(　　)にあてはまる言葉を[　　]から選んでかきましょう。（各10点）

(1) ジャガイモの葉のついた枝㋐と、葉をとった枝㋑に、ビニルぶくろをかぶせました。15分後、㋐のふくろの内側には、(①　　　)がついて、ふくろが(②　　　)。㋑のふくろは(③　　　)でした。

くもりました	水てき	くもりません

(2) ジャガイモの葉をけんび鏡で観察すると、葉のところどころに(①　　　)というあなが見られます。

根から運ばれてきた(②　　　)はこのあなから(③　　　)となって出ていきます。

このはたらきを(④　　　)といいます。

水蒸気	蒸散	気こう	水

2 植物と水や空気 ②

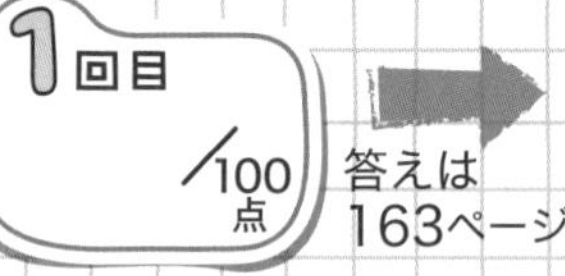

答えは163ページ

1 次の（　　）にあてはまる言葉を［　　］から選んでかきましょう。（各８点）

食べ二で色をつけた水にホウセンカをつけて、くきや葉のようすを調べました。

数時間後、くきの一部を切り取り、縦(たて)と横に切ってみました。すると横に切ったものは（①　　　）のように、縦に切ったものは（②　　　）のように（③　　　）染(そ)まっていました。これが（④　　　）の通り道です。

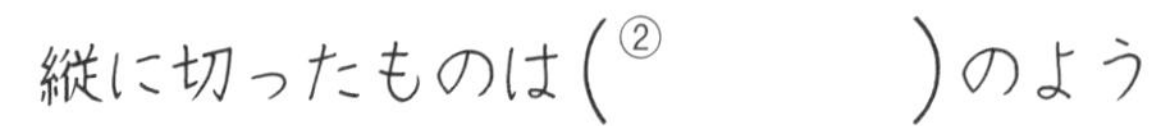

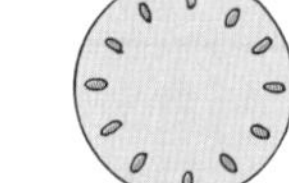

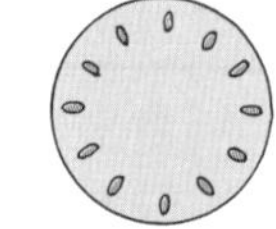

図Ⓐ

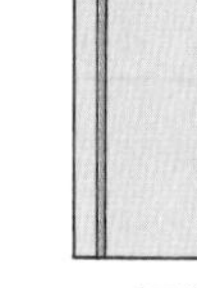

図Ⓑ

さらに、葉を取って調べると、葉も（⑤　　　）染まっていました。

このことから、（⑥　　　）から吸(す)い上げられた水は、（⑦　　　）を通って（⑧　　　）まで運ばれることがわかりました。

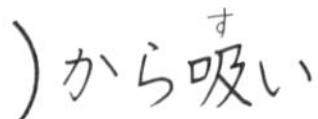

［水　赤く　図Ⓐ　図Ⓑ　根　葉　くき］

（二度使うものがあります）

2 植物が日光にあたったときの空気の変化を調べました。（　　）にあてはまる言葉を［　　］から選んでかきましょう。（各６点）

右の図のようにふくろの中の植物に（①　　　）をふきこみます。酸素と二酸化炭素の割合(わりあい)を（②　　　）を使って調べました。

次にふくろの中の植物を（③　　　）に１～２時間、あてておき、(1)と同じように調べます。酸素は約17％から約（④　　　）％に増え、二酸化炭素は約４％から約（⑤　　　）％に減っていました。

日光をあてる前
〈酸素用〉　〈二酸化炭素用〉
約17％　約４％

日光をあてた後

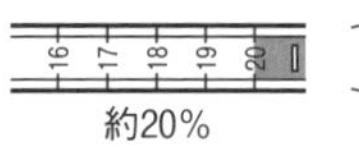

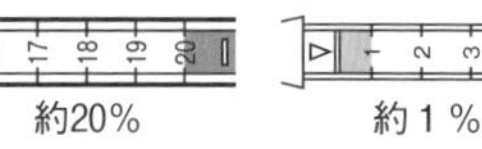

この結果から、植物は日光をあてると（⑥　　　）を増やすことがわかりました。

［１　20　日光　酸素　気体検知管　息］

3 植物と養分 ①

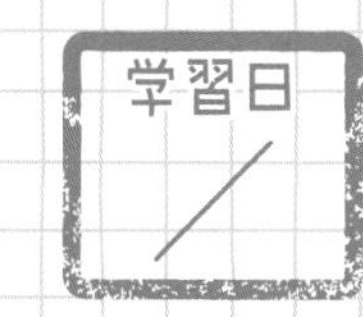

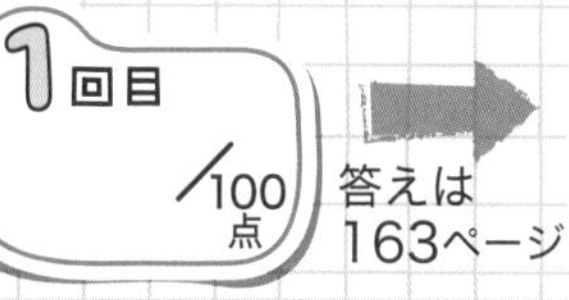

答えは163ページ

1 次の(　　)にあてはまる言葉を[　]から選んでかきましょう。（各12点）

植物の葉にでんぷんがあるかどうかを調べます。

葉を熱い(①　　　)に1～2分間つけたあと、2つに折ったろ紙にはさみます。

ろ紙を(②　　　　　　)などにはさみ、(③　　　　　)でたたきます。

葉をはがしたろ紙にスポイトで(④　　　　　)をつけ、色の変化を見ます。

でんぷんがあると、ろ紙は(⑤　　　　　)色になります。

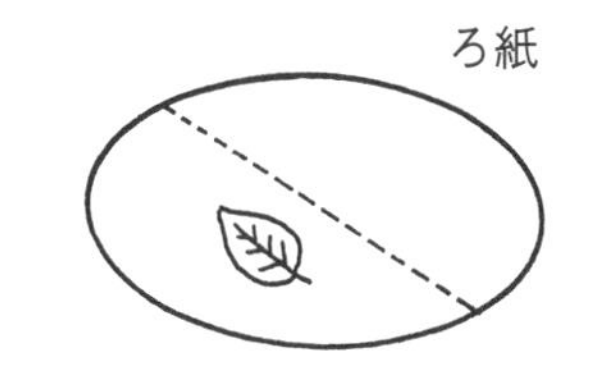

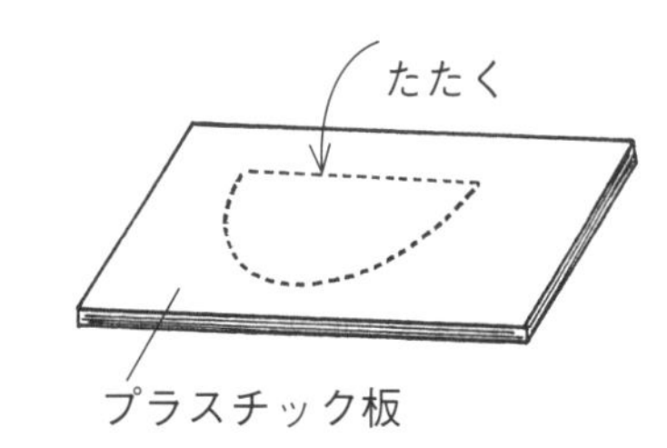

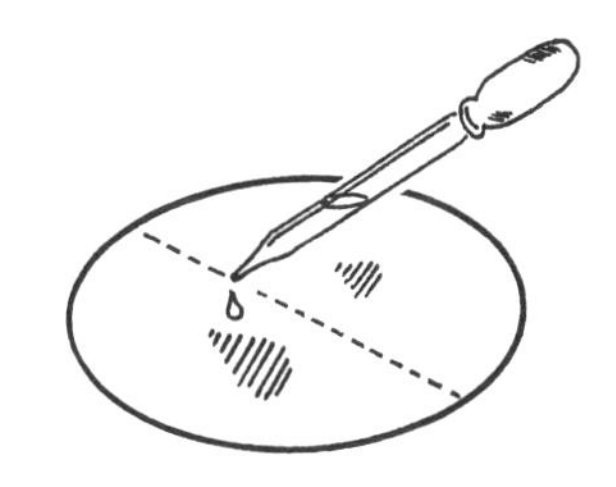

木づち　プラスチック板　湯　ヨウ素液　青むらさき

2 ジャガイモの3枚(まい)の葉をアルミニウムで包み、でんぷんのでき方を調べました。あとの問いに答えましょう。

	次の日	
㋐の葉	朝、アルミニウムはくを外す。→	はずしてすぐにヨウ素液につける。
㋑の葉	朝、アルミニウムはくを外す。→	4～5時間後に、ヨウ素液につける。
㋒の葉	アルミニウムはくはそのまま。→	4～5時間後に、ヨウ素液につける。

(1) ㋐の葉をヨウ素液につけると、色は変わりませんでした。㋑と㋒の葉は変わりますか。変わりませんか。（各10点）

㋑(　　　　　　)

㋒(　　　　　　)

(2) 朝、葉にでんぷんがないことは、㋐～㋒のどの葉を調べた結果からわかりますか。（10点）

(　　)

(3) でんぷんができた葉は、㋐～㋒のどの葉ですか。（10点）

(　　)

4 植物と養分 ②

学習日　／

1 次の(　　)にあてはまる言葉を［　］から選んでかきましょう。（各10点）

植物の葉などで、水と空気中の(①　　　　　　)をとり入れ、日光の力をかりてでんぷんと(②　　　　　　)をつくります。

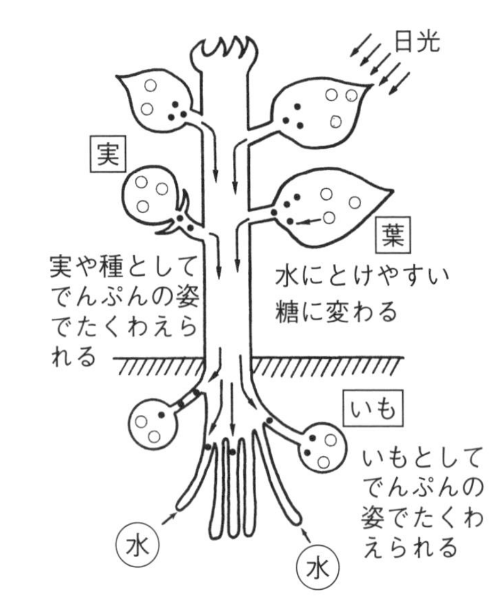

葉でつくられたでんぷんは水に(③　　　　　　)ので、葉の中で水にとけやすいもの（糖）になり、葉やくきの中を移動します。その養分は、根からとり入れた水などとともに、植物の成長に使われたり、(④　　　　)・種・くき・根などにたくわえられたりします。

このように(⑤　　　　　)をした植物は、(⑥　　　　　　　)で、でんぷんをつくり、自分の栄養として使ったり、果実やいもなどとしてたくわえたりします。

二酸化炭素	酸素	実	緑色
葉やくき	とけない		

2 次の(　　)にあてはまる言葉を［　］から選んでかきましょう。（各８点）

動物は、ものをとって食べることによって生きています。

動物がものをとって食べることに対して、(①　　　　　　)は日光を受けて養分（でんぷん）をつくり生きています。

そのため、それぞれの植物が、よりたくさんの日光を受けるために競争しています。

右の図は、ヒマワリを上から見た図です。日光をたくさん受けられるように、葉が(②　　　　　)に広がっています。

上から見たヒマワリ

また、他の植物ととなりあわせで生きている植物は、葉を広げる(③　　　　　)をずらしたり、(④　　　　　　)を長くして他の植物より上にのびたりして、日光をたくさん受けようとしています。クズやカラスノエンドウなどは、(⑤　　　　　　)を周りの植物にまきつけて、その植物より上に自分の葉を広げています。

くき	植物	時期	つる	外側

5 呼吸のはたらき

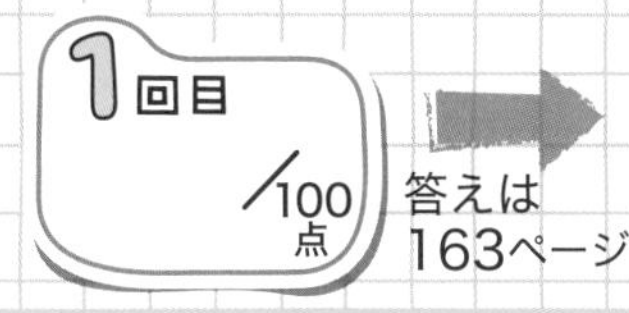

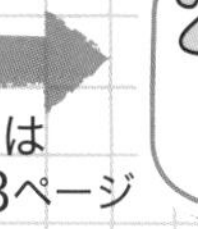

答えは163ページ

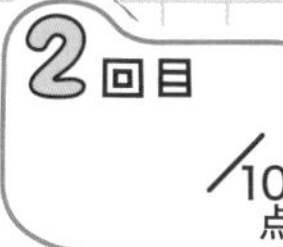

1 次の(　　)にあてはまる言葉を［　］から選んでかきましょう。（各8点）

人は、空気を吸(す)ったり、はき出したりして呼吸(こきゅう)しています。この空気を石灰水(せっかいすい)で調べた結果をかきましょう。

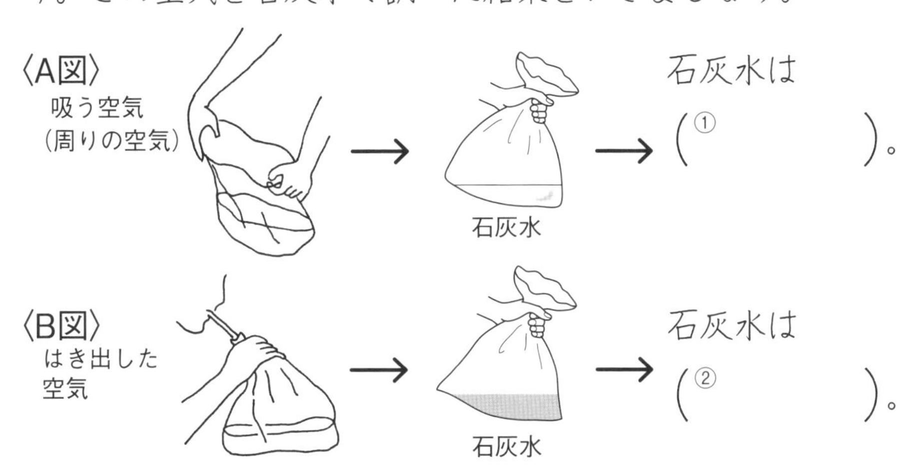

〈A図〉 石灰水は(①　　　　)。

〈B図〉 石灰水は(②　　　　)。

吸う空気とはき出した空気を検知管で調べました。酸素の割合(わりあい)は(③　　　　)空気では約21%でしたが、はき出した空気では約(④　　　　)%に減りました。

逆に二酸化炭素の割合は、約0.03%から約(⑤　　　　)%に増えました。

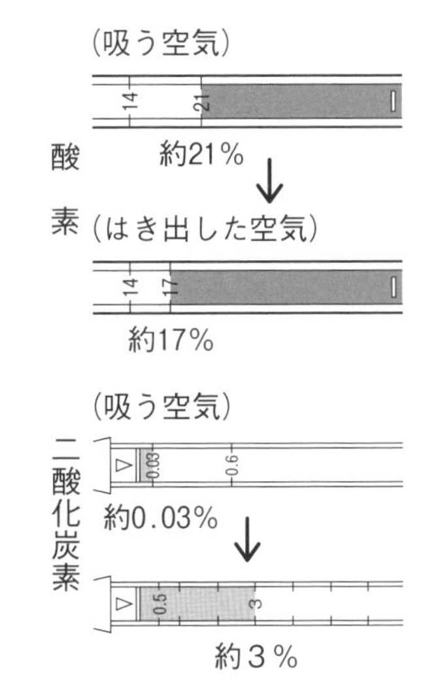

にごる	にごらない	3
17	吸う	

2 次の(　　)にあてはまる言葉を［　］から選んでかきましょう。（各10点）

ヒトの口や(①　　　　)から取り入れられた空気は、(②　　　　)を通って(③　　　　)に運ばれ、さらにその先の小さいふくろの肺(はい)ほうに送られます。

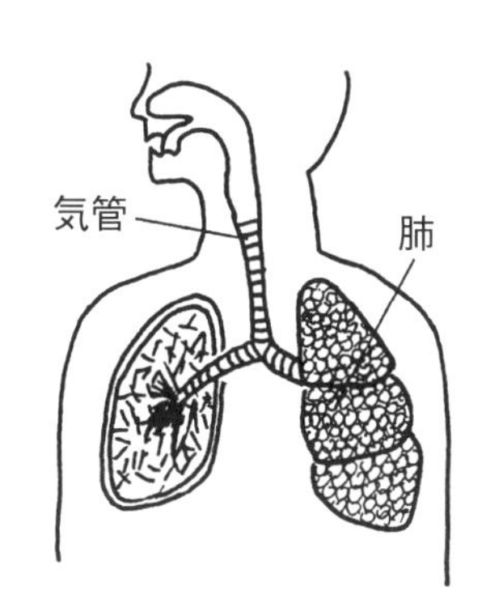

そこで、運ばれた空気の中から(④　　　　)が血液中に取りこまれ、体の各部分に運ばれます。

酸素が使われ、体の各部分でできた(⑤　　　　)は血液のはたらきで(⑥　　　　)に運ばれ、気管を通り、鼻や口からはき出されます。

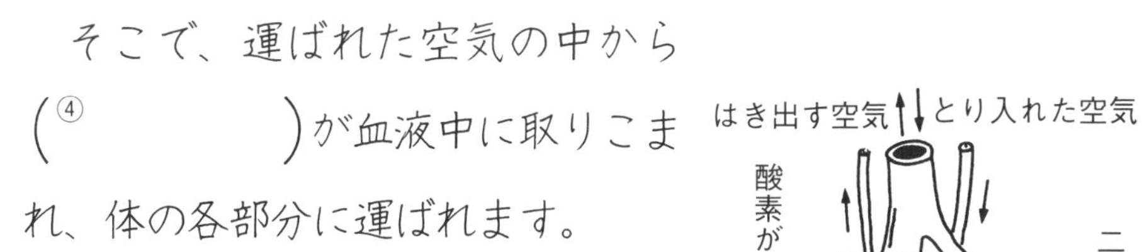

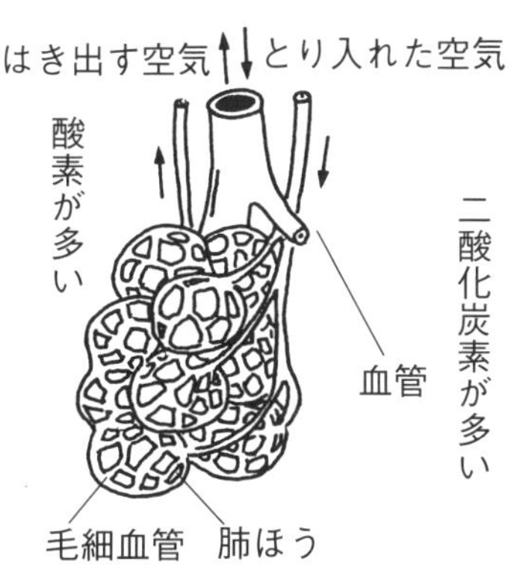

酸素	二酸化炭素	鼻	肺	気管

（二度使うものがあります）

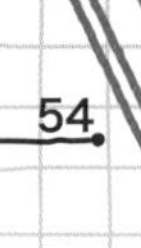

6 消化管のはたらき

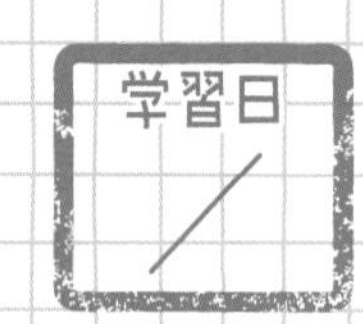

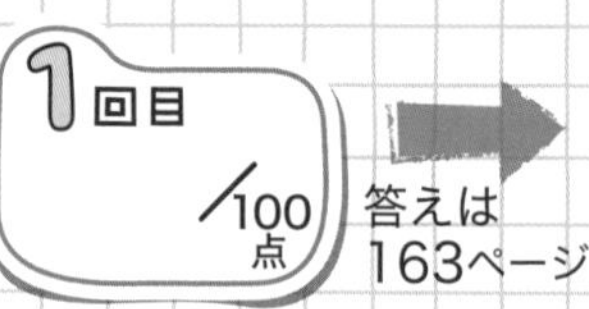

答えは163ページ

理科

1 次の(　　)にあてはまる言葉を□から選んでかきましょう。 (各6点)

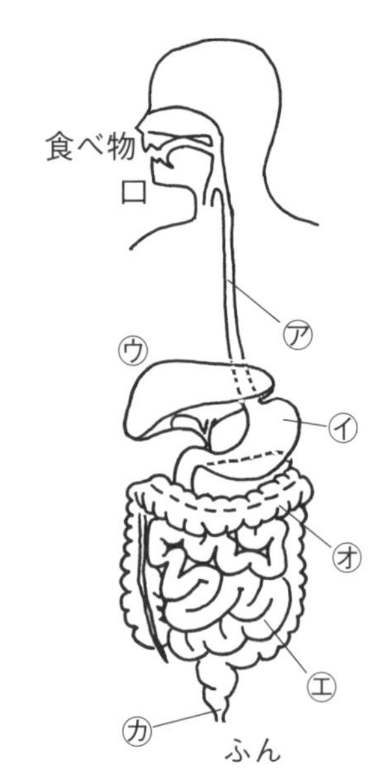

口から入った食べ物は、(①　　　)でかみくだかれ、(②　　　)とまざります。そして、ア(③　　　)を通ってイ(④　　　)に運ばれます。ここでは、胃液(いえき)とまざり養分が吸収(きゅうしゅう)されやすいようにこなされます。さらに、ウ(⑤　　　)でつくられた消化液とまざりエ(⑥　　　)に送られます。エでは、こなされた食べ物から(⑦　　　)や水分が吸収されます。吸収された(⑦)は、ウにたくわえられたり、体の各部分で使われたりします。

最後にオ(⑧　　　)で(⑨　　　)が吸収されカ(⑩　　　)からはいせつされます。

胃	大腸	小腸	食道	かん臓	養分
水分	歯	だ液	こう門		

2 図のようにだ液のはたらきを調べました。あとの問いに答えましょう。

(1) でんぷんがあるかを調べるために入れるⒶの液は何ですか。 (10点)

(　　　　　)

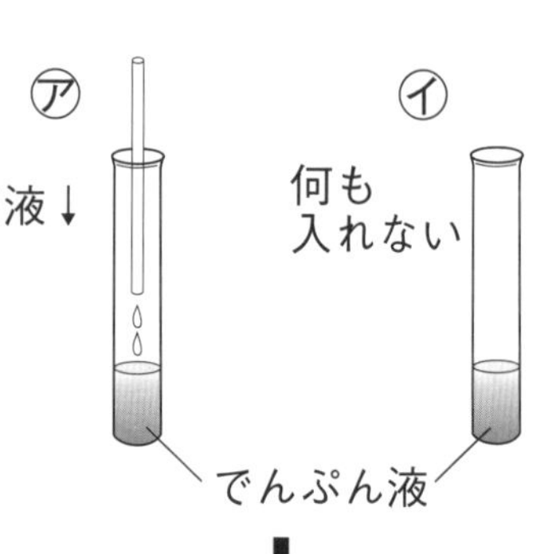

(2) ア、イの試験管の液にⒶの液を入れると色は変わりますか、それとも変わりませんか。 (各10点)

ア 色は(　　　　　)

イ 色は(　　　　　)

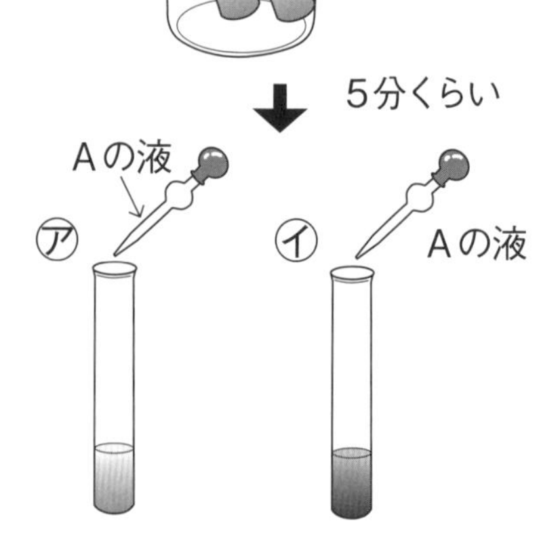

(3) だ液は何を変化させることがわかりますか。 (10点)

(　　　　　　　　　　)

7 消化管と心臓のはたらき

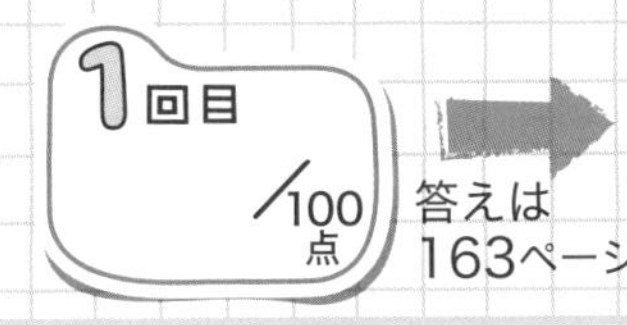

答えは163ページ

1 次の(　　)にあてはまる言葉を[　　]から選んでかきましょう。（各7点）

(1) 食べ物が(①　　　)などで細かくくだかれたり(②　　　)などで体に吸収(きゅうしゅう)されやすい(③　　　)に変えられたりすることを(④　　　)といいます。

(②)のほかに胃(い)から出される(⑤　　　)など食べ物を消化するはたらきをもつ液を(④)液といいます。

養分	消化	歯	胃液	だ液

(2) 消化された食べ物の養分は、主に(①　　　)から吸収され、(②　　　)では水分が吸収されます。養分は(③　　　)に取り入れられて全身に運ばれます。吸収されなかったものは(④　　　)として(⑤　　　)から体外に出されます。

小腸	大腸	こう門	血液	ふん(便)

2 次の(　　)にあてはまる言葉を[　　]から選んでかきましょう。（各5点）

心臓(しんぞう)は(①　　　)、ちぢんだりして、全身に(②　　　)を送り出す(③　　　)の役目をしています。

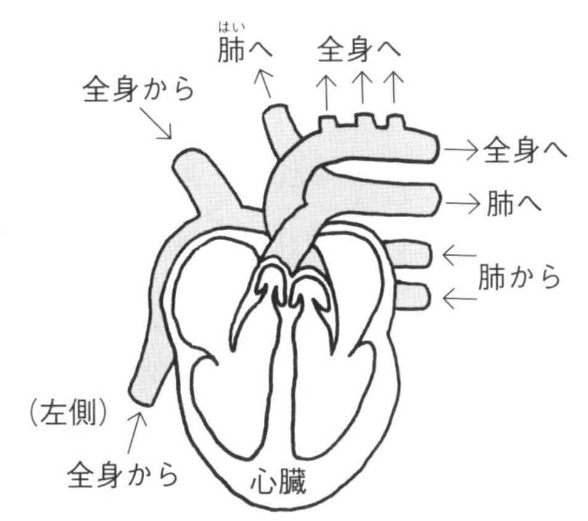

胸(むね)に(④　　　)をあてると、心臓の(⑤　　　)の音が聞こえます。

手首の血管を指でおさえると(⑥　　　)を調べることができます。

血液	脈はく	はく動	ポンプ
ちょうしん器	のびたり		

8 心臓と血液のはたらき

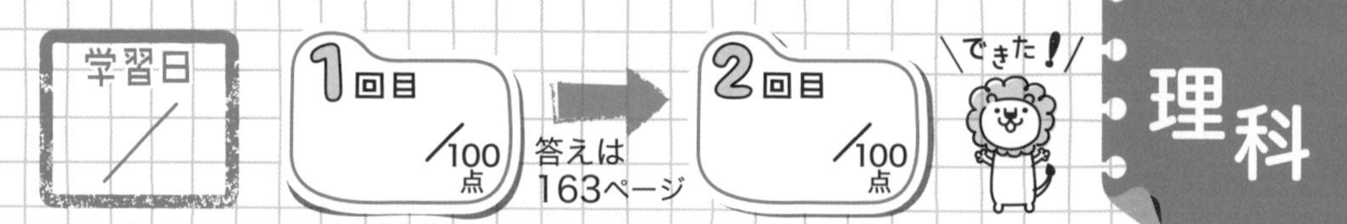

1 図は、全身の血液の流れを表したものです。(　　)にあてはまる言葉を［　］から選んでかきましょう。（各10点）

血液は(①　　　　)を通り、体のすみずみまで運ばれます。

血液は(②　　　　)から送り出され、１日に何度も心臓にもどっていきます。心臓から送り出された血液は、肺で取り入れた(③　　　　)や、小腸で吸収した(④　　　　)などを体の各部分に運んでいきます。そして、体内でできた(⑤　　　　　　)や(⑥　　　　)を受け取って心臓へもどります。

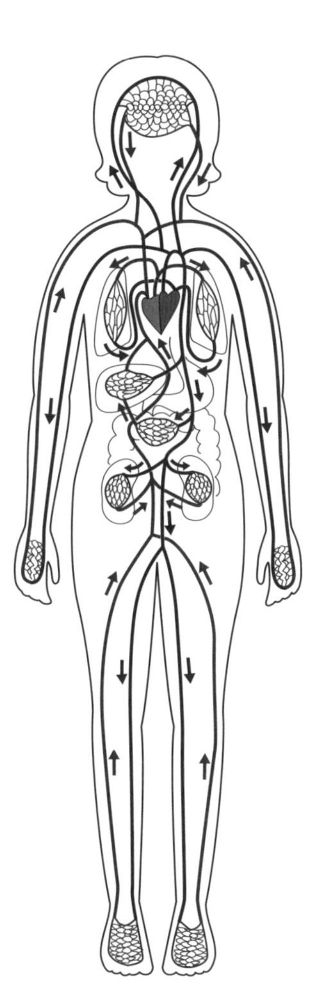

養分	酸素	二酸化炭素	不要なもの
心臓	血管		

2 次の図を見て、あとの問いに答えましょう。（各10点）

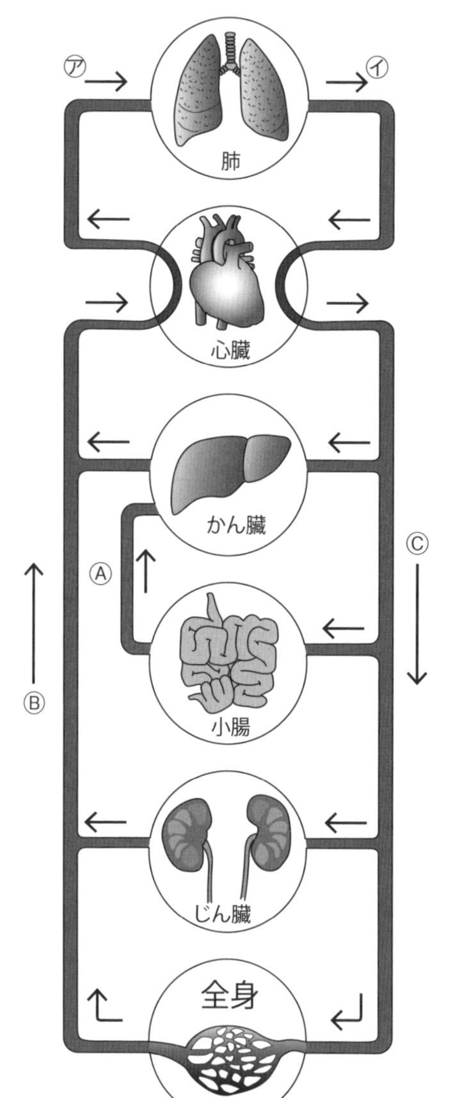

(1) ㋐と㋑では、酸素が多いのはどちらですか。

(　　)

(2) Ⓐの血液には何が多くふくまれていますか。

(　　　　)

(3) じん臓は血液中の何をとりのぞきますか。

(　　　　)

(4) 二酸化炭素が多くふくまれている血液はⒷ、Ⓒのどちらですか。

(　　)

9 生物とかん境 ①

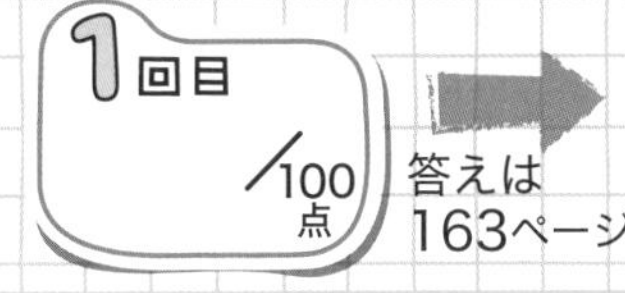

答えは163ページ

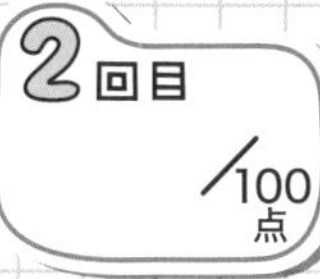

1 図は、食物による生物のつながりを表しています。（　）にあてはまる言葉を［　］から選んでかきましょう。（各5点）

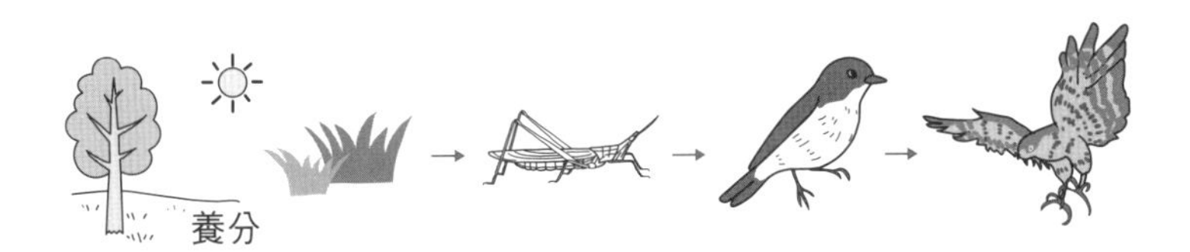

(1) 植物の葉に日光があたると（①　　　　）ができます。草食動物は（②　　　　）を食べて養分を得ています。そして（③　　　　）は他の動物を食べて養分を得ています。

バッタは植物の（④　　　　）を食べ、（⑤　　　　）はバッタなどを食べて生きています。このような食べる・食べられるの関係を（⑥　　　　）といいます。

［鳥　草　でんぷん　肉食動物　植物　食物連さ］

(2) 生物の数量の関係を調べていくと、（①　　　　）から肉食動物へとたどるにつれて、その数量は（②　　　　）なるのがふつうです。図に表すと右のように（③　　　　）の形になります。

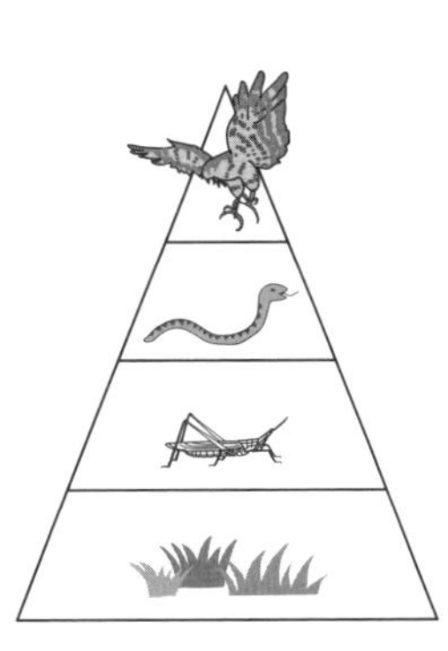

［少なく　ピラミッド　植物］

2 次の（　）にあてはまる言葉を［　］から選んでかきましょう。（各11点）

かれた植物や動物のふんや死がいは、土の中にすむ（①　　　　）のはたらきで、植物の（②　　　　）となります。これを植物が根から吸（す）い上げて、成長したり果実をつけたりするのに使います。

草食動物は、このようにしてできた草や実などの（③　　　　）を食物として取ります。

上図のように水中においても（④　　　　）があり、ピラミッドの上の方には（⑤　　　　）がいます。

［養分　小さな生物　動物　植物　食物連さ］

10 生物とかん境 ②

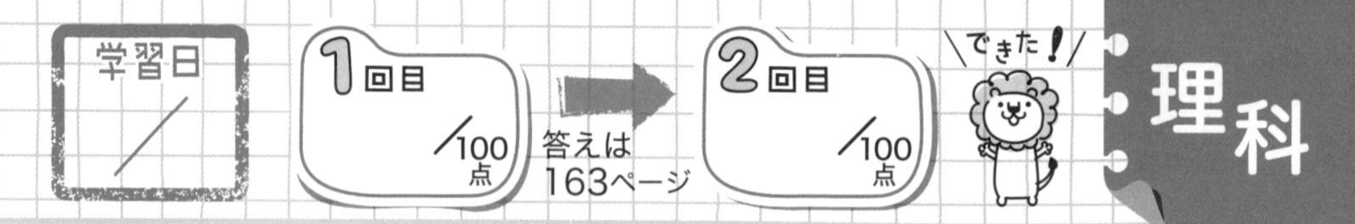

1 次の(　　)にあてはまる言葉を［　］から選んでかきましょう。　（各５点）

(1) ヒトや動物は、空気中の(①　　　　)を取り入れて、(②　　　　)を出しています。植物の葉やくきに(③　　　　)があたると、空気中の(④　　　　)と植物の中の水を使って、養分と(⑤　　　　)をつくります。つまり植物がなければ、(⑥　　　　)は生き続けられません。

［ 酸素　　二酸化炭素　　日光　　ヒトや動物 ］

（二度使うものがあります）

(2) 植物は、根から(①　　　　)を吸い上げて、葉で日光を受け、(②　　　　)をつくります。(①)の一部は葉から(③　　　　)として空気中に放出されます。

ヒトは(④　　　　)から直接、または(⑤　　　　)を通して体内に水を取り入れます。ヒトの体は、その体重のおよそ(⑥　　　　)%を水がしめています。ヒトや動物が生きていくためには、水がなくてはなりません。

［ 水　　水蒸気　　70　　口　　食物　　養分 ］

2 次の(　　)にあてはまる言葉を［　］から選んでかきましょう。　（各５点）

(1) 宇宙から見る地球は、表面の約(①　　　　)%が海におおわれているために、(②　　　　)美しく見えます。

また、地球は(③　　　　)と呼ばれる空気の層でおおわれていて、生物が生きていきやすい(④　　　　)になっています。

［ 大気　　青く　　70　　かん境 ］

(2) 地上約(①　　　　)の大気の層の中では、陸上の水や海の水が(②　　　　)となって上空にのぼり、また冷やされて(③　　　　)となり、雨や雪となってじゅんかんしています。

われわれ人間をはじめ、いろいろな(④　　　　)が生きていけるのも、水と空気があるからです。

［ 水蒸気　　生物　　10km　　雲 ］

11 生物とかん境 ③

学習日 ／

1回目 ／100点 答えは163ページ 2回目 ／100点

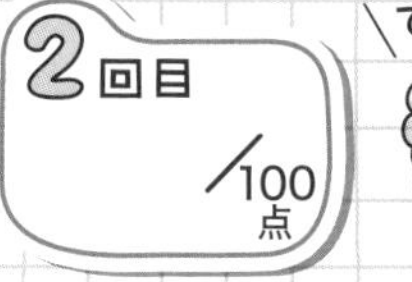

1 次の(　　)にあてはまる言葉を[　　]から選んでかきましょう。（各8点）

私(わたし)たちの生活に欠かせない電気は、主に(①　　　　)や石炭、天然ガスなどの(②　　　　)を燃やしてつくられています。これらの燃料を燃やすと、(③　　　　)が使われて(④　　　　)が出てきます。

化石燃料が大量に使われると、空気中の二酸化炭素の量が増え続けます。二酸化炭素そのものに害はありませんが、二酸化炭素の割合(わりあい)の増加が(⑤　　　　)の原因の1つになっているのではないかと考えられています。

二酸化炭素を出さないものとして(⑥　　　　)発電や(⑦　　　　)発電などのクリーンエネルギーの利用や、(⑧　　　　)自動車の開発や実用化が進められています。

燃料電池	風力	二酸化炭素	酸素
地球温暖化	化石燃料	地熱	石油

2 次の(　　)にあてはまる言葉を[　　]から選んでかきましょう。（各6点）

1960年代から70年代にかけて、(①　　　　)が社会問題になりました。水また病は、工業はい水にふくまれた水銀を食べた小さな生物をさらに大きな(②　　　　)などが食べ、それがヒトの体に入ることで起きた病気です。

(③　　　　)は、はい水にふくまれたカドミウムが生活はい水や(④　　　　)に入り、それがヒトの体に入って起きた病気です。

近年では、(⑤　　　　)という小さなプラスチックごみが海洋問題になっています。海の生物がエサとまちがえて食べてしまい、それが原因で死んでしまうのです。

私たちは、将来生まれてくる人々が暮(く)らしやすいかん境を残しながら、未来にひきついでいける社会である(⑥　　　　)を築いていかなければなりません。

公害	農業用水	イタイイタイ病
マイクロプラスチック	魚	持続可能な社会（SDGs）

12 水よう液の仲間分け

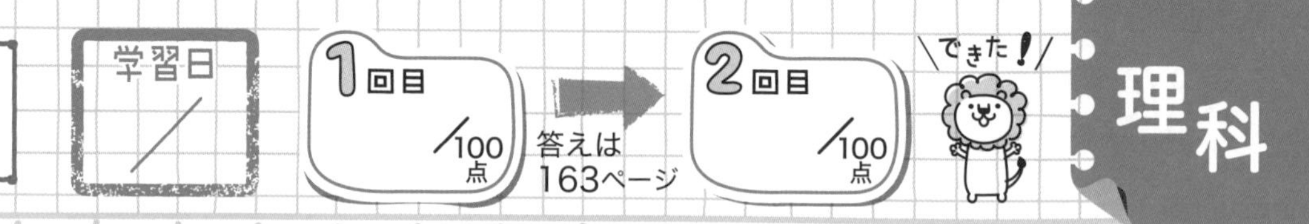

1 次の(　　)にあてはまる言葉を[　]から選んでかきましょう。（各8点）

水よう液には、酸性・(①　　　　)性・中性の３つの種類があります。

自動車のはい気ガスなどが空気中で変化して、金属やコンクリートを変化させる酸性のものや、皮ふやかみの毛などを変化させる（①）性のものなどです。

そして、それらを見分ける試験紙としてリトマス紙があります。リトマス紙には、青と赤の２種類があり、青色リトマス紙を(②　　　　)すれば酸性を表し、赤色リトマス紙を(③　　　　)すればアルカリ性を表します。

(④　　　　)性の場合、どちらの色も変わりません。

また、リトマス紙の他に(⑤　　　　)などの、酸性・アルカリ性を示す薬品があります。

青く　　赤く　　BTBよう液　　アルカリ　　中

2 次の表はリトマス紙を使って、いろいろな水よう液を調べた結果をまとめたものです。

水よう液	リトマス紙の色の変化のようす		水よう液の性質
	青色リトマス紙	赤色リトマス紙	
水酸化ナトリウム水よう液 石灰水（せっかいすい）	①(　　　)	青色に変化	㋐(　　　)
食塩水 さとう水	変化なし	②(　　　)	㋑(　　　)
塩酸 炭酸水	③(　　　)	変化なし	㋒(　　　)

(1)　①～③に、変化なしⒶ・赤色に変化Ⓑのいずれかの記号をかきましょう。（各10点）

(2)　㋐～㋒に、酸性・中性・アルカリ性のいずれかをかきましょう。（各10点）

13 水よう液と金属

学習日 ／

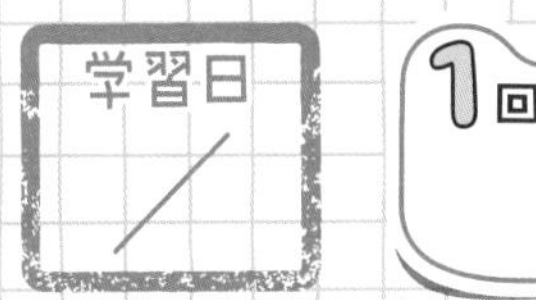

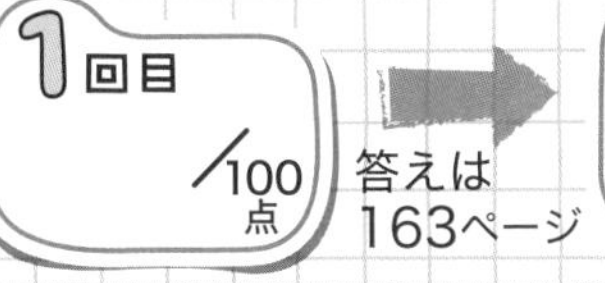

答えは163ページ

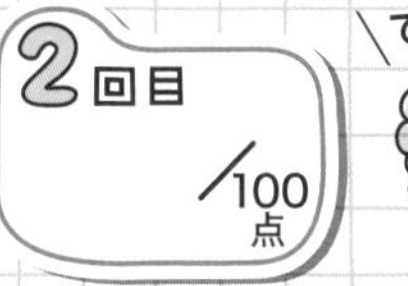

1 次の文で正しいものには○、まちがっているものには×をつけましょう。（各8点）

① （　　）リトマス紙はピンセットではさんで水よう液につけます。

② （　　）リトマス紙は指でつまんで水よう液につけます。

③ （　　）調べる水よう液はガラス棒（ぼう）を使って、リトマス紙につけるようにします。

④ （　　）使ったガラス棒は、一回ごとに水で洗（あら）います。

⑤ （　　）使ったガラス棒は、二～三回ごとに洗うようにします。

⑥ （　　）使って色が変わらなかったリトマス紙は、よくかわかしてからまた使います。

⑦ （　　）ＢＴＢよう液が、青色に変化するのはアルカリ性です。

⑧ （　　）ムラサキキャベツのしるで、水よう液の性質が調べられます。

2 図は、３種類の水よう液にアルミニウムと鉄を入れた実験です。表の（　　）にあてはまる言葉を［　　］から選んで記号をかきましょう。（各９点）

〈実験〉

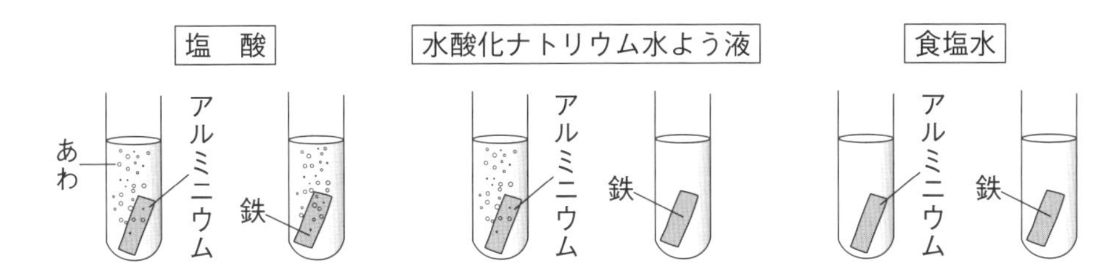

〈結果〉

	アルミニウム	鉄
塩酸	あわを出してとける	①（　　）
水酸化ナトリウム水よう液	②（　　）	③（　　）
食塩水	④（　　）	とけない

Ⓐとけない　Ⓑあわを出してとける

（二度使うものがあります）

14 水よう液にとけているもの ①

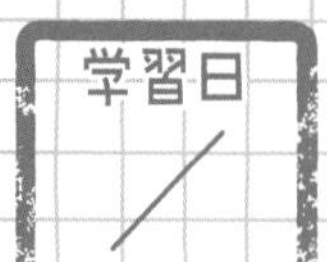

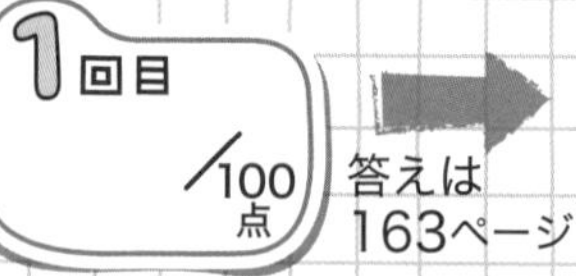

答えは163ページ

できた！

1 図のような実験(1)～(3)をしました。（　　）にあてはまる言葉を［　　］から選んでかきましょう。　（各５点）

鉄はさかんに（①　　　　）を出しながら（②　　　　）ていきました。試験管は（③　　　　　）なりました。

実験(1)
うすい塩酸
スチールウール

実験(1)の液を（④　　　　）に少し入れて（⑤　　　　）します。液が蒸発（じょうはつ）すると、後に（⑥　　　　）ものが残りました。

実験(2)
(1)の液
加熱し蒸発させる

実験(2)で残ったものに磁石（じしゃく）を近づけると（⑦　　　　　　　　）でした。

残ったものは（⑧　　　　）ではありませんでした。

実験(3)
近づける
磁石
残ったもの

とけ	ひきつけられません	黄色い	鉄
あわ	蒸発皿	あたたかく	加熱

2 次の問いに答えましょう。　（各12点）

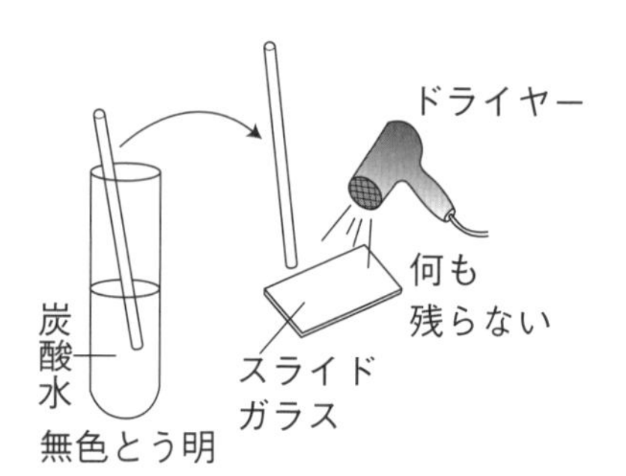

(1) 炭酸水は、水に何をとかしてつくりますか。

（　　　　　　）

(2) 炭酸水を蒸発させると何が残りますか。

（　　　　　　）

(3) なぜ(2)のようになるのですか。

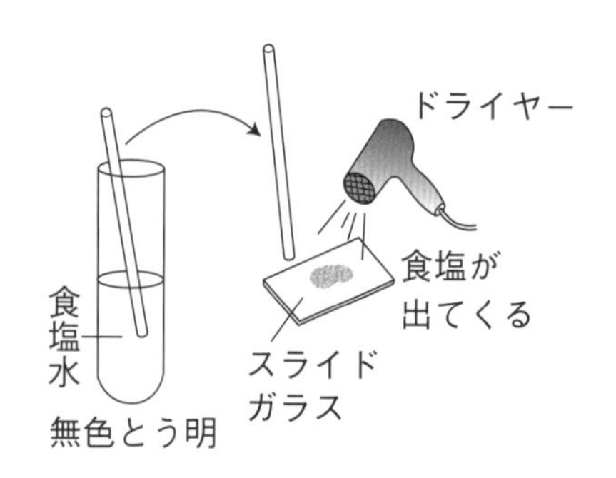

(4) 食塩水は、水に何をとかした水よう液ですか。

（　　　　　　）

(5) 食塩水を蒸発させると何が残りますか。

（　　　　　　）

15 水よう液にとけているもの ②

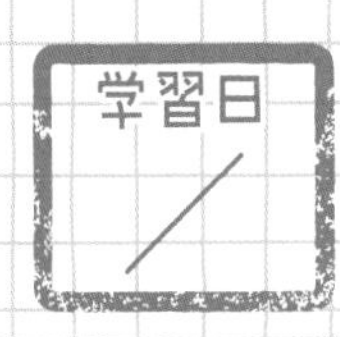

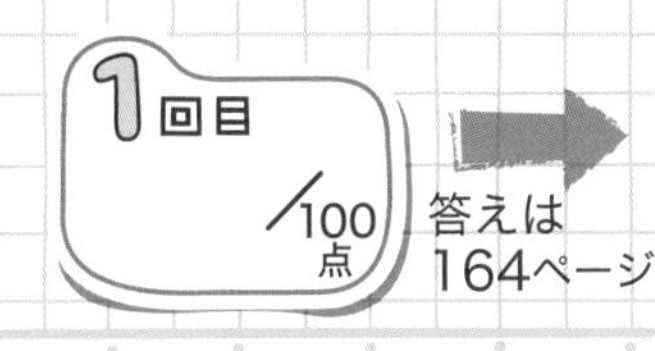

答えは164ページ

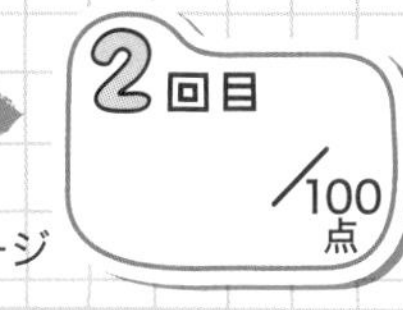

1 次の(　　)にあてはまる言葉を［　］から選んでかきましょう。（各10点）

炭酸水から出る(①　　　　)を試験管に集め、石灰水(せっかいすい)を入れてふりました。すると(②　　　　　　)ました。

この実験から、炭酸水には(③　　　　　　)がとけていることがわかりました。

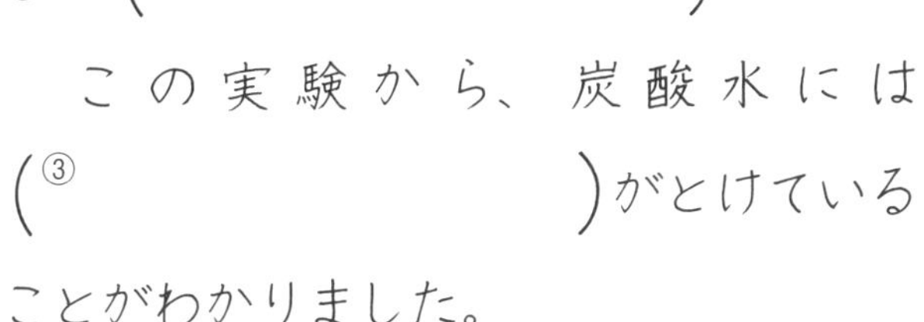

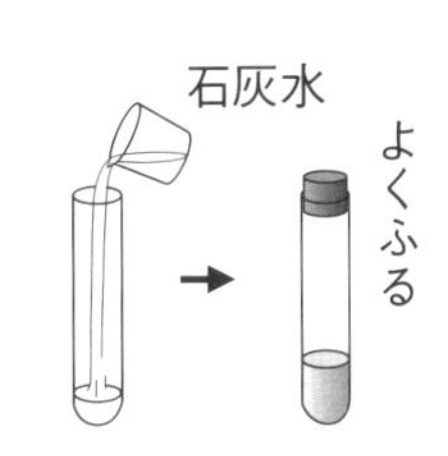

ペットボトルに(④　　　　)を入れ、ボンベの(⑤　　　　　　)をふきこんでから、ふたをしてよくふります。するとペットボトルは(⑥　　　　)ます。この実験から、(⑤)は(④)にとけることがわかります。

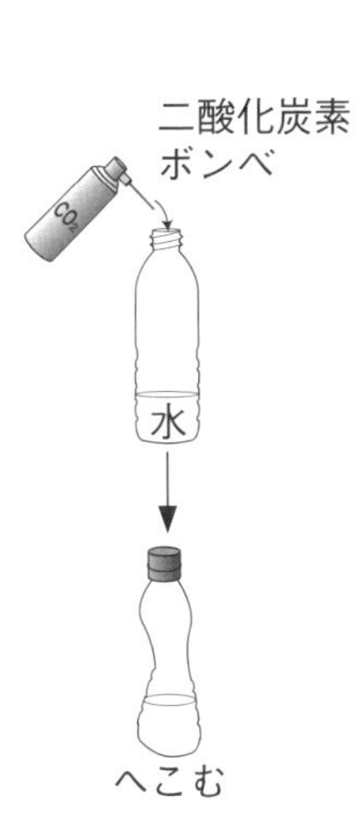

へこみ	白くにごり	気体
水	二酸化炭素	

（二度使うものがあります）

2 ４つのビーカーには、炭酸水・食塩水・うすい塩酸・石灰水が入っています。（各10点）

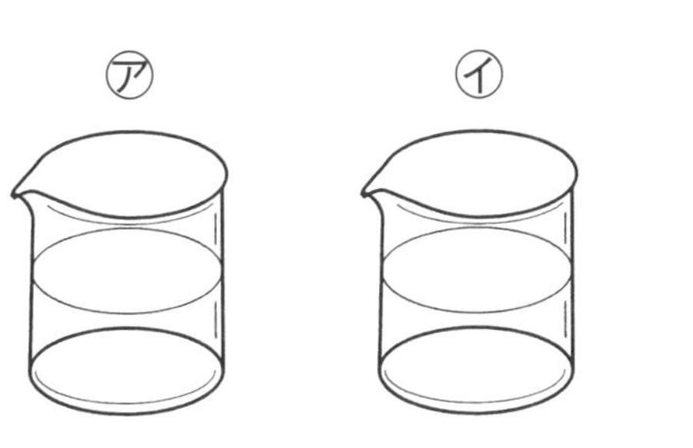

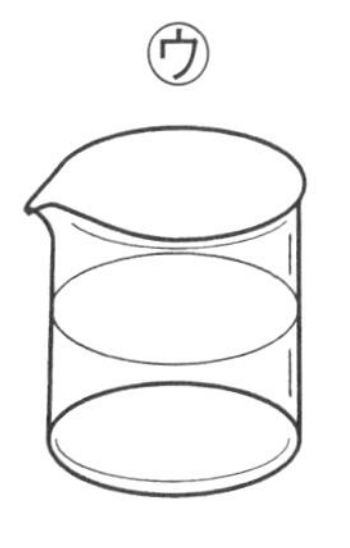

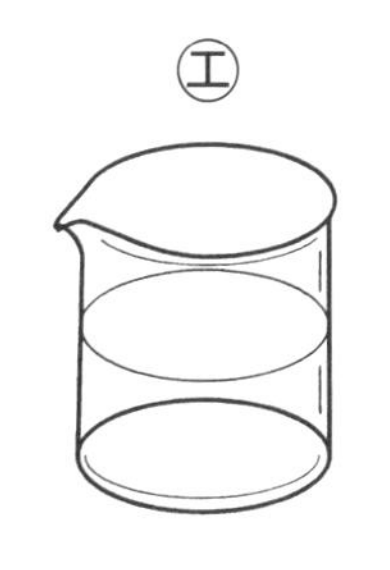

次の実験から、㋐〜㋓の液は何か調べましょう。

実験１　㋒㋓は、青色リトマス紙を赤色に変えました。

実験２　水よう液を少しとって熱したら、㋐㋑はあとにつぶが残りました。

実験３　ある気体にふれると白くにごる㋑の液を、㋐㋒㋓に加えてまぜると、㋓だけが白くにごりました。

実験４　アルミニウム片(へん)を入れると㋒はさかんにあわが出ました。

㋐〜㋓の液は何ですか。

㋐(　　　　　　)　㋑(　　　　　　)

㋒(　　　　　　)　㋓(　　　　　　)

16 月と太陽 ①

1回目 ／100点　答えは164ページ　2回目 ／100点

1 次の表を見て、(　　)にあてはまる言葉を□から選んでかきましょう。（各6点）

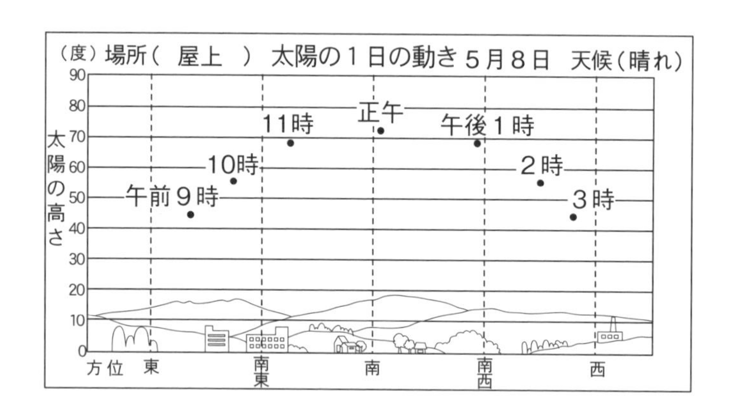

5月8日、午前9時から午後3時までの1時間ごとに、太陽の位置を調べました。

午前9時の太陽の方位は(①　　　)と南東の間にあります。高さは(②　　　)でした。太陽は朝(③　　　)の空に出て、時間とともに(④　　　)の空に高くのぼり、やがて(⑤　　　)の空にしずみます。

正午には、真南の空にありました。これを太陽の南中といい、このときが一番高くなります。

東	西	南	45度

（二度使うものがあります）

2 図は太陽を表しています。(　　)にあてはまる言葉を□から選んでかきましょう。（各10点）

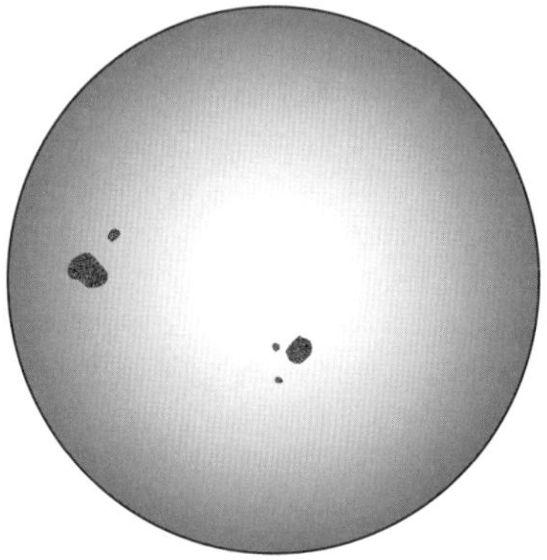

太陽は地球よりも非常に(①　　　)、たえず(②　　　)を出しています。

この光が(③　　　)にとどき、明るさや(④　　　)をもたらしています。

太陽の表面の温度は約(⑤　　　)にもなります。

黒く見える部分は、周りより温度が(⑥　　　)部分で(⑦　　　)と呼ばれています。

地球	6000℃	黒点	低い	大きく
強い光	あたたかさ			

17 月と太陽 ②

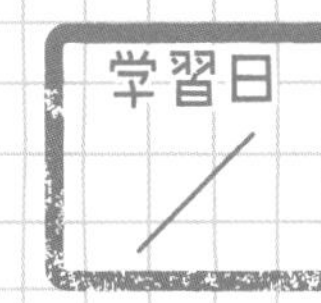

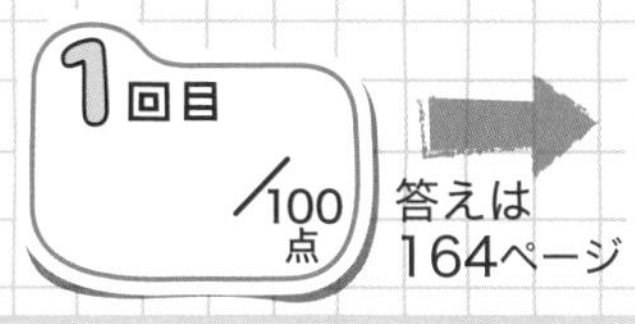

答えは164ページ

1 図は月を表しています。(　　)にあてはまる言葉を[　　]から選んでかきましょう。（各6点）

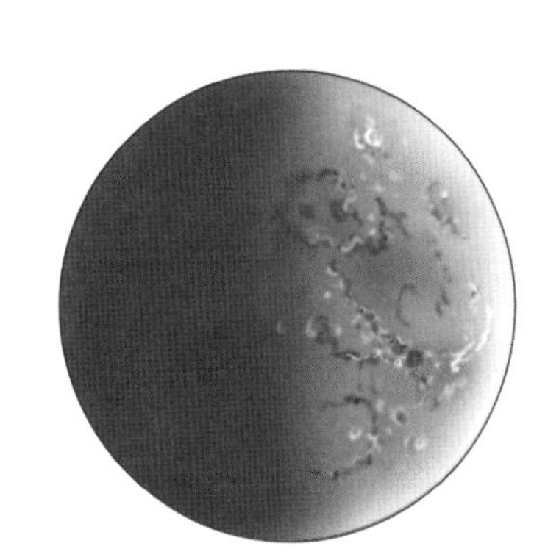

月は自分で光を出さず(①　　　　)を反射(はんしゃ)しています。

表面には、岩石や砂(すな)が一面に広がっていて(②　　　　)はありません。

また、石や岩がぶつかってできた(③　　　　)というくぼみがたくさんあります。

月の大きさは、地球の約(④　　　　)で、表面の温度は、明るいところで約(⑤　　　　)、暗いところで約(⑥　　　　)といわれています。

クレーター	太陽の光	空気	130℃
れい下170℃	$\frac{1}{4}$		

2 次の文は、月、太陽のことについてかいてあります。月のことには㋐、太陽のことには㋑、両方のことには㋒をかきましょう。（各8点）

① (　　) 東の空から出て、南の空を通り、西の空へしずみます。

② (　　) 日によって見える形や位置が変わります。

③ (　　) 大きさは、地球の約109倍もあります。

④ (　　) 大きさは、地球の約$\frac{1}{4}$です。

⑤ (　　) 表面の温度は、明るい部分が約130℃、暗い部分がマイナス170℃にもなります。

⑥ (　　) 表面には、陸や海、クレーターと呼(よ)ばれるところがあります。

⑦ (　　) 表面には、黒点と呼ばれる周りより温度が低い部分があります。

⑧ (　　) 表面の温度は約6000℃もあります。

18 月の形と見え方 ①

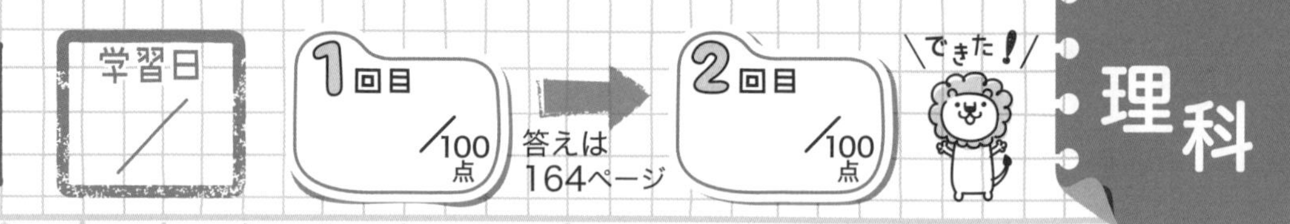

答えは164ページ

1 月の見え方について、(　　)にあてはまる言葉を□から選んでかきましょう。（各10点）

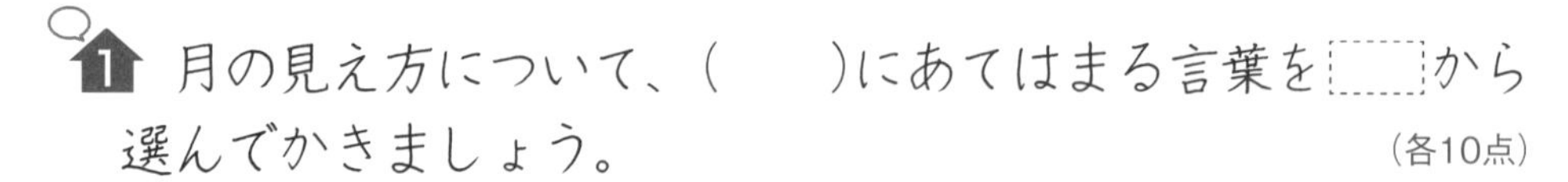

月は(①　　　　)をしていますが、(②　　　　)に照らされている部分だけが明るく光り、(③　　　　)の部分は暗くて見えません。

月は太陽の光を受けながら、(④　　　　)で(⑤　　　　)の周りを回っています。

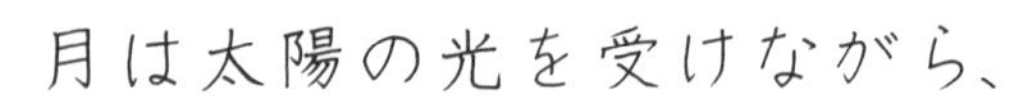

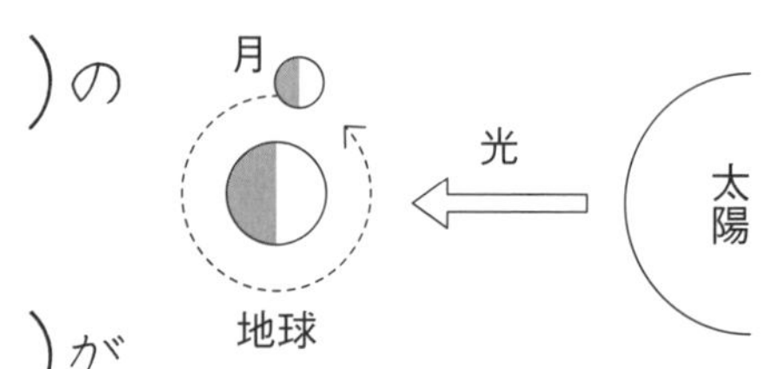

月と太陽の(⑥　　　　)が変わるため、地球から見た月の見え方が変わって見えるのです。

太陽の光	球形	かげ	地球
位置関係	約１か月		

2 ボールと電灯を使って月の形の見え方について調べました。

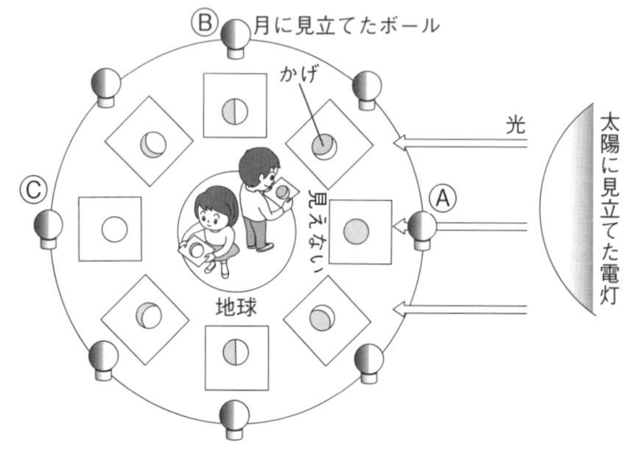

(1) 図のⒷの位置に月があるとき、地球から見た月はどのような形ですか。㋐〜㋒から選びましょう。（8点）

㋐
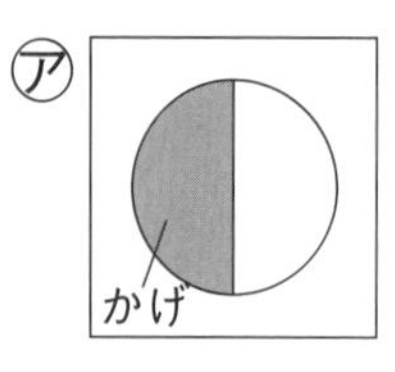

㋑
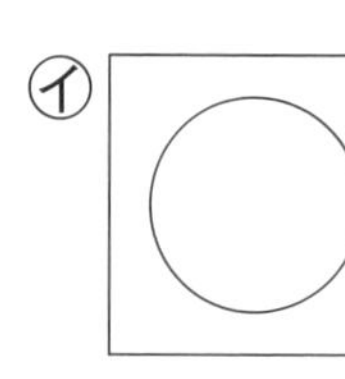

㋒
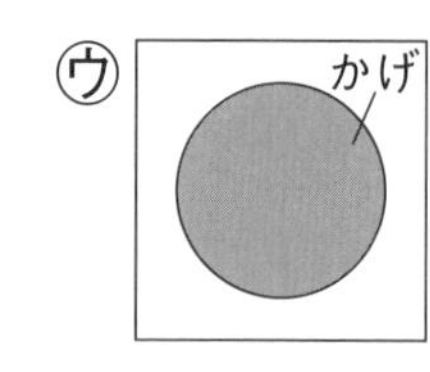

(　　)

(2) 次の文の(　　)にあてはまる言葉を□から選んでかきましょう。（各8点）

Ⓐに月があるとき、光があたっている部分は地球から(①　　　　)。この月を(②　　　　)と呼びます。Ⓒに月があるとき、光があたっている部分は(③　　　　)が見えます。この月を(④　　　　)と呼びます。

新月	満月	見えません	全面

19 月の形と見え方 ②

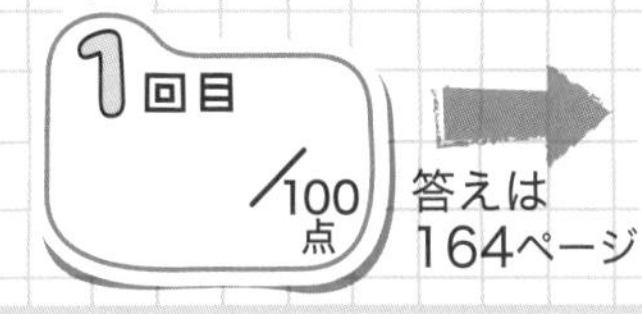

答えは164ページ

1 ある日、図の◌の位置に月が見えました。 (各10点)

(1) このときの月の形はどのように見えますか。㋐～㋒から選びましょう。

(　　　)

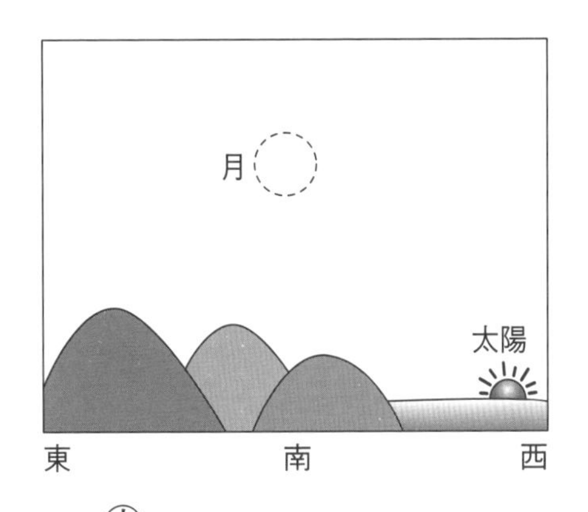

㋐ 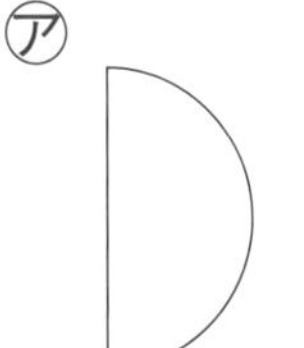

㋑

㋒ 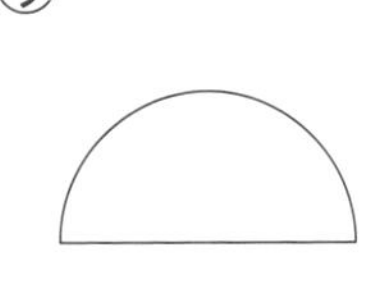

(2) このときは朝方、夕方のどちらですか。

(　　　)

(3) 日によって月の見える形が変わる理由として、正しい方に○をつけましょう。

① (　　) 月の形が変わるから。

② (　　) 日によって、太陽の光があたっている部分の見え方が変わるから。

2 ある日、図の◌の位置に月が見えました。

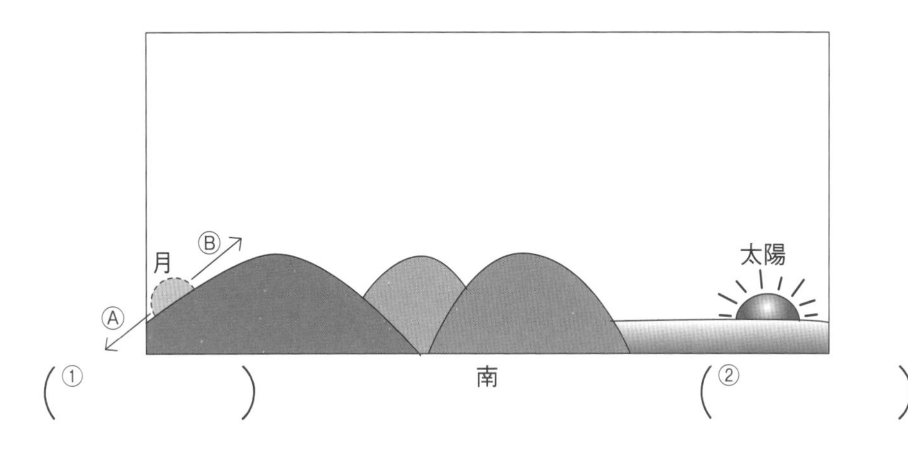

(①　　　)　南　(②　　　)

(1) 図の①②にあてはまる方角をかきましょう。 (各14点)

(2) このとき、月の形はどれでしょうか。㋐～㋒から選びましょう。 (14点)

㋐ 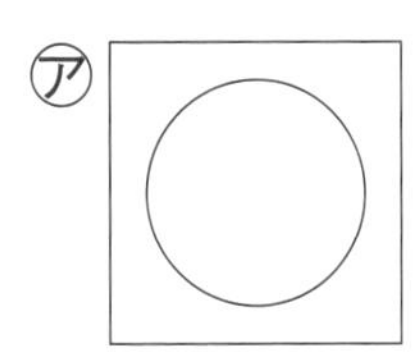

㋑ 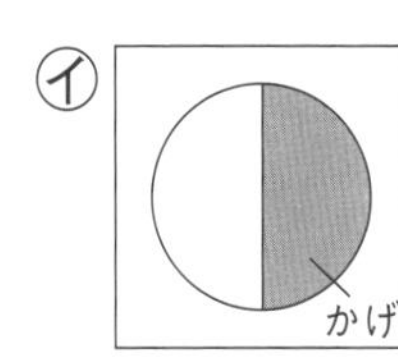

㋒ 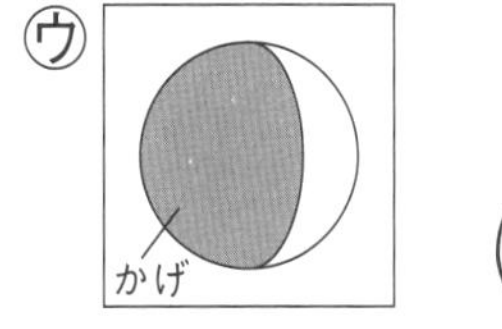

(　　　)

(3) 図のような位置に月と太陽が見えるのは、1日のうちでいつごろか。次の㋐～㋒から選びましょう。 (14点)

㋐ 朝　　㋑ 昼ごろ　　㋒ 夕方　(　　　)

(4) この後、月はⒶⒷいずれの方に動きますか。 (14点)

(　　　)

20 地層と大地のつくり

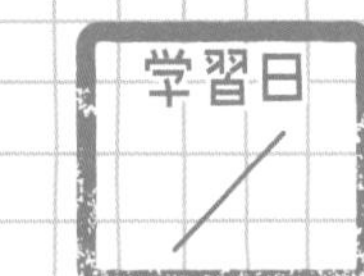

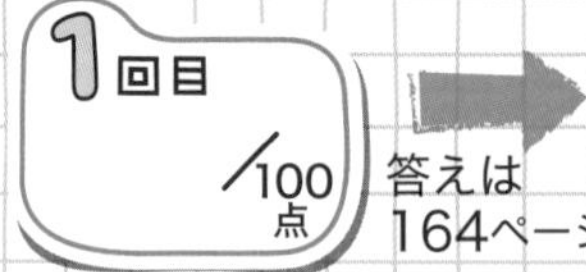

答えは164ページ

1 次の(　　)にあてはまる言葉を［　］から選んでかきましょう。 (各8点)

右の図のがけのしま模様(もよう)は、(①　　　　)、(②　　　　)、色やつぶの(③　　　　)がちがう小石、火山灰(かざんばい)からできていて、このような層(そう)の重なりを(④　　　　)といいます。

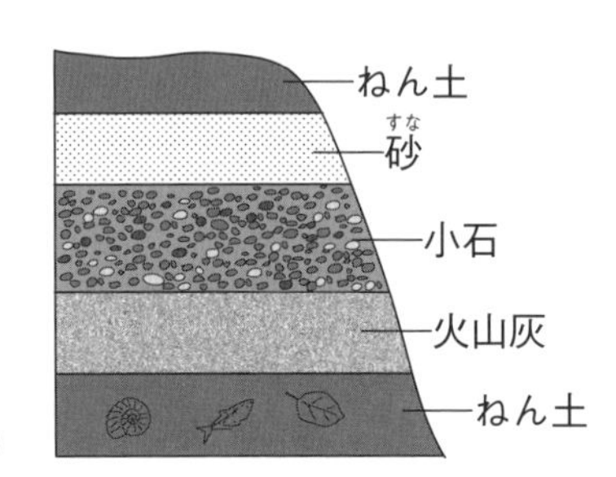

小石の層は、(⑤　　　　)のはたらきでできるので角がとれ、(⑥　　　　)形をしています。

小石のつぶ

一方、火山灰の層は(⑦　　　　)のはたらきでできるので、つぶは(⑧　　　　)形をしています。

かいぼうけんび鏡(約10倍)
火山灰のつぶ

地層	流れる水	火山	丸みのある	角ばった
大きさ	砂(すな)	ねん土		

2 図は、地層で見られる岩石を表したものです。

㋐

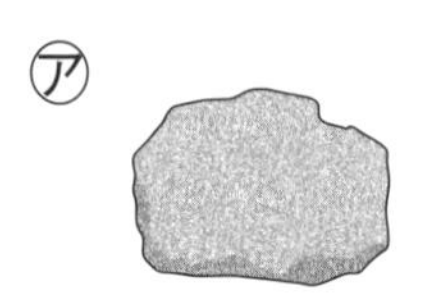

同じくらいの大きさの砂がかたまった岩石

㋑

小石が砂などといっしょにかたまった岩石

㋒

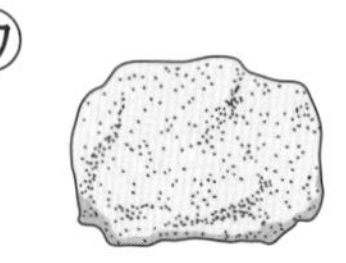

ねん土などがかたまった岩石

(1) ㋐、㋑、㋒の岩石は、れき岩、砂岩(さがん)、でい岩のどれですか。 (各6点)

㋐(　　　　)　㋑(　　　　)　㋒(　　　　)

(2) これらの岩石にふくまれる小石や砂のつぶは、どのような形ですか。正しいものに○をつけましょう。 (6点)

(角ばっている , 丸みがある)

(3) ㋒の地層から、右の図のようなものが見つかりました。何といいますか。 (6点)

(　　　　)

アンモナイト

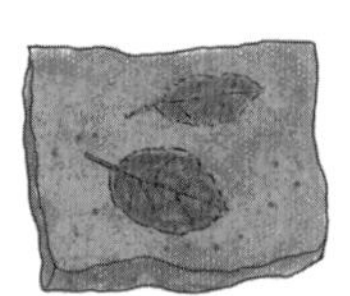

木の葉

(4) 海の生物だったアンモナイトが見つかったことから、大昔のどんなことがわかりますか。 (6点)

㋐ 海だったこと

㋑ 陸だったこと

㋒ 氷だったこと

(　　　　)

21 大地の変化

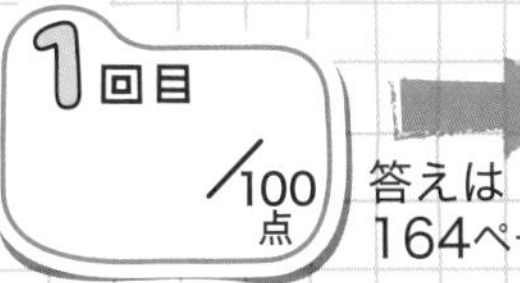

答えは164ページ

1 火山のふん火による土地の変化について、（　　）にあてはまる言葉を□から選んでかきましょう。（各6点）

火山がふん火すると（①　　　　）から（②　　　　）が流れ出たり、（③　　　　）がふき出て積もったりします。

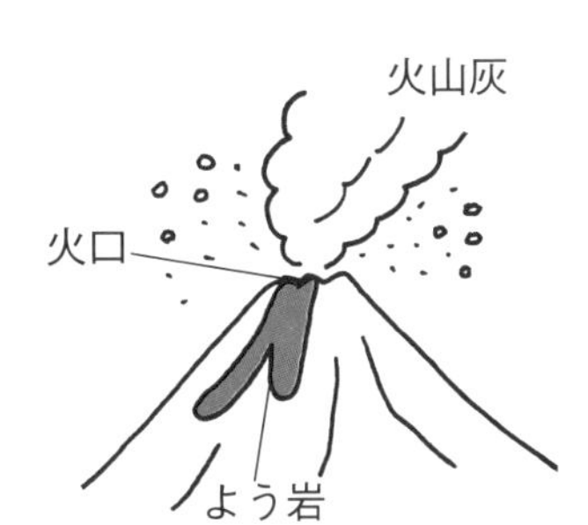

火山灰（かざんばい）	火口	よう岩	水

2 地しんによる土地の変化について、（　　）にあてはまる言葉を□から選んでかきましょう。（各6点）

大きな地しんが起こると、Ⓐのように（①　　　　）が生じて（②　　　　）ができたり、Ⓑのように地面が左右に（③　　　　）たりして、土地のようすが大きく変化します。

Ⓐ
上下のずれ

Ⓑ

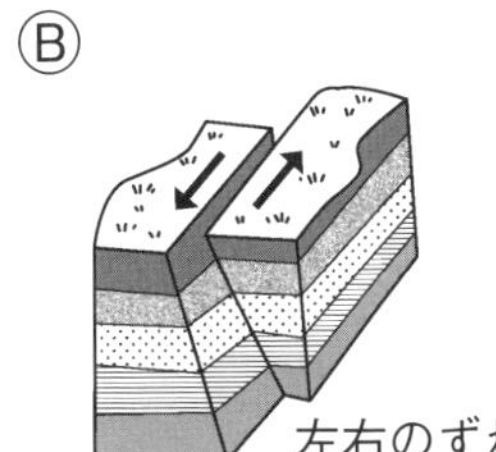

がけ	断層（だんそう）	ずれ

3 次の文のうち、正しいものには○、まちがっているものには×をつけましょう。（各8点）

①（　　）地層には、火山灰でできたものもあります。

②（　　）化石から、地層の古さや当時のようすを知ることができます。

③（　　）エベレスト山の山頂付近から、アンモナイトの化石が見つかりました。もとは海底だったことがわかります。

④（　　）地層は、いつも、水平になっています。

⑤（　　）火山灰のつぶは、丸みがあるものが多いです。

⑥（　　）多くの地層は、川のはたらきによってできます。

⑦（　　）地しんにより、地割（わ）れや断層ができることがあります。

⑧（　　）火山のふん火によって、湖ができることもあります。

22 燃え方と空気

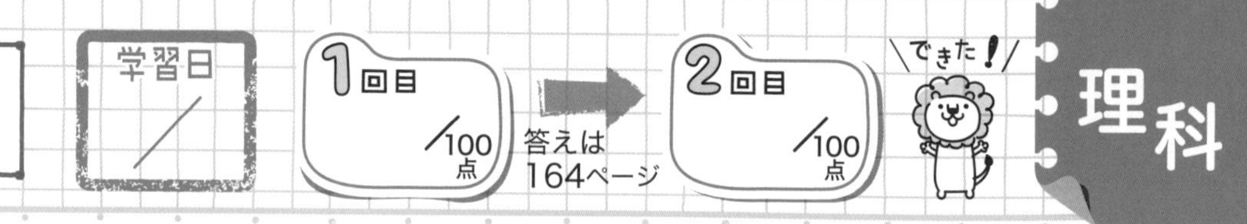

1 図のように、びんにろうそくを入れて燃やします。

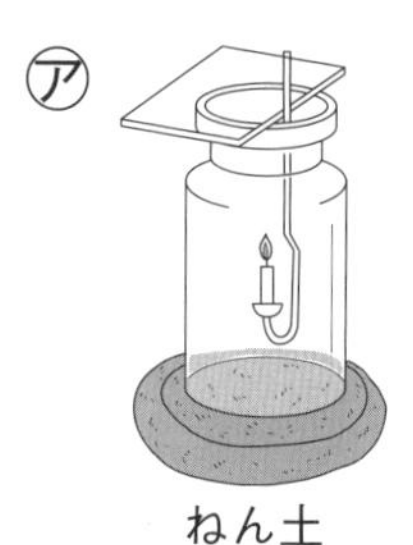

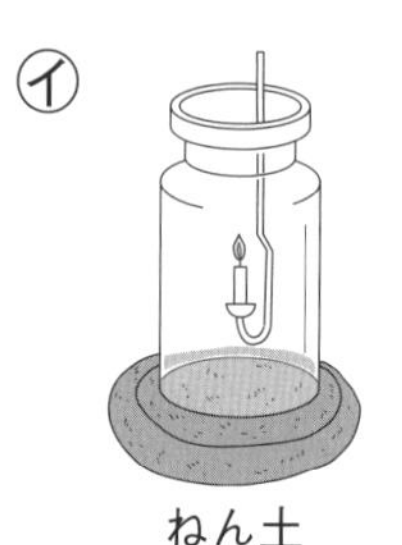

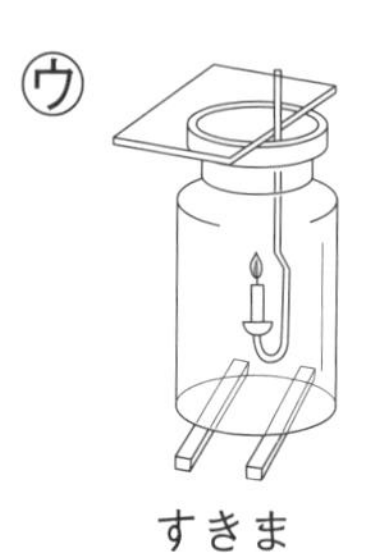

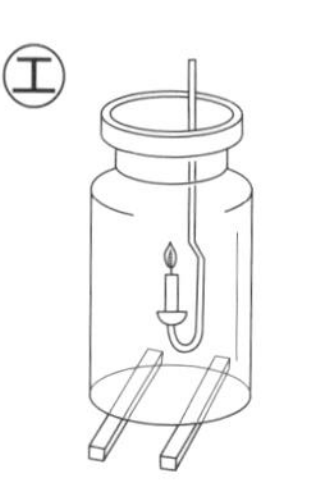

(1) ㋐～㋓の中で、どれが一番長く燃え続けますか。また、どれが一番はやく火が消えますか。（各4点）

一番長く燃える（　　）　一番はやく消える（　　）

(2) 右の図のように、火のついた線こうをびんの下におきました。右の図に線こうのけむりの動きをかきましょう。（8点）

(3) （　　）にあてはまる言葉を［　　］から選んでかきましょう。（各8点）

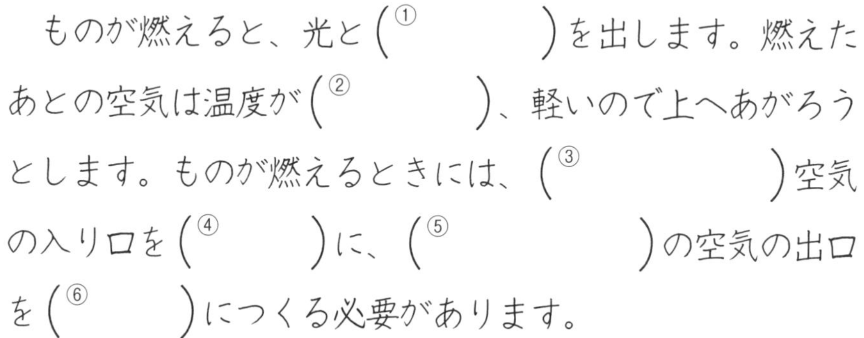

ものが燃えると、光と（①　　）を出します。燃えたあとの空気は温度が（②　　）、軽いので上へあがろうとします。ものが燃えるときには、（③　　）空気の入り口を（④　　）に、（⑤　　）の空気の出口を（⑥　　）につくる必要があります。

上	下	高く	新しい	燃えたあと	熱

2 酸素や二酸化炭素の量を調べるものに気体検知管があります。

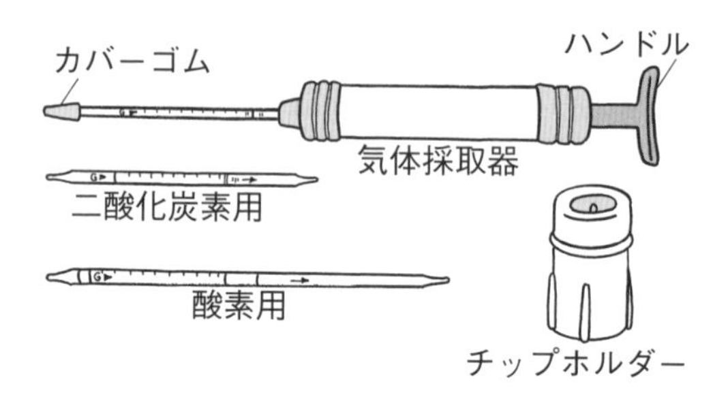

(1) 次の㋐～㋓は、気体検知管の使い方を表しています。正しい順に並べましょう。（各6点）

㋐ 決められた時間がたってから、目もりを読みとる。

㋑ 気体検知管を矢印の向き（⇒）に、採取器にとりつける。

㋒ 気体検知管の両はしを折り、Gマーク側にゴムカバーをつける。

㋓ 採取器のハンドルを引き、気体検知管に気体をとりこむ。

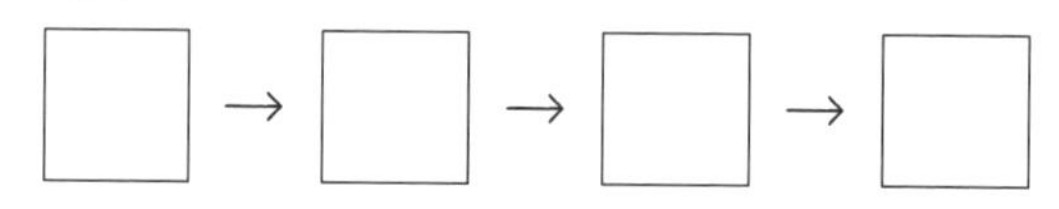

□ → □ → □ → □

(2) 気体検知管を使って、ろうそくが燃えたあとの空気を調べました。（各6点）

右の酸素用検知管を見ると、酸素は（①　　）％に減っていました。また、二酸化炭素用検知管では二酸化炭素は（②　　）％に増えていました。

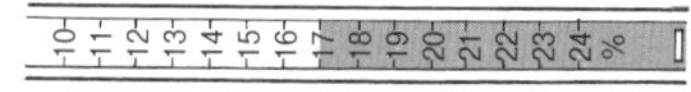

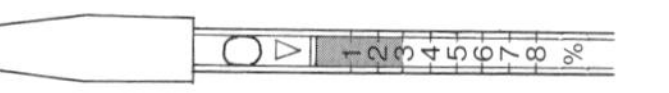

23 酸素と二酸化炭素

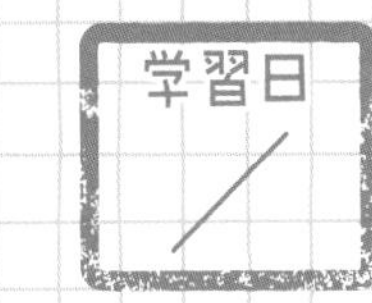

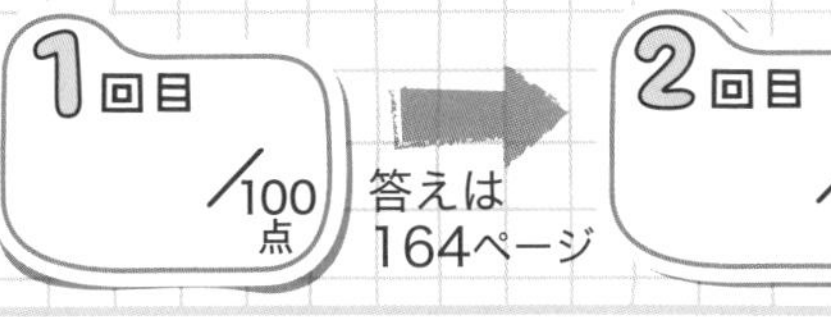

答えは164ページ

1 次の(　　)にあてはまる言葉を□から選んでかきましょう。（各５点）

空気中には、約(①　　　)％の酸素があり、残りのほとんどをしめる気体は(②　　　)です。

(②)の中では、ろうそくや木炭は燃えません。

酸素は、うすい(③　　　)と(④　　　)を使ってつくることができます。

ろうそくや木炭を燃やすと、空気中の(⑤　　　)が使われ(⑥　　　)ができます。できた(⑥)の中では、ろうそくや木炭は(⑦　　　)。

また、この気体は(⑧　　　)を白くにごらせます。

二酸化炭素は、うすい(⑨　　　)と(⑩　　　)を使ってつくることができます。二酸化炭素は、酸素に比べて水に(⑪　　　)やすく、空気よりも(⑫　　　)という性質があります。

21　過酸化水素水　二酸化マンガン　ちっ素
二酸化炭素　酸素　燃えません　石灰水（せっかいすい）　塩酸
重い　とけ　石灰石

2 次の㋐～㋒のびんには、空気、酸素、二酸化炭素のいずれかが入っています。あとの問いに答えましょう。

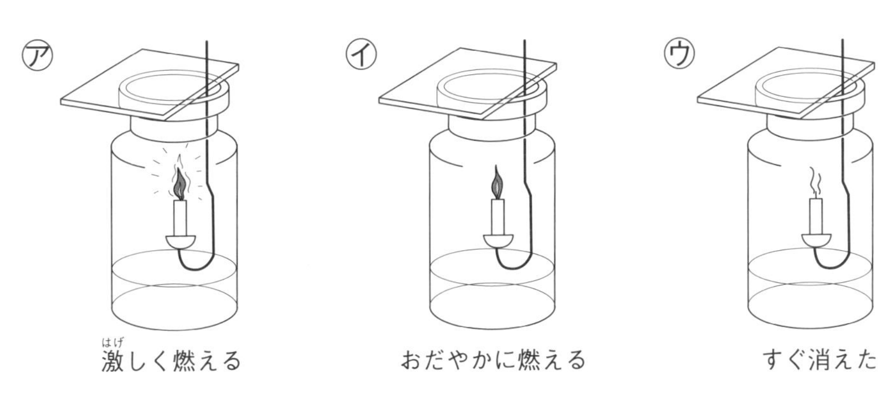

(1) ㋐～㋒のびんに、火のついたろうそくを入れると上のようになりました。それぞれ何の気体ですか。（各８点）

㋐(　　　)　㋑(　　　)　㋒(　　　)

(2) ㋑のろうそくの火が消えた後、石灰水（せっかいすい）を入れてよくふると、どうなりますか。（８点）

(　　　)

(3) (2)の実験から何ができたとわかりますか。（８点）

(　　　)

24 器具の使い方

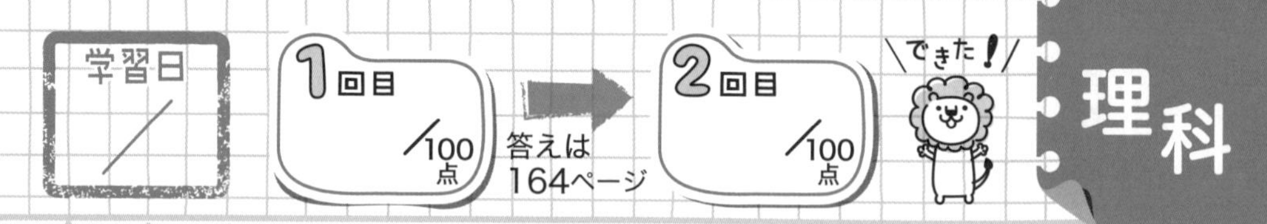

1 次の文は気体検知管についてかいたものです。(　　)にあてはまる言葉を[　　]から選んでかきましょう。(各6点)

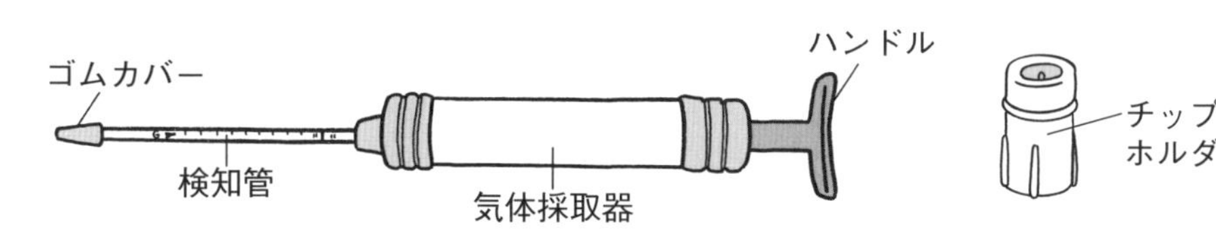

(①　　　　　　)を使うと、空気中にふくまれる酸素や(②　　　　　　)の(③　　　　)を調べることができます。

検知管の(④　　　　　)をチップホルダーで折り、ゴムカバーをつけます。

そして(⑤　　　　　　)にとりつけ、ハンドルを引いて、気体をとりこみます。

決められた時間後、色が(⑥　　　　)ところの目もりを読みます。

気体採取器	二酸化炭素	割合（わりあい）	変わった
両はし	気体検知管		

2 ガスバーナーの使い方について、次の(　　)にあてはまる言葉を[　　]から選んでかきましょう。(各8点)

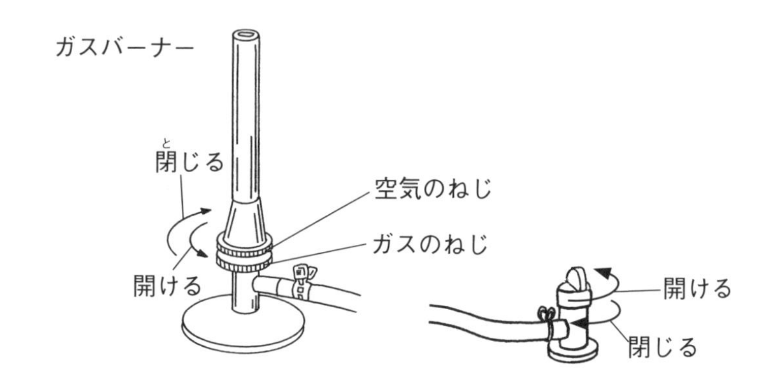

まず、(①　　　　)を開けます。次に(②　　　　)のねじを開けて火をつけます。火がついたら、(③　　　　)のねじを開けて、(④　　　　)の色が(⑤　　　　)なるように調整します。

火の消し方は、まず(⑥　　　　)のねじを閉じます。

そして、(⑦　　　　)のねじを閉じたあと、最後に(⑧　　　　)をしっかり閉じます。

ガス	元せん	空気	青白く	ほのお

(二度使うものがあります)

25 発電・ちく電①

学習日 ／

1回目 ／100点　答えは164ページ　2回目 ／100点

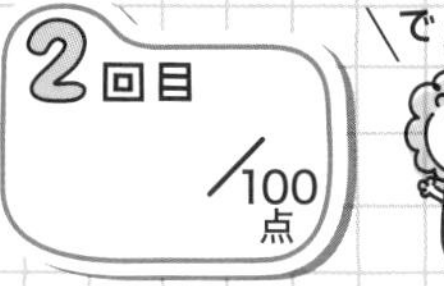

1 次の(　　)にあてはまる言葉を□から選んでかきましょう。
(各8点)

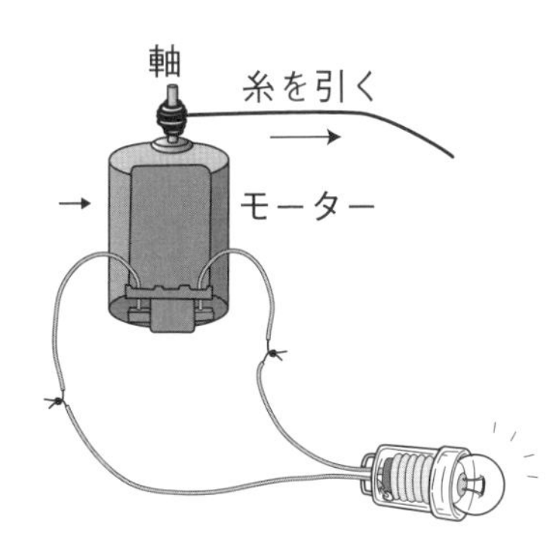

図のように(①　　　　)をつないだモーターの軸(じく)に糸をまきつけます。その糸を引き(②　　　　)させました。すると豆電球に明かりがつきました。

このしくみを利用したものが(③　　　　)です。

手回し発電機のハンドルを回すと(④　　　　)がつくられて、豆電球が(⑤　　　　)しました。これで、手回し発電機のしくみは(⑥　　　　)のしくみと(⑦　　　　)だとわかります。

このように電気をつくることを(⑧　　　　)といいます。

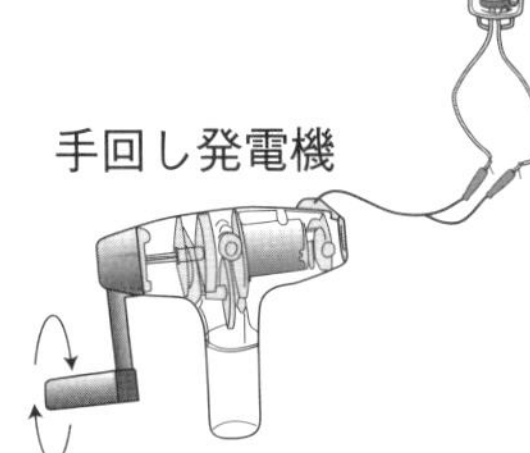

手回し発電機　電気　発電　同じ
回転　モーター　豆電球　点灯

2 電気をためる実験をしました。(　　)にあてはまる言葉を□から選んでかきましょう。
(各6点)

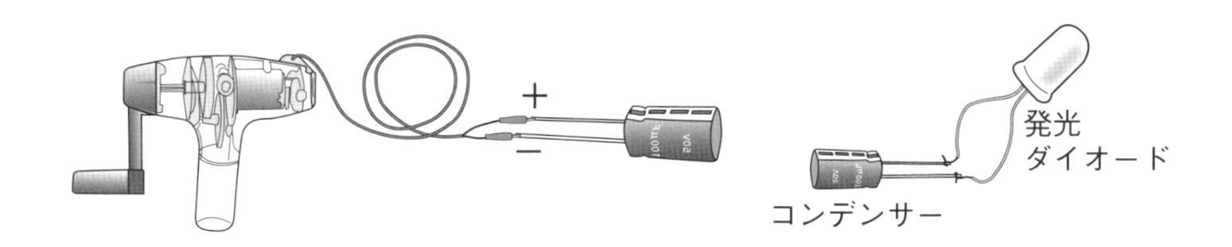

(①　　　　)は、手回し発電機で(②　　　　)した電気を(③　　　　)おくことができます。

ハンドルを回す回数を変えて、発光ダイオードが光る時間を調べると表のようになりました。

(④　　　　)に電気をたくわえるとき、ハンドルを回す回数を多くすると(⑤　　　　)は(⑥　　　　)光りました。

ハンドルを回す回数	光る時間
10回	1分20秒
20回	2分20秒
30回	2分50秒

発電　発光ダイオード　コンデンサー
長く　たくわえて

(二度使うものがあります)

26 発電・ちく電②

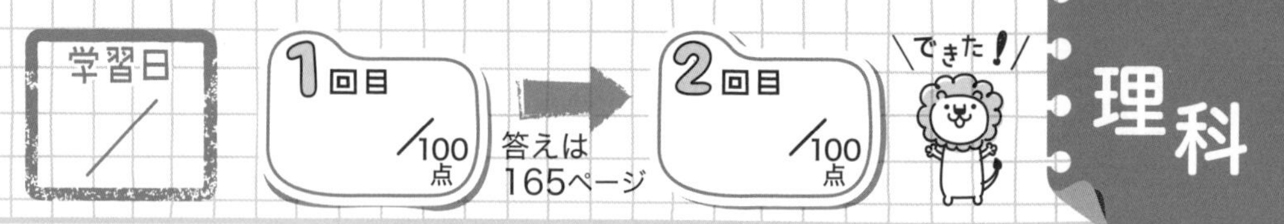

1 次の（　）にあてはまる言葉を［　］から選んでかきましょう。（各８点）

自転車の発電機の原理は、（①　　）の原理とほぼ同じです。回転軸（じく）に永久磁石（えいきゅうじしゃく）をつけ、外側には（②　　）をつけています。

この回転軸が回転することで（②）に（③　　）が発生し、豆電球を点灯させています。

手回し発電機と同様に、風力発電は（④　　）の力を利用して（⑤　　）を回すことで発電機の軸を回しています。

また、水の流れる力を利用した（⑥　　）発電や、（⑦　　）の力を利用した火力発電と（⑧　　）発電があります。

プロペラ
発電機
風

電気	モーター	コイル	水力
プロペラ	風	原子力	蒸気（じょうき）

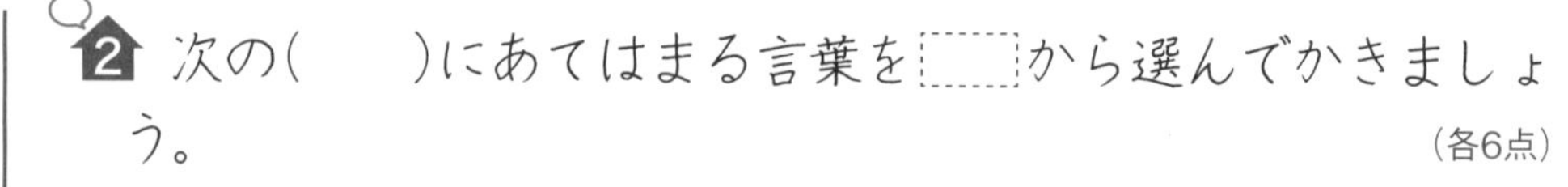

2 次の（　）にあてはまる言葉を［　］から選んでかきましょう。（各6点）

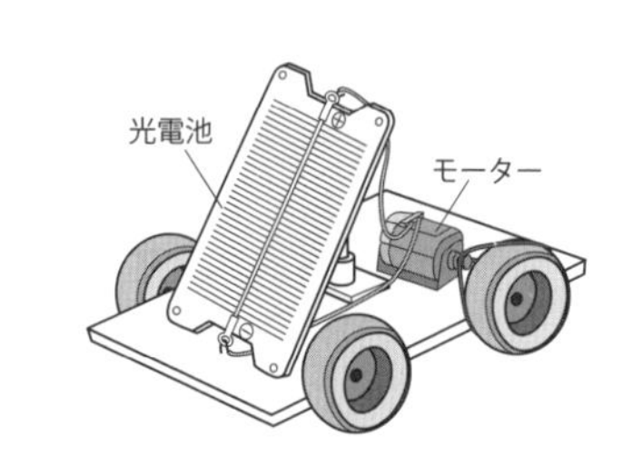

光電池にモーターをつなぎ、（①　　）をあてます。するとモーターは回ります。光電池は、光の力を（②　　）の力に変かんするはたらきがあります。

光電池を半とう明のシートでおおい、光電池にあたる光の量を（③　　）します。

すると、モーターは（④　　）回ります。

光電池にあたる光が強いほど、（⑤　　）電流が流れます。

ですからくもりの日は電流が弱く、夜には、（⑥　　）ができないという短所があります。

発電	少なく	ゆっくり
光	電気	強い

27 電気の利用 ①

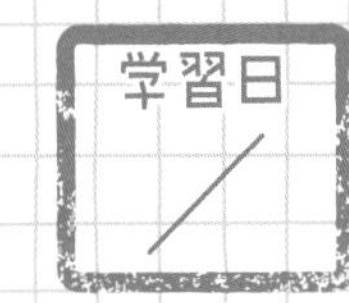

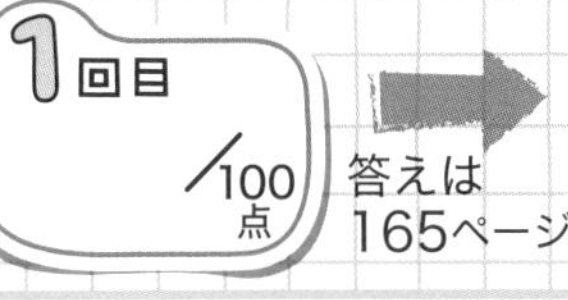

答えは165ページ

できた!

1 次の(　　)にあてはまる言葉を[　　]から選んでかきましょう。（各9点）

右図のように(①　　　　)に電流を流しました。すると電熱線が(②　　　　)し、発ぽうスチロールはとけて切れました。

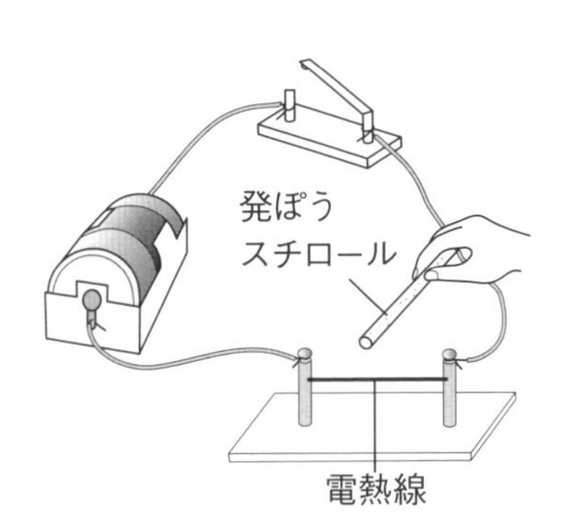

右図は、電器コンロです。これには長い(③　　　　)がうずまき状にまいてあります。

電気を流すと、赤く（②）し、湯をわかしたりできます。これらは、電気を(④　　　　)に変かんしています。ストーブなどにも利用しています。

[熱　　発熱　　電熱線]

（二度使うものがあります）

2 次の文の(　　)にあてはまる言葉を[　　]から選んでかきましょう。（各8点）

誕生日（たんじょうび）のお祝いなどで、(①　　　　)をもらうことがあります。これは電気を(②　　　　)に変えるはたらきを利用したものです。家庭の入り口にある(③　　　　)や、車についている(④　　　　)などもスピーカーを通して、(⑤　　　　)を音や声に変えているのです。

ボタン（スイッチ）をおすと鳴る(⑥　　　　)は、(⑦　　　　)のはたらきで(⑧　　　　)のしん動板をつけたり、はなしたりして、音を出します。

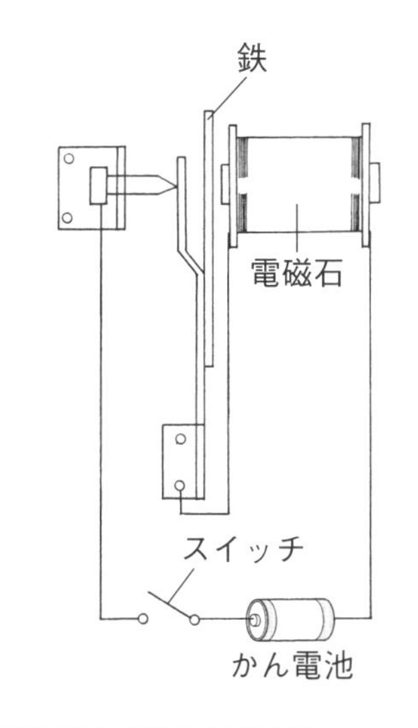

[音　　電子オルゴール　　インターホン　　鉄
クラクション　　電気　　電磁石（でんじしゃく）　　ブザー]

28 電気の利用 ②

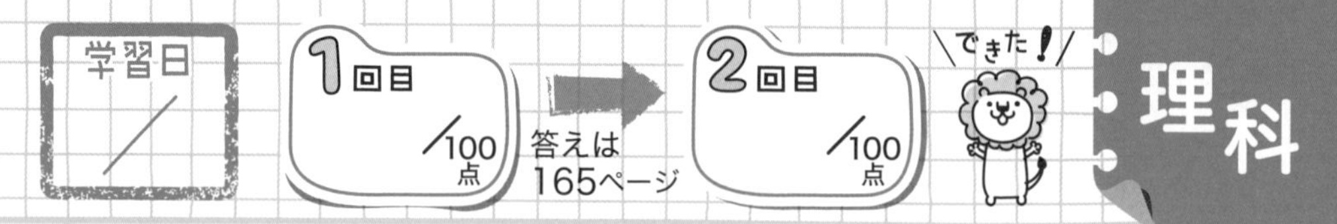

1 次の(　　)にあてはまる言葉を［　　］から選んでかきましょう。　(各5点)

電気には、光や電磁石(でんじしゃく)のはたらきのほかに(①　　　)を出すはたらきがあります。このはたらきをする電気器具には、洗たく物のしわをのばす(②　　　)やパンを焼いたりする(③　　　)などがあります。これらの発熱部分には(④　　　)という金属が使われています。

［ニクロム　熱　トースター　アイロン］

2 次の器具を、電流のはたらき別に熱は㋧、光は㋪、磁石は㋨と(　　)にかきましょう。　(各5点)

①(　　)
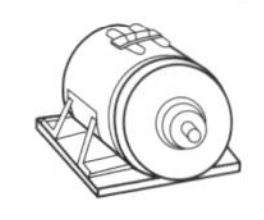
モーター

②(　　)

ストロボ

③(　　)

電熱器

④(　　)

電磁石

⑤(　　)
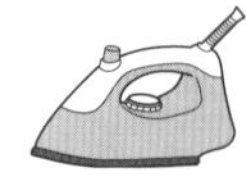
アイロン

⑥(　　)
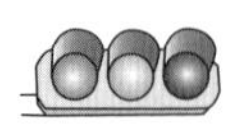
信号機

⑦(　　)
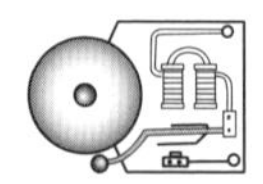
ベル

⑧(　　)
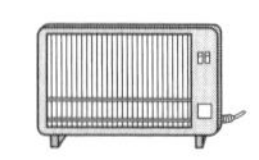
電気ストーブ

3 次の文のうち、正しいものには○、まちがっているものには×をつけましょう。　(各5点)

①(　　) 電熱線は、銅線でできています。

②(　　) 豆電球は、いくら強い電気を流しても切れません。

③(　　) ブザーの音は、流れる電流の大きさによって大きくなります。

④(　　) 電流の向きが変わると、モーターが回転する向きも変わります。

⑤(　　) 手回し発電機も、自転車の発電機も発電するしくみは同じです。

⑥(　　) 電熱線は、いくら強い電気を流しても、けっして切れることはありません。

⑦(　　) 太陽光エネルギーは、電気エネルギーに変えることができます。

⑧(　　) 発光ダイオードは、豆電球より少ない電気で点灯します。

29 棒を使ったてこ

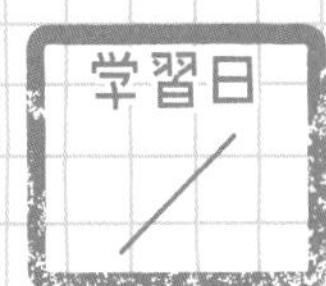

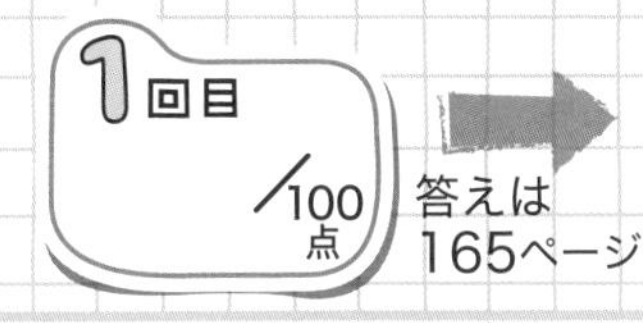

答えは165ページ

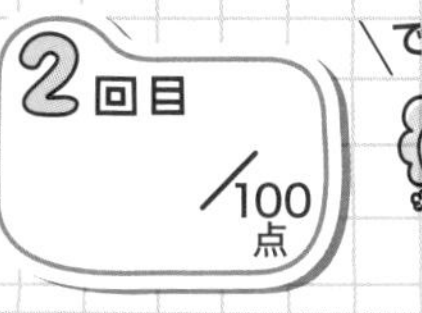

できた！

1 図は、てこのようすを表したものです。次の問いに答えましょう。

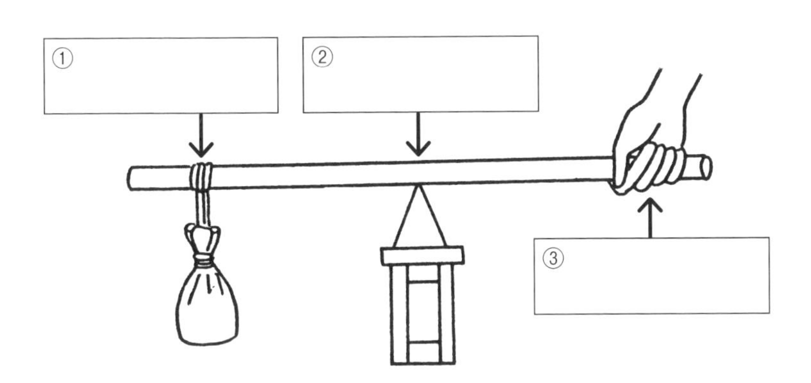

(1) 支点・力点・作用点はそれぞれどこですか。図の□にかきましょう。（各10点）

(2) 次の（　）にあてはまる言葉を□から選んでかきましょう。（各10点）

支点とは、棒（ぼう）を（①　　　）ところです。

力点とは、棒に力を加えているところです。

作用点とは、ものに（②　　　）ところです。

てこを使うと、より（③　　　）力で、ものを動かすことができます。

力をはたらかせる　支えている　小さい

2 次の図は、てこの力点や作用点の位置を変えるようすを表したものです。それぞれ、手ごたえは小さくなりますか。大きくなりますか。（　）にかきましょう。（各10点）

(1) 力点を支点から遠ざけるほど手ごたえは（　　　）なります。

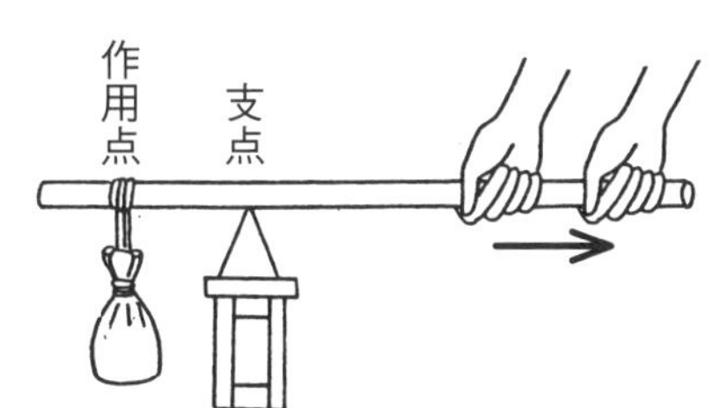

(2) 作用点を支点に近づけるほど手ごたえは（　　　）なります。

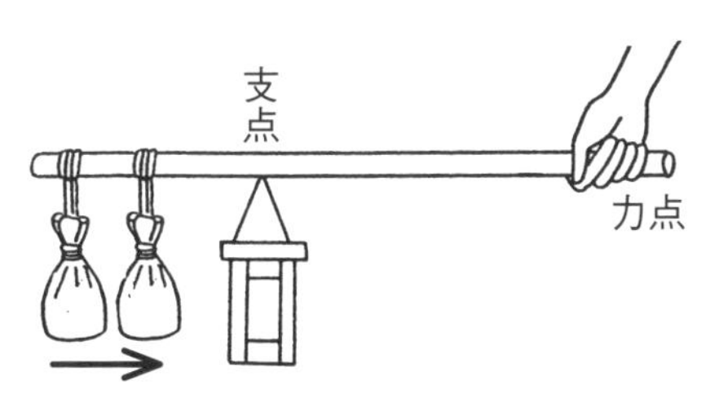

3 次の図のように、てこの力点や作用点の位置を変えて、手ごたえを調べました。次の問いに答えましょう。（各10点）

(1) 手ごたえが一番小さくなるのは、㋐、㋑、㋒のどこを持ったときですか。

（　　）

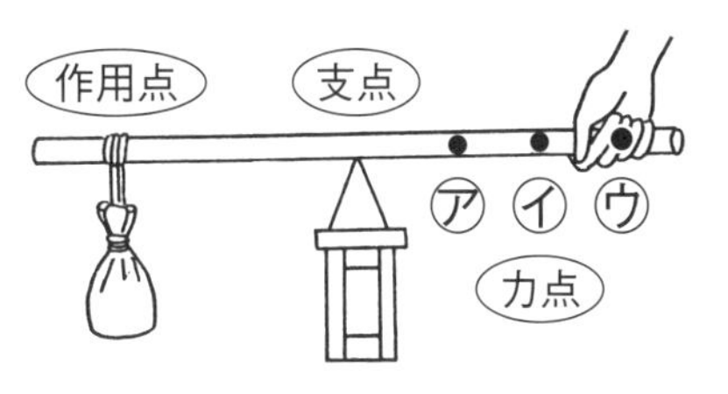

(2) 手ごたえが一番小さくなるのは、㋐、㋑、㋒のどこにおもりをつるしたときですか。

（　　）

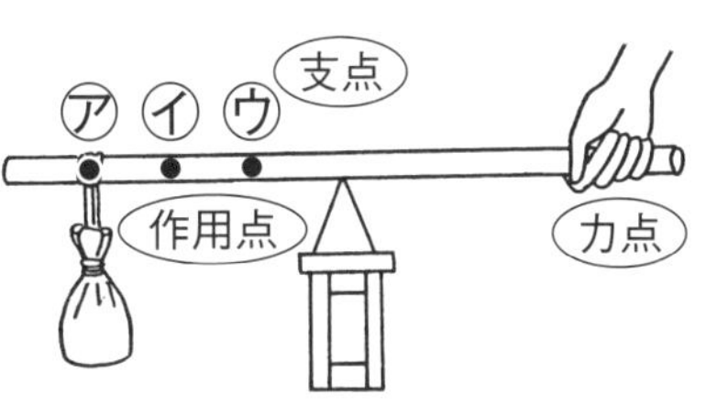

30 てこのつり合い ①

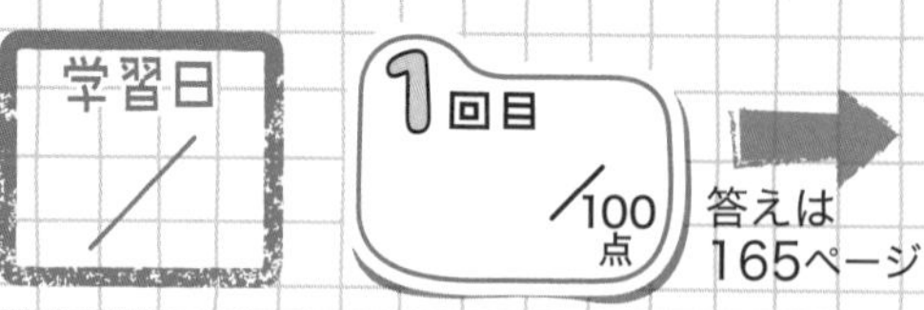

答えは165ページ

1 次の図は、実験用てこを表したものです。(　　)にあてはまる言葉や数字を□から選んでかきましょう。（各7点）

(1) 図のてこには、棒(ぼう)の中央に(①　　　)があります。(②　　　)をつるしていないとき、棒は水平に(③　　　)ます。

左のうで　6 5 4 3 2 1 ● 1 2 3 4 5 6　右のうで　支点

てこは、左右のうでをかたむける力が(④　　　)ときに(⑤　　　)ます。このうでをかたむける力は、(⑥　　　)×支点からのきょりで表せます。

支点　つり合い　おもりの重さ　おもり　等しい

（二度使うものがあります）

(2) 右の図のように、てこの左のうでの(①　　　)が2のところに(②　　　)のおもりをつるしました。このときの左のうでをかたむける力は、(③　　　)×2＝(④　　　)の式で表すことができます。

左のうで　支点からのきょり　6 5 4 3 2 1 ● 1 2　10 10　支点

支点からのきょり　40　20　20g

2 次の図のように、てこにおもりをつるしました。(　　)にあてはまる言葉を□から選んでかきましょう。（各5点）

てこがつり合っているかを調べるために左右のうでの(①　　　)を計算してみましょう。

左のうで　支点からのきょり　右のうで　6 5 4 3 2 1 ● 1 2 3 4 5 6　10 10 10　10 10 10 10　支点

まず、左のうでをかたむける力は、支点からのきょりが4のところに(②　　　)のおもりをつるしているので、30×(③　　　)の式で表すことができます。

右のうでをかたむける力は、支点からのきょりが(④　　　)のところに(⑤　　　)のおもりをつるしているので、

(⑥　　　)×3の式で表すことができます。

かたむける力　3　4　40　30g　40g

31 てこのつり合い ②

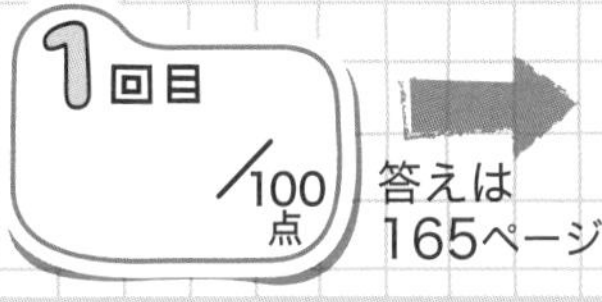

答えは165ページ

1 図のように、てこにおもりをつるしました。

①

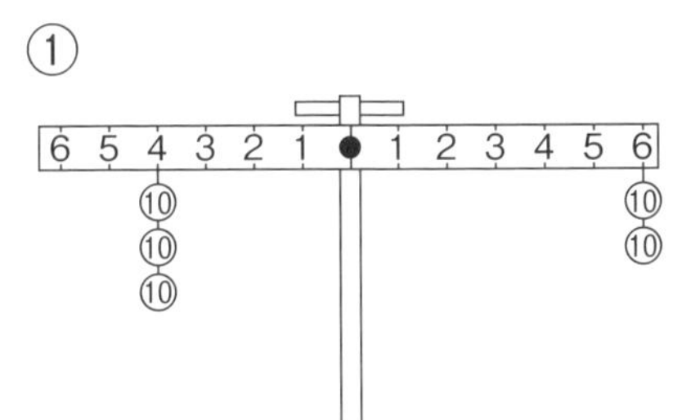

左のうでをかたむける力	右のうでをかたむける力
30 × 4	(　　　　)

②

左のうでをかたむける力	右のうでをかたむける力
20 × 5	(　　　　)

③

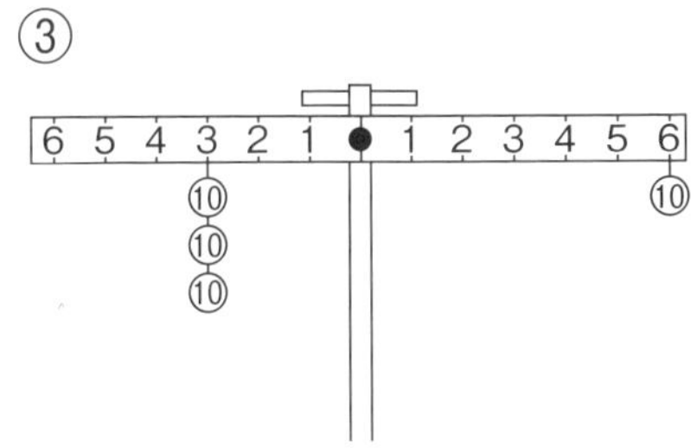

左のうでをかたむける力	右のうでをかたむける力
30 × 3	(　　　　)

④

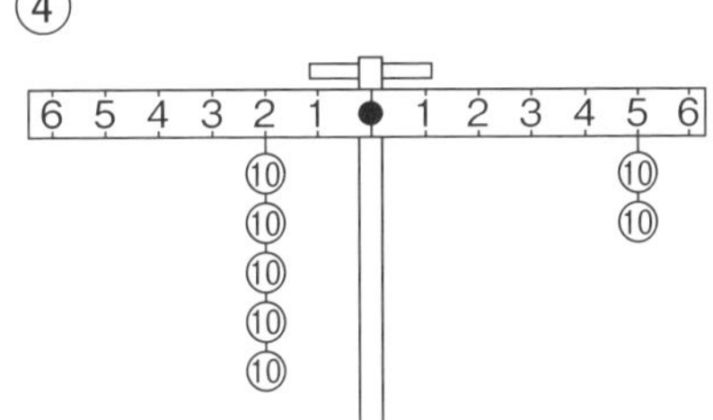

左のうでをかたむける力	右のうでをかたむける力
50 × 2	(　　　　)

(1) ①～④でそれぞれの右のうでをかたむける力を、(　　)に式で表しましょう。 (各6点)

(2) ①～④のてこのうち、つり合っているものをすべて選びましょう。ただし、図では、つり合っていないものも、うでを水平にかき表しています。(12点) (　　　　)

2 図のてこはつり合っています。(　　)に重さやきょりをかきましょう。 (各8点)

①

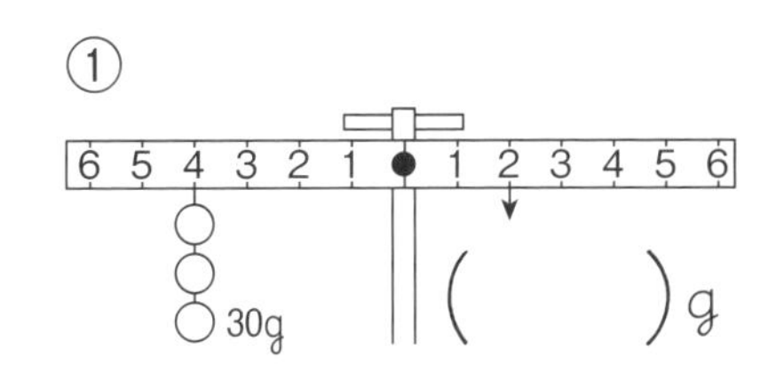

(　　　)g

②

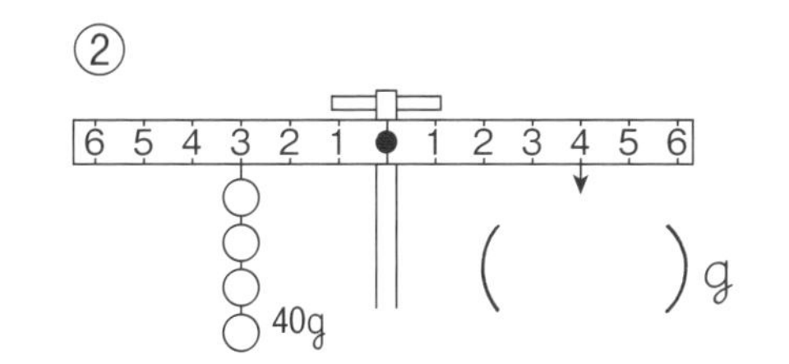

(　　　)g

③

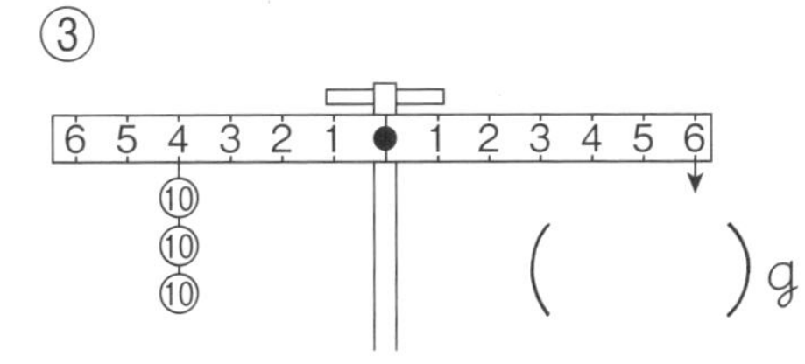

(　　　)g

④

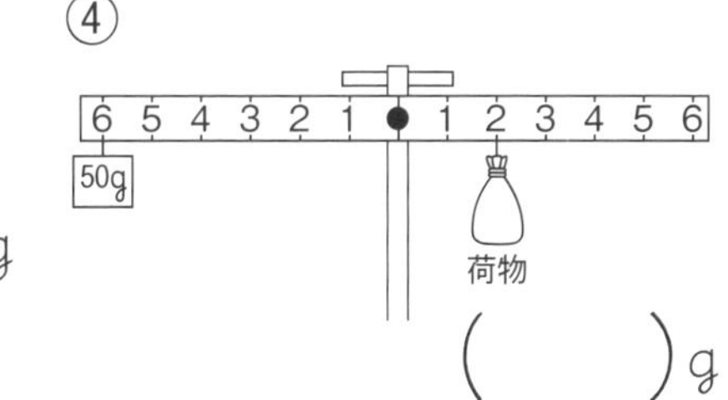

(　　　)g

⑤

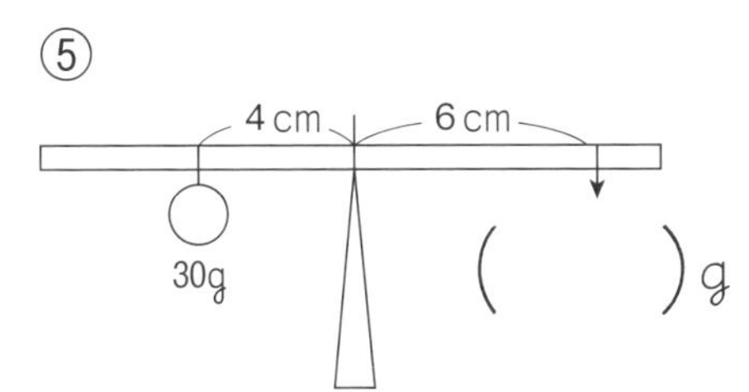

(　　　)g

⑥

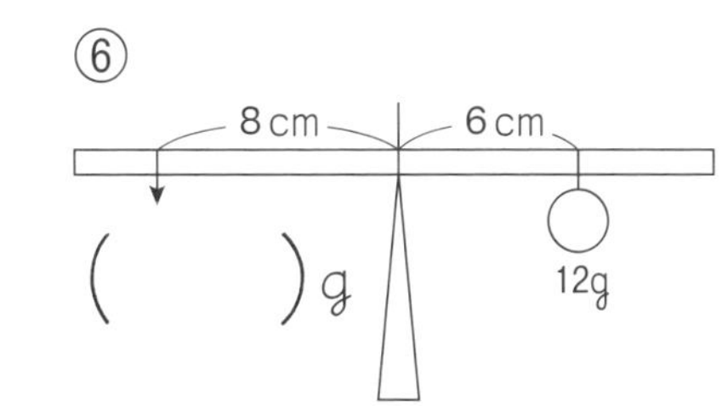

(　　　)g

⑦

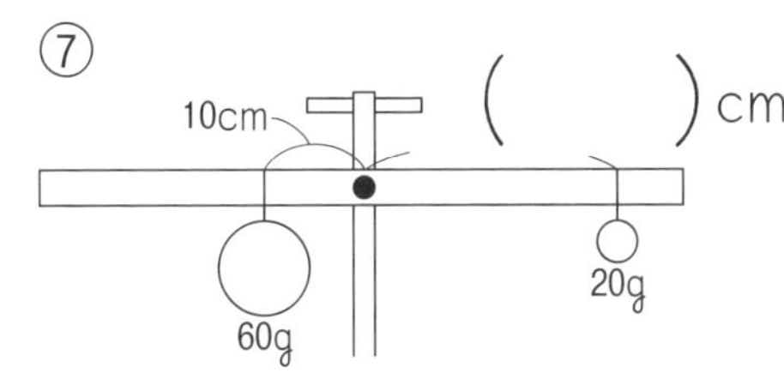

(　　　)cm

⑧

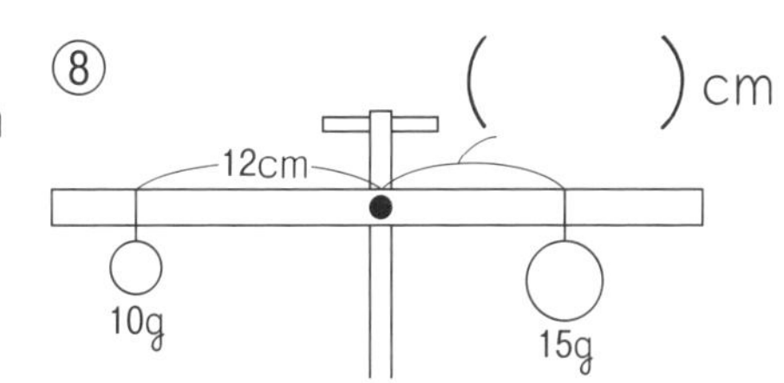

(　　　)cm

32 てこの利用

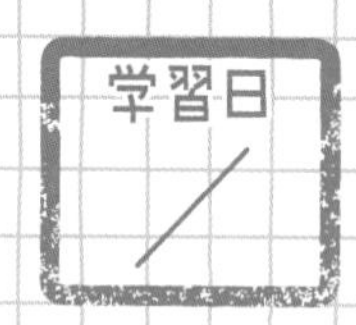

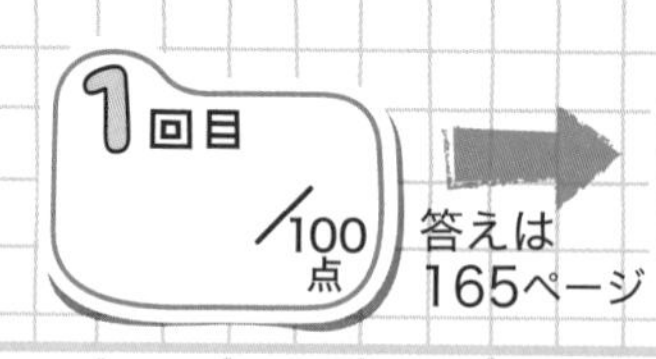

答えは
165ページ

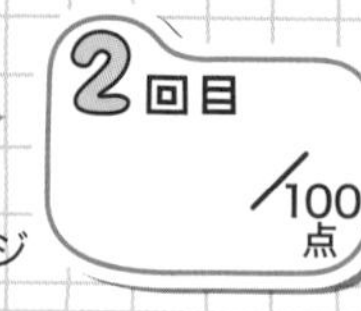

1 身のまわりの道具について、（　　）にあてはまる言葉を［　　］から選んでかきましょう。（各6点）

私（わたし）たちが使っている道具には、くぎぬきなどのように、（①　　　　）力で（②　　　　）力を得られる（③　　　　）のはたらきを利用しているものがあります。

くぎぬきのような（④　　　　）が中にある道具では（⑤　　　　）と支点のきょりを長く、作用点と支点のきょりを（⑥　　　　）することで、より小さな力で作業することができます。

くぎぬき
作用点
支点
短い
長い
力点
作用点
支点

てこ	小さい	大きい	力点	支点	短く

2 次の図はてこのはたらきを利用した道具です。支点、力点、作用点はどこか、それぞれ［　　］にかきましょう。（各8点）

ペンチ

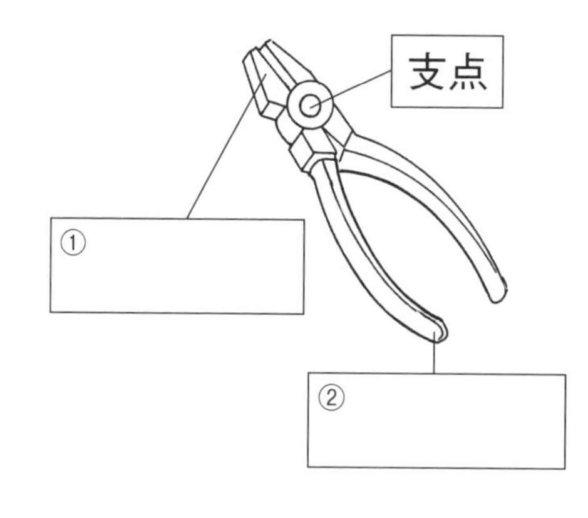

ピンセット

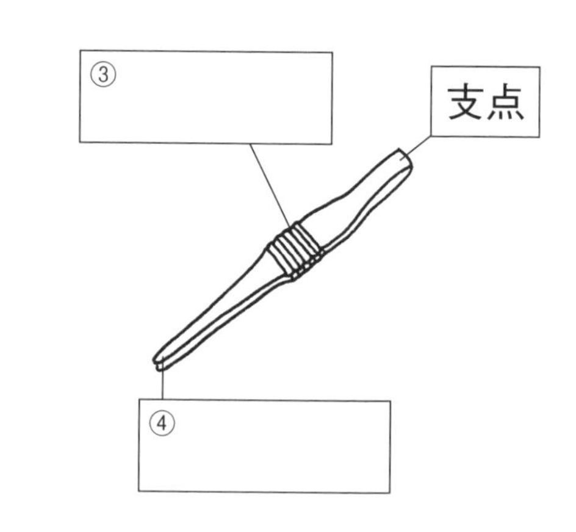

はさみ

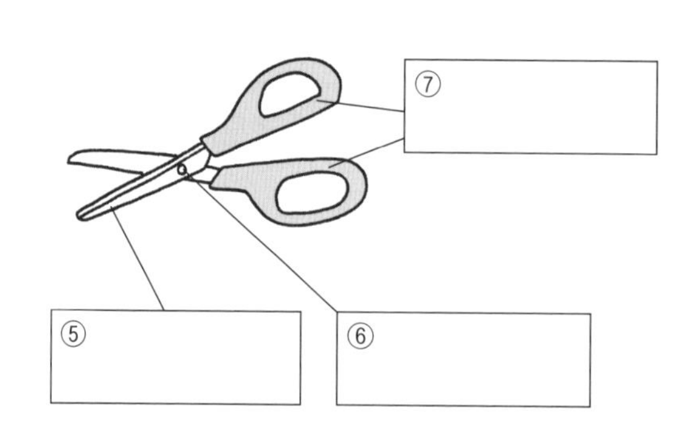

上皿てんびん

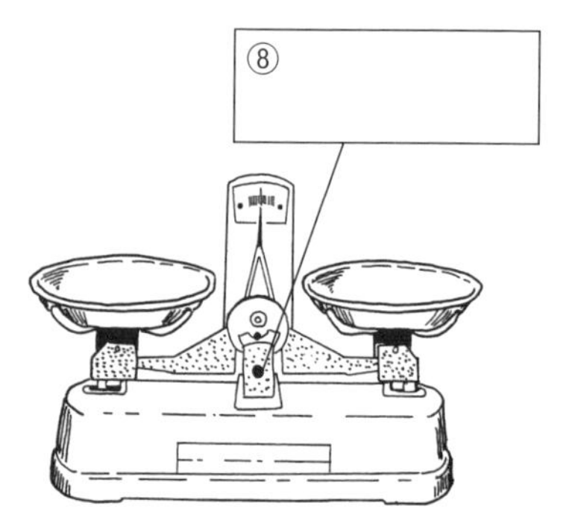

1 日本国憲法

1回目 /100点 → 答えは165ページ → 2回目 /100点

1 次の(　　)にあてはまる言葉を[　　]から選んで書きましょう。 (各5点)

日本国憲法(けんぽう)では、その前文において「(①　　　　)の手によって再び(②　　　　)が起こらないようにする」と述べられ、これからの国の政治の方針(ほうしん)を示しています。これが「(③　　　　)主義」です。その内容は(④　　　　)をもたない、武力を使わないということです。

[戦争　戦力　政府　平和]

2 日本国憲法の３つの柱は、何ですか。 (各5点)

Ⓐ　　　　主権　　Ⓑ　　　　主義

Ⓒ　　　　　　　の尊重(そんちょう)

3 次のことがらは、**2**のⒶ、Ⓑ、Ⓒのどれと関係がありますか。それぞれ(　　)に書きましょう。 (各3点)

① (　　) 国の交戦権を認め(みと)ない
② (　　) 天皇は象徴(しょうちょう)である
③ (　　) 法の下の平等
④ (　　) 裁判(さいばん)を受ける権利
⑤ (　　) 働く権利
⑥ (　　) 国会で法律(ほうりつ)を定める
⑦ (　　) 非核(ひかく)三原則

4 次の(　　)にあてはまる言葉を[　　]から選んで書きましょう。 (各5点)

この国の主権は(①　　　　)にあります。ですから、国の政治は、国民が(②　　　　)で選んだ(③　　　　)によって(①)のために行われるべきです。このような政治を(④　　　　)といいます。

[民主政治　国民　代表者　選挙]

5 基本的人権の尊重について、(　　)にあてはまる言葉を[　　]から選んで書きましょう。 (各4点)

[生存　生命・身体　男女　信教　学問　働く]

2 三権分立

答えは165ページ

1 次の(　　)にあてはまる言葉を[　　]から選んで書きましょう。 (各5点)

(1) 国会の主な仕事は、国の(①　　　)をつくることです。これを(②　　　)といいます。また、国の(③　　　)を決めることも大事な仕事です。

国会には(④　　　)と(⑤　　　)の2つの議院があります。

[衆議院(しゅうぎいん)　立法　法律(ほうりつ)　予算　参議院]

(2) 内閣(ないかく)の主な仕事は、国会が決めた(①　　　)や(②　　　)をもとに実際に政治を行うことです。これを(③　　　)といいます。また、外国との(④　　　)を結んだり、裁判官(さいばんかん)を任命するのも仕事です。

[行政　法律　条約　予算]

(3) 裁判所の主な仕事は、争いごとや犯罪があったとき(①　　　)や法律にもとづいて罪のあるなしを決めることです。これを(②　　　)といいます。また、国会が決めた法律や(③　　　)が行う政治が憲法(けんぽう)に違反(いはん)していないかを判断することも重要な仕事です。

[内閣　憲法　司法]

2 次の図は、国の政治を行う3つの機関の関係を表しています。あとの問いに答えましょう。

(1) 図の㋐～㋒は、裁判所、内閣、国会のどれですか。 (各5点)

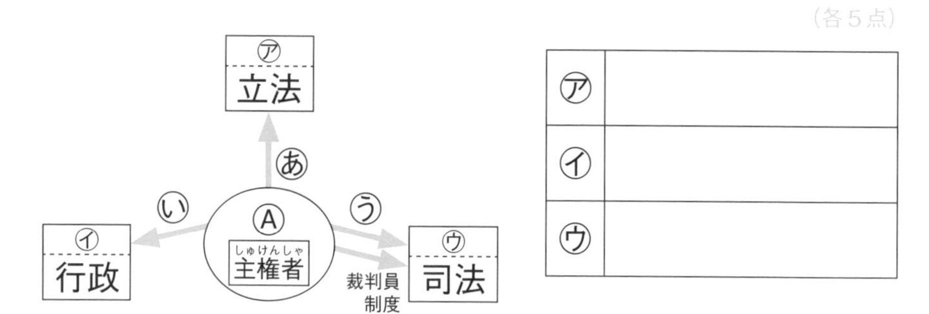

(2) (1)のように3つの機関に政治を分担(ぶんたん)することを何といいますか。 (5点)

(　　　　　)

(3) 図のⒶとあ～うにあてはまる言葉を[　　]から選んで書きましょう。 (各5点)

Ⓐ	

あ		い		う	

[国民審査(しんさ)　選挙　世論(よろん)　国民]

3 自然災害からの復旧・復興

1回目 /100点　答えは165ページ　2回目 /100点　できた！

1 次の図を見て、災害が起きたときの取り組みについて、あとの問いに答えましょう。

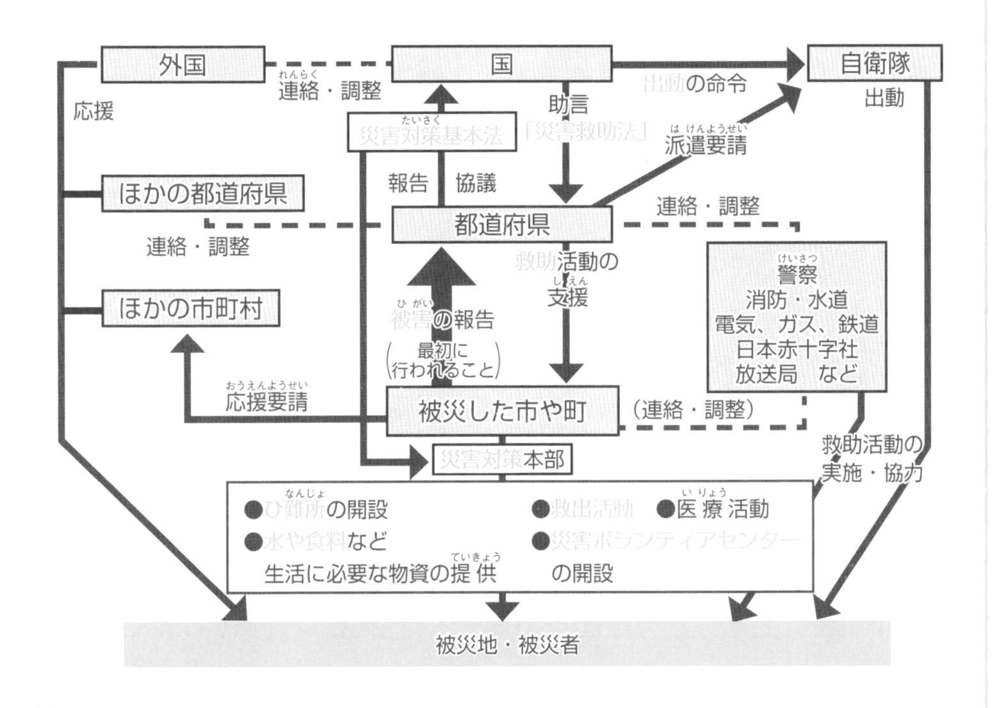

(1) 被災した市町村は「災害対策基本法」にもとづいて、何が設置されますか。（10点）

（　　　　　　　）本部

(2) (1)は、どんなことをしますか。（各8点）

① （　　　　）の報告　　② （　　　　）の開設

③ 水や（　　　　）などの提供　　④ （　　　　）・医療活動

⑤ 災害（　　　　　　　　）の開設

(3) (2)の⑤がする主な活動に○をつけましょう。（10点）

① （　　）どろ出し

② （　　）自衛隊への出動命令

③ （　　）警察や消防への救助活動の協力の要請

④ （　　）食事の用意

⑤ （　　）地域の交流の手伝い

(4) 次の写真は、地域の人たちが災害から命を守るための取り組みです。□の中から選びましょう。（10点）

交通安全教室　防災訓練　運動会

（　　　　　　）

2 次の写真は、災害を減らすための設備です。関係する災害を□から選んで書きましょう。（各10点）

㋐ 
©国土交通省

㋑ 
©岩手県

㋒ 

［　　　　］　［　　　　］　［　　　　］

雪害　土砂くずれ　津波

4 縄文・弥生時代

1回目 /100点

答えは166ページ

1 次の絵は、縄文時代のくらしを表しています。あとの問いに答えましょう。

つりばり
縄文
矢じり

(1) 絵のア～ウの道具の名前を書きましょう。（各5点）

ア		イ		ウ	土器

(2) 次の(　　)にあてはまる言葉を、[　]から選んで書きましょう。（各5点）

大昔の人々は、(①　　　　)や魚をとったり、(②　　　　)などを採集したりして、(③　　　　)住居に住んでいました。

たて穴（あな）　けもの　木の実

2 次の写真は、この時代後半の日本最大の遺跡（いせき）です。名前を書きましょう。（10点）

(　　　　　　　　)遺跡

3 次の絵は、米づくりの「田植え前」と「稲（いね）かり」を表しています。あとの問いに答えましょう。

(1) 絵のア～ウの道具の名前を書いて①～③から選びましょう。（各6点）

記号	名前	番号
ア		
イ		
ウ		

①

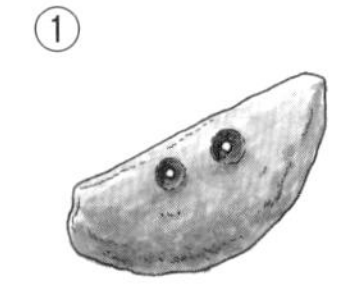

②

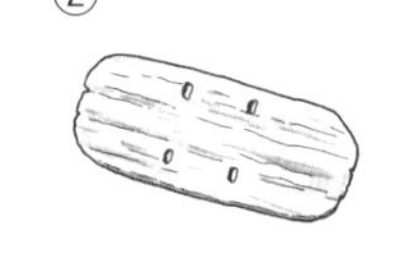

③

田げた　くわ
石ぼうちょう

(2) 右の絵について、(　　)にあてはまる言葉を[　]から選んで書きましょう。（各6点）

①名前	
②目的	(　　　　)の保存（ほぞん）

→ ア 同じ場所に(　　　　)
イ (　　　　)が現れる

米　定住　指導者　高床倉庫（たかゆか）

5 弥生時代から古墳時代へ

学習日 ／

1回目 ／100点　　答えは166ページ　　2回目 ／100点　　できた！

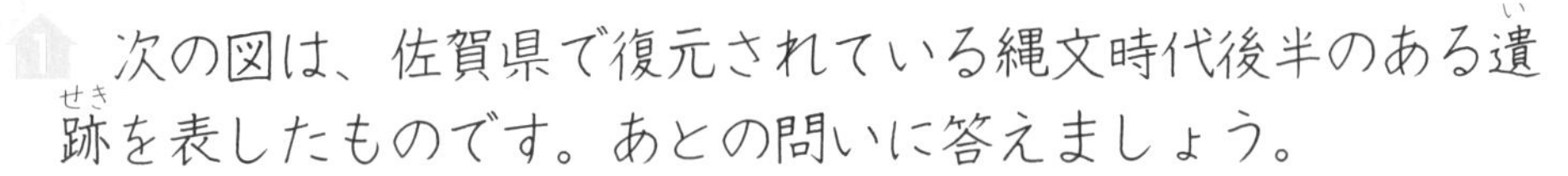

1 次の図は、佐賀県で復元されている縄文時代後半のある遺跡を表したものです。あとの問いに答えましょう。

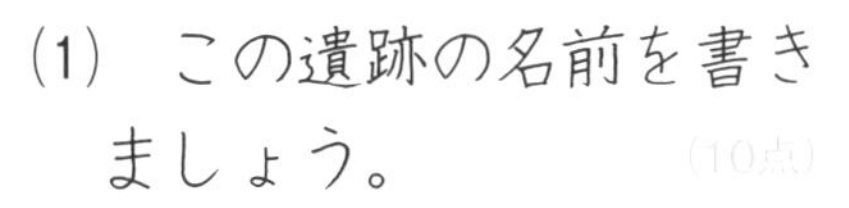

(1) この遺跡の名前を書きましょう。（10点）

（　　　　　　）遺跡

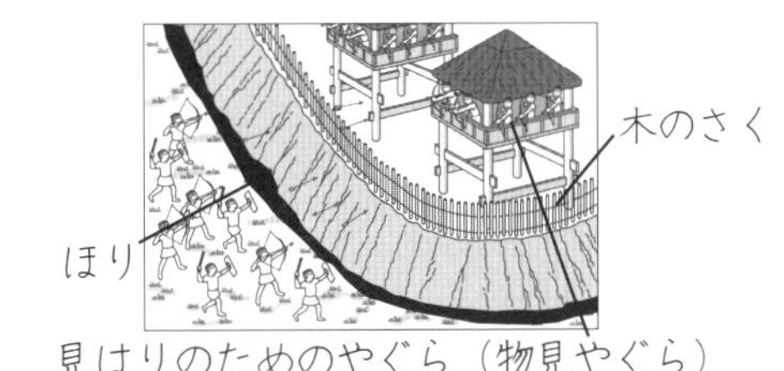

見はりのためのやぐら（物見やぐら）

(2) なぜ、(1)のような遺跡ができたのですか。次の□にあてはまる言葉を□から選んで書きましょう。（各6点）

① 米づくりが広まる（定住）

↓

㋐□……（指導者）

㋐どうしの争い…（豪族）

↓

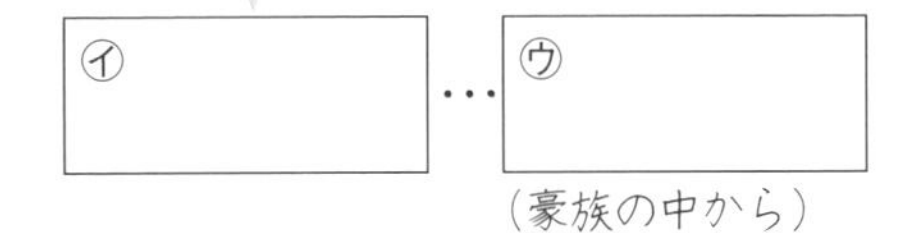

㋑□…㋒□
（豪族の中から）

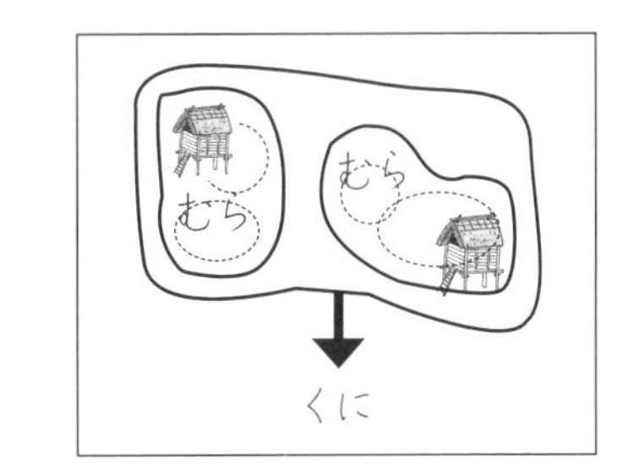

くに　王　むら

(3) (2)の㋒の中で30ほどのくにをしたがえた女王と、そのくにの名前を書きましょう。（各6点）

女王（　　　　　　）　くに（　　　　　　）

邪馬台国　卑弥呼

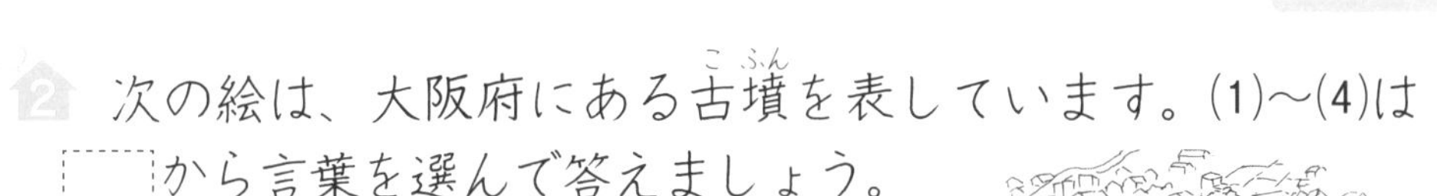

2 次の絵は、大阪府にある古墳を表しています。(1)～(4)は□から言葉を選んで答えましょう。

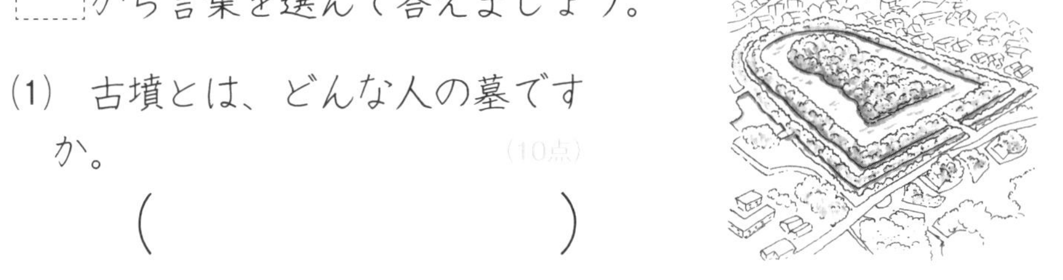

(1) 古墳とは、どんな人の墓ですか。（10点）

（　　　　　　）

(2) この古墳の名前と、この形の名前を書きましょう。（各10点）

① 名前（　　　　）古墳　② 形（　　　　　　）

(3) 大和（奈良県）・河内（大阪府）地方で(1)の人たちが中心となってつくった国を何といいますか。（10点）

（　　　　　　）

(4) このころ、中国や朝鮮半島から日本に移り住んだ人を何と呼んでいますか。（10点）

（　　　　　　）

大和朝廷　王や豪族　大仙　渡来人　前方後円墳

(5) (4)の人たちが伝えたものに2つ○をつけましょう。（各5点）

①（　）鉄砲　②（　）土木・建築

③（　）漢字　④（　）カステラ

6 飛鳥時代

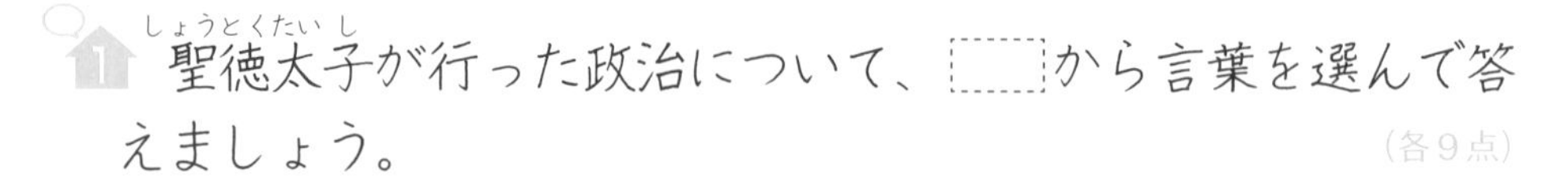

1回目 /100点　答えは166ページ

1 聖徳太子が行った政治について、[　　]から言葉を選んで答えましょう。（各9点）

聖徳太子

(1) だれを中心とする政治を進めようとしましたか。

（　　　　　　）

(2) 家がらではなく、能力に応じて役人に取り立てる制度を何といいますか。

（　　　　　　）

第1条　和をたいせつにし、争いをやめよ
第2条　仏教をあつくうやまえ
第3条　天皇の命令には従え
⋮
第17条　必ず話し合いで決める

(3) 左の役人の心得を示したものを何といいますか。

（　　　　　　）

(4) 中国の進んだ政治制度や文化を取り入れるために送った使者を何といいますか。

（　　　　　　）

(5) 仏教をあつく敬い、多くの人に広めようとして、建てた世界最古の木造建築は、何ですか。

（　　　　　　）

[十七条の憲法　法隆寺　天皇　遣隋使　冠位十二階]

2 次の（　　）にあてはまる言葉を[　　]から選んで書きましょう。（各10点）

聖徳太子の死後、蘇我氏が力を強め、天皇をしのぐほどになりました。そこで、（①　　　　）と（②　　　　）が、645年に蘇我氏をほろぼし、天皇中心の政治を進めました。この改革を（③　　　　）といいます。この制度は中国の（④　　　　）の制度を手本にしました。土地や人々を国のものにするしくみができあがりました。

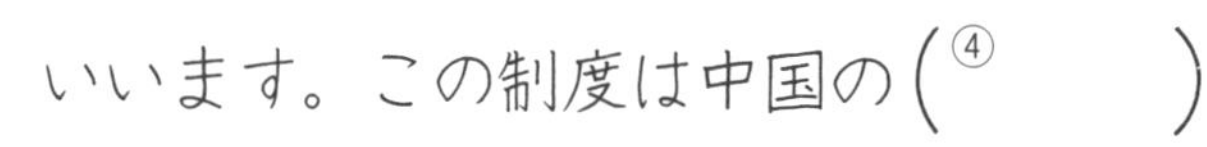

[大化の改新　唐　中大兄皇子　中臣鎌足]

3 次の絵は、税のしくみについてかいてあります。税について説明している文を線で結びましょう。（各5点）

①  （庸）・　　・㋐ いねの取れ高の約3％を納める。

② （租）・　　・㋑ 織物や地方の特産物を納める。

③ 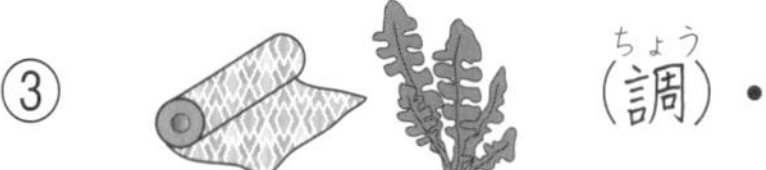 （調）・　　・㋒ 1年に10日、都で働くか、布を納める。

7 奈良時代

答えは166ページ

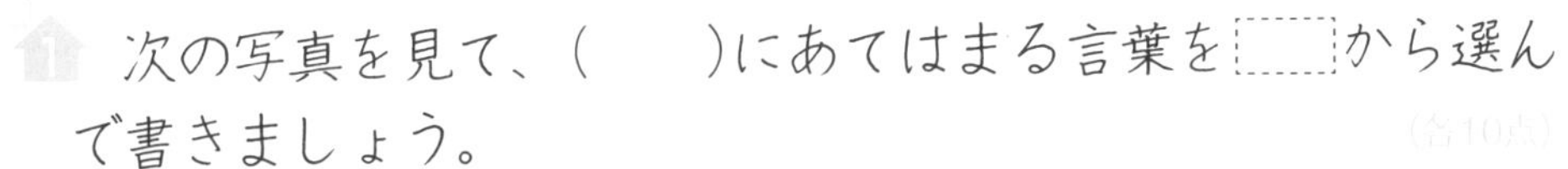

1 次の写真を見て、（　　）にあてはまる言葉を［　］から選んで書きましょう。（各10点）

710年に飛鳥地方の藤原京から、奈良に都が移されました。この都を（①　　　　）といい、中国の（②　　　）の都をモデルにして造られました。

［ 唐　平城京 ］

2 大仏の写真を見て、あとの問いに答えましょう。（各10点）

(1) 大仏をつくった天皇は、だれですか。

（　　　　）天皇

(2) (1)は、仏教の力で乱れていた世の中を治めるために建てた寺は、何ですか。（　　　　）

(3) (1)は、(2)を総本山とする寺を全国に建てさせました。何という寺ですか。

（　　　　）

［ 国分寺　東大寺　聖武 ］

3 次の文で、遣隋使に関するものにはⒶを、遣唐使に関するものにはⒷで答えましょう。（各5点）

① （　） 中国の隋に使節を送った。

② （　） 中国の唐に使節を送った。

③ （　） 使節が持ち帰った外国の品物が、東大寺にある正倉院に残されている。

④ （　） 小野妹子を使者として送った。

遣隋使や遣唐使をのせた船

宝物

4 次の文の（　　）にあてはまる言葉を［　］から選んで書きましょう。（各10点）

（㋐　　　　）………大仏づくりのために全国の農民に呼びかけた僧。

（㋑　　　　）………仏教の制度を伝えるために、中国（唐）から招いた僧。

㋑の僧が開いた寺は、何といいますか。

（㋒　　　　）

行基

［ 行基　鑑真　唐招提寺 ］

鑑真

8 平安時代①

答えは166ページ

社会

1 次の絵を見て、(　　)にあてはまる言葉を□から選んで書きましょう。（各5点）

794年、都が奈良の(①　　　)から京都の(②　　　)に移されました。

この時代では、天皇に代わって、(③　　　)が政治を進めるようになり、中でも(④　　　)氏が大きな力をふるいました。

藤原	貴族
平安京	平城京

2 1・④の中で、特に力をつけた人物について、答えましょう。

この世をば　わが世とぞ思う　望月(もちづき)の　かけたることも　なしと思えば

(1) 人物名を書きましょう。（10点）
(　　　　)

(2) (1)は、次のような和歌をうたいました。この和歌の意味として、正しいものに○をつけましょう。（10点）

① (　) この世は、あの満月のようにいつまでも明るい。

② (　) 満月でなくて欠けている月でも、私(わたし)にとっては満足である。

③ (　) 満月には欠けたところがないように、世の中で私の思い通りにならないことは何もない。

3 次の㋐と㋑のやしきのつくりを□から選んで書きましょう。（各10点）

㋐(　　　　)　㋑(　　　　)

武士の館
書院造(しょいんづくり)
寝殿造(しんでんづくり)

(2) 次の文は、Ⓐ貴族、Ⓑ武士のどちらに関係するものですか。(　)に記号を書きましょう。（各5点）

① (　) 年中行事などの儀式(ぎしき)を行った。

② (　) 天皇や貴族の争いを治めて、力をつけた。

③ (　) 自分の領地を守るために戦った。

④ (　) 和歌やけまりなどを楽しんだ。

(3) この時代の終わりごろについて、(　　)にあてはまる言葉を□から選んで書きましょう。（各5点）

むすめを天皇のきさきとして力をつけた(①　　　)に対して、不満を持つ武士たちを味方につけた(②　　　)が、立ち上がりました。東国の武士たちも続き、最後は、(③　　　)らによって「壇ノ浦(だんのうら)の戦い」で(④　　　)は、ほろびました。

源義経(みなもとのよしつね)　平清盛(たいらのきよもり)　源頼朝(みなもとのよりとも)　平氏(へいし)

9 平安時代②

学習日 /

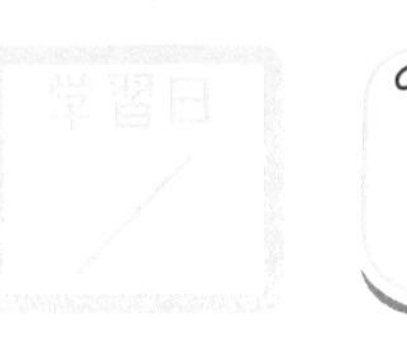

答えは166ページ

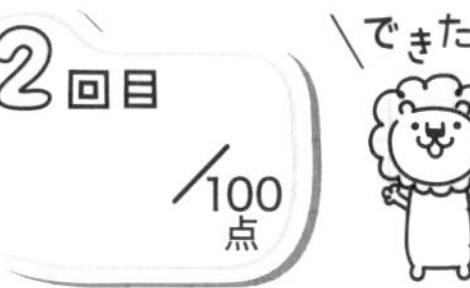

できた！

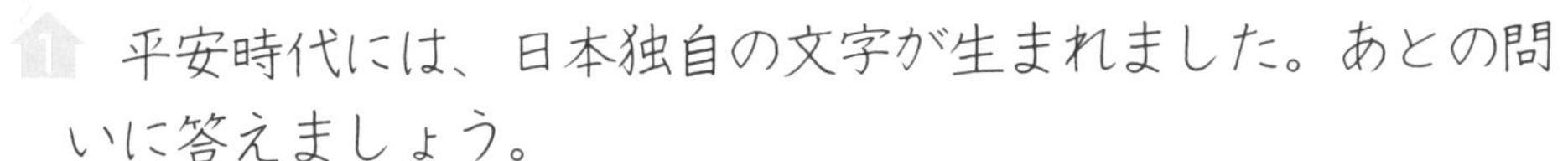

1 平安時代には、日本独自の文字が生まれました。あとの問いに答えましょう。

(1) 漢字をもとにしてできた㋐と㋑のか̇な̇文字を何といいますか。（※漢字-真(ま)名(な)、㋐・㋑-仮名(かな)）（各10点）

㋐	㋑
阿 ア	以 い い
伊 イ	呂 ろ ろ
宇 ウ	波 は は
江 エ	仁 に に
於 オ	保 ほ ほ

㋐（　　　　）　㋑（　　　　）

(2) (1)が生まれたことで、すぐれた女流文学作品が生まれました。㋐と㋑の作者と作品名を書きましょう。（各10点）

㋐…貴族(きぞく)の生活や自然の変化を生き生きとえがいた。

㋑…光源氏を中心とした貴族の暮(く)らしや心の動きを物語としてえがいた。

	作　者	作　品　名
㋐		
㋑		

(3) このころ貴族の女性が着ていた服は、何ですか。（10点）

（　　　　　　）

カタカナ　　ひらがな　　紫式部(むらさきしきぶ)　　清少納言(せいしょうなごん)
十二単(じゅうにひとえ)　　枕草子(まくらのそうし)　　源氏物語(げんじものがたり)

2 次の絵や写真は、この時代の文化を表しています。それぞれの名前を［　］から選んで書きましょう。（各5点）

①

（　　　　　　）

②

（　　　　　　）

③

（　　　　　　）

平等院鳳凰堂(びょうどういんほうおうどう)　　大和絵(やまとえ)
けまり

3 平安時代に独特の文化が生まれた理由を、年表を見て（　　）にあてはまる言葉を［　］から選んで書きましょう。（各5点）

	できごと
794	平安京(へいあんきょう)に都を移す
	遣唐使(けんとうし)をやめる
894	日本風の文化が育つ

国風　　中国　　遣唐使

平安時代になって、（①　　　　）をやめることにしました。そこで今までの（②　　　　）風の文化をもとに、日本風の文化が生まれました。これを（③　　　　）文化といいます。

10 鎌倉時代

答えは166ページ

1 次の(　　)にあてはまる言葉を［　］から選んで書きましょう。（各5点）

壇ノ浦（だんのうら）の戦いで(①　　　)をほろぼした(②　　　)は、1192年に(③　　　)になり、(④　　　)による政治を行うために、(⑤　　　)に幕府を開きました。

鎌倉（かまくら）　平氏（へいし）　武士（ぶし）　源頼朝（みなもとのよりとも）　征夷大将軍（せいいたいしょうぐん）

2 鎌倉に幕府を開いた理由として、正しいものに○をつけましょう。（5点）

①（　　）山と海に囲まれ、敵（てき）がせめにくい場所であったから。

②（　　）広大な平野が広がり、米がたくさんとれたから。

③（　　）京都から遠く、貴族（きぞく）のえいきょうを受けないから。

3 次の図の㋐・㋑、Ⓐ・Ⓑにあてはまる言葉を［　］から選んで書きましょう。（各5点）

Ⓐ		Ⓑ	
㋐		㋑	

幕府（将軍（しょうぐん））
㋐
Ⓐ　Ⓑ
㋑

御家人（ごけにん）　領地　御恩（ごおん）　奉公（ほうこう）

4 次の図は、日本と元と戦いを表しています。

(1) このときの執権は、だれですか。（5点）

(　　　　　)

(2) 元軍との戦いで、正しい文3つに○をつけましょう。（各5点）

①（　　）元は集団戦法や火薬を使った新兵器で、幕府軍を苦しめた。

②（　　）元は九州の大部分を占領（せんりょう）した。

③（　　）元はあらしで大被害（だいひがい）を受け、大陸に引き上げた。

④（　　）幕府軍は石るいや勇かんな戦いで、元軍をほろぼした。

⑤（　　）御家人に十分なほうびをあたえられなかった。

5 幕府がほろびることになったのはなぜですか。(　　)にあてはまる言葉を［　］から選んで書きましょう。（各10点）

御家人たちは、(①　　　)のために(②　　　)戦ったが、ほうびの(③　　　)をもらえなかったことから、不満をもつようになり、①と御家人の関係がくずれていったから。

領地　幕府　一所けん命（いっしょけんめい）

11 室町時代

学習日 ／

1回目 ／100点　答えは166ページ　2回目 ／100点　できた！

1 次の年表を見て、あとの問いに答えましょう。

年	主なできごと
1338	足利尊氏が征夷大将軍(せいいたいしょうぐん)になり、幕府を（①　　）に開く（②　　）幕府
1397	3代将軍（③　　）が北山にⒶを建てる
1404	（④　　）との貿易を始める
1467	（⑤　　）が起こる
1489	8代将軍（⑥　　）が東山にⒷを建てる
	（⑦　　）が力をつけ、戦国時代に向かう

(1) 年表の①～⑦にあてはまる言葉を書きましょう。（各5点）

足利義満(あしかがよしみつ)　室町　大名　足利義政(よしまさ)
京都　応仁の乱(おうにんのらん)　明

(2) ⒶとⒷの建物は、㋐と㋑のどちらですか。名前も書きましょう。（各5点）

	名前	記号
Ⓐ		
Ⓑ		

㋐

㋑

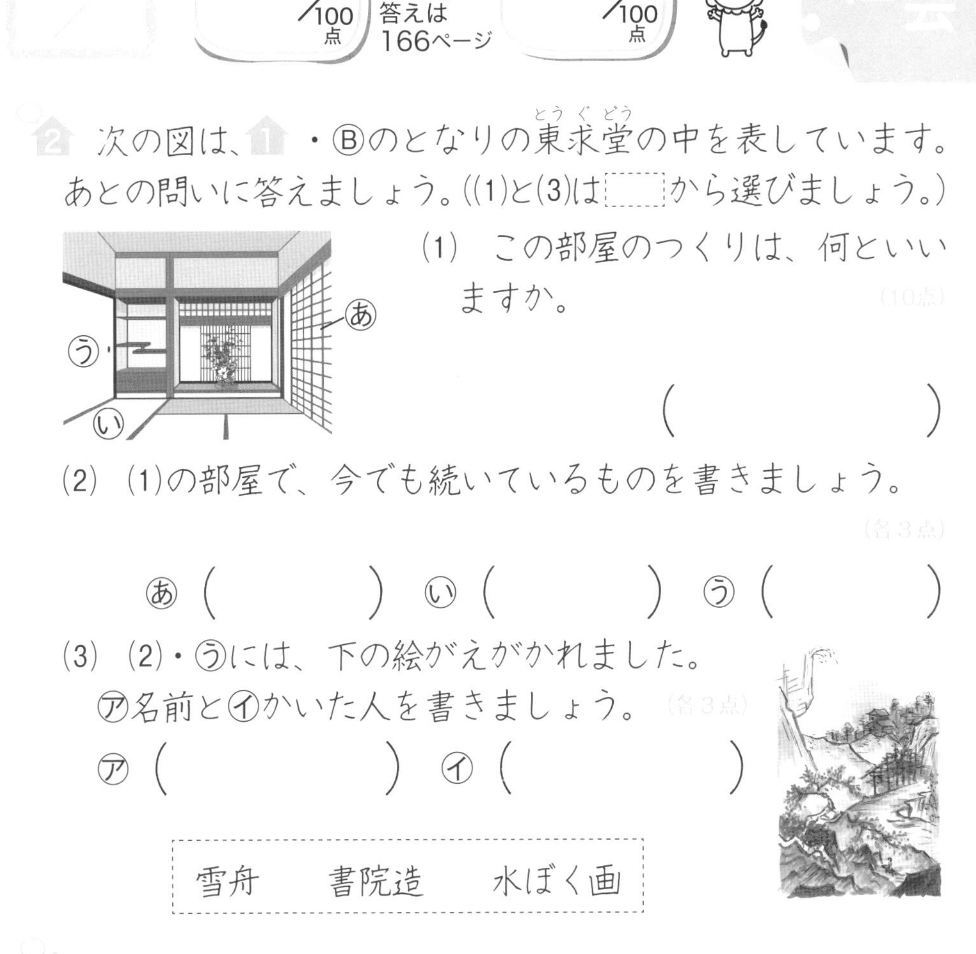

2 次の図は、**1**・Ⓑのとなりの東求堂(とうぐどう)の中を表しています。あとの問いに答えましょう。((1)と(3)は［　］から選びましょう。)

(1) この部屋のつくりは、何といいますか。（10点）

（　　　　）

(2) (1)の部屋で、今でも続いているものを書きましょう。（各3点）

あ（　　）　い（　　）　う（　　）

(3) (2)・うには、下の絵がえがかれました。㋐名前と㋑かいた人を書きましょう。（各3点）

㋐（　　）　㋑（　　）

雪舟　書院造　水ぼく画

3 次の室町文化の名前を書きましょう。（各5点）

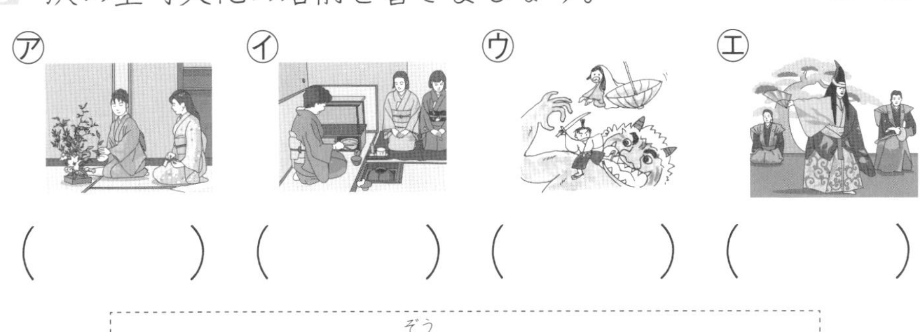

㋐（　　）　㋑（　　）　㋒（　　）　㋓（　　）

茶の湯　おとぎ草子(ぞうし)　能　生け花

12 安土・桃山時代 ①

答えは166ページ

社会

次の図を見て、あとの問いに答えましょう。

(1) ㋐～㋒に関係する人物名を書きましょう。 (各10点)

㋐(　　　　　) ㋑(　　　　　) ㋒(　　　　　)

徳川家康(とくがわいえやす)　織田信長(おだのぶなが)　豊臣秀吉(とよとみひでよし)

(2) (1)の㋐～㋒の人物が、天下をとっていく順を記号で答えましょう。 (各5点)

(　　) ➡ (　　) ➡ (　　)

(3) 次の①～⑤のことがらと、それを説明している文を線で結びましょう。 (各6点)

① 楽市(らくいち)・楽座(らくざ) ・　　・㋐ 農民から刀などを取り上げる。

② 刀狩(かたながり) ・　　・㋑ 城下町で自由に商工業ができる。

③ 関ヶ原(せきがはら)の戦い ・　　・㋒ 家来の明智光秀(あけちみつひで)におそわれ、自害する。

④ 本能寺(ほんのうじ)の変 ・　　・㋓ 天下分け目の戦いで、石田三成(いしだみつなり)らを破る。

⑤ 検地(けんち) ・　　・㋔ 田畑の面積を測り、耕作者をはっきりさせる。

(4) 次の３人の人物と関係のあることがらを(3)の①～⑤から選んで(　　)に記号で答えましょう。 (各５点)

Ⓐ

織田信長

Ⓑ

豊臣秀吉

Ⓒ

徳川家康

織田信長(　　)(　　)　豊臣秀吉(　　)(　　)　徳川家康(　　)

13 安土・桃山時代 ②

学習日 /

1回目 /100点　答えは166ページ　2回目 /100点　できた！

次の年表を見て、あとの問いに答えましょう。

時代	年代	できごと
室町時代	1543年	種子島に鉄砲が伝わる
	1549年	Ⓐがキリスト教を伝える
	1573年	Ⓑが室町幕府をほろぼす
安土・桃山時代	1575年	Ⓑが長篠の戦いで①を使う
	1576年	Ⓑが②城を築く
	1582年	③で明智光秀に攻められ自害
	1582年	Ⓒが検地をはじめる
	1588年	刀狩を行う
	1590年	全国統一
	1592年	④に出兵
	1600年	Ⓓが⑤で勝利
江戸時代	1603年	Ⓓが⑥に幕府を開く

フランシスコ・ザビエル

Ⓐ～Ⓓ

フランシスコ・ザビエル
徳川家康
織田信長
豊臣秀吉

①～⑥

関ヶ原の戦い
鉄砲
江戸
朝鮮
安土
本能寺

(1) Ⓐ～Ⓓと①～⑥にあてはまる言葉を□から選んで書きましょう。（各7点）

Ⓐ		Ⓑ	
Ⓒ		Ⓓ	

①		②	
③		④	
⑤		⑥	

(2) 次の絵を見て、検地と刀狩のどちらかを(　　)に書き、□にはそれぞれの説明をしている記号をあ～えから選んで答えましょう。（(　)…各7点、□…各4点）

Ⓐ　(　　　)□□

Ⓑ　(　　　)□□

あ　一定のねんぐを納めさせ、農民を支配するもの。
い　農民が支配者に反抗できないようにできた。
う　全国の田畑の面積、土地の良し悪し、収かく高を調べ、ねんぐを納める農民の名を記録した。
え　刀や鉄砲を取り上げ、農業などに専念させようとした。

14 江戸時代 ①

1回目 /100点　答えは166ページ

できた！

次の図を見て、あとの問いに答えましょう。(1)〜(4)は[　]から言葉を選びましょう。

Ⓐ

Ⓑ〔　　　　　　〕

㋐ ●大名は、江戸に参勤すること。
㋑ ○城を修理する場合は、とどけ出ること。
㋒ ○大名は、かってに結婚してはならない。
㋓ ●大きな船をつくってはならない。
㋔ ●江戸で決められたきまりは、大名の領地でも守ること。

（●は、(4)が加えたもの）

(1) 江戸に幕府を開いた将軍は、だれですか。　(10点)

（　　　　　　）

(2) 大名の配置について、（　）にあてはまる言葉を書きましょう。　(各10点)

大名を（①　　　）・（②　　　）大名・（③　　　）大名の3つに分けました。その中で、（④　　　）の戦い以後、家来になった（③）は、江戸から遠い地に配置させられました。

(3) Ⓑのきまりを左の〔　〕に書きましょう。　(10点)

(4) Ⓑの●は、だれがつけ加えましたか。　(10点)

（　　　　　　）

外様　親藩　譜代　関ヶ原　徳川家康　徳川家光　武家諸法度

(5) この絵はⒷの㋐〜㋔のどれを表していますか。　(10点)

（　　）

(6) Ⓑについて、正しいものに○をつけましょう。　(各10点)

① （　） 江戸城の建設や川の堤防工事なども大名に手伝わせ、大名の負担を大きくした。
② （　） 守らなければならないきまりは多かったが、大名たちは住まいや結婚は自由にすることができ、不自由していなかった。
③ （　） ㋐の制度に多くの費用を使わせ、大名に力をつけさせないようにした。

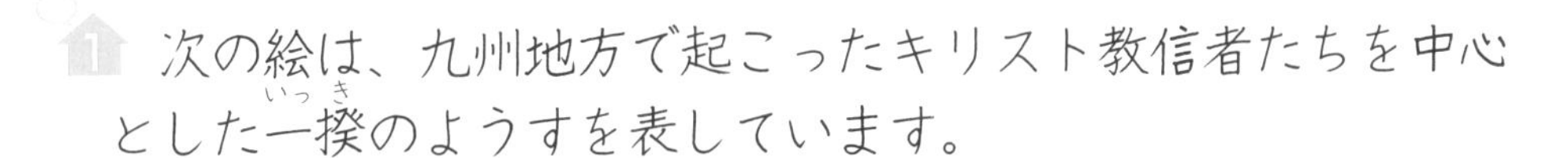

15 江戸時代 ②

学習日 ／

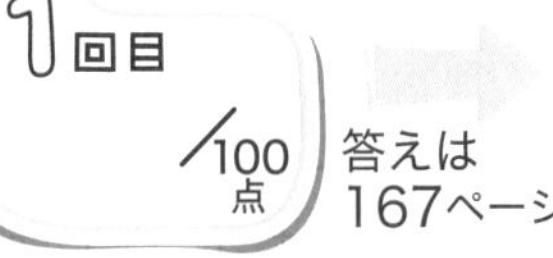
1回目 ／100点

答えは167ページ

2回目 ／100点

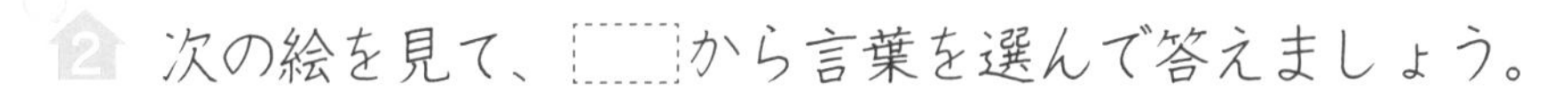

1 次の絵は、九州地方で起こったキリスト教信者たちを中心とした一揆（いっき）のようすを表しています。

(1) この一揆を何といいますか。正しいものに○をつけましょう。（15点）

① （　　）島原（しまばら）・天草（あまくさ）の一揆

② （　　）関ヶ原の戦い

③ （　　）山城（やましろ）の国一揆

(2) なぜこのような一揆が起こったのですか。正しいものに○をつけましょう。（15点）

① （　　）大名同士の争いが絶えず、自分たちの村を守るため。

② （　　）幕府をたおすため。

③ （　　）重いねんぐの取り立てと、キリスト教禁止に反対するため。

(3) この一揆の中心になったのは、だれですか。［　　］から選んで書きましょう。（10点）

（　　　　　）

天草四郎（あまくさしろう）　徳川家光　石田三成

2 次の絵を見て、［　　］から言葉を選んで答えましょう。

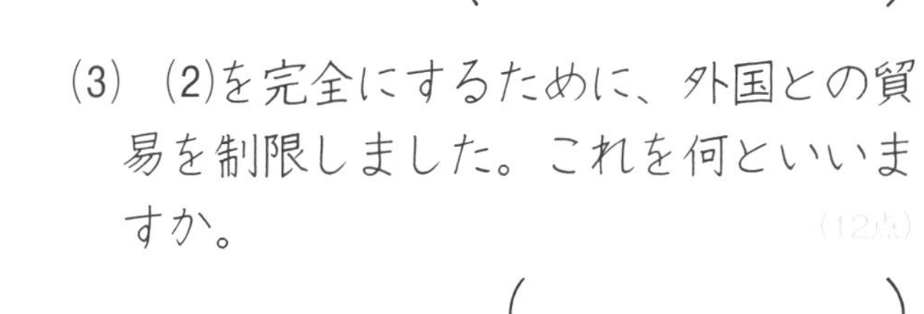

(1) Ⓐの人がふんでいるのは何ですか。（12点）

（　　　　　）

(2) (1)は、だれが、何を禁止するためにさせているのですか。（各12点）

① だれが（　　　　　）

② 何　を（　　　　　）

(3) (2)を完全にするために、外国との貿易を制限しました。これを何といいますか。（12点）

（　　　　　）

(4) (3)のあと、キリスト教を広める心配のない国とだけ、長崎で貿易を続けられました。それは、中国（清）とどこですか。（12点）

（　　　　　）

鎖国（さこく）　キリスト教　ロシア　徳川家光
ふみ絵　オランダ

16 江戸時代 ③

答えは167ページ

1 江戸時代の身分制度について調べました。

町人（職人・商人）5％
武士 7％
その他 3％
百姓（ひゃくしょう）（農民など）85％

(1) 図を見て（　　）にあてはまる身分を書きましょう。（各8点）

① （　　　　　）…主に町に住んで、生活に必要な道具をつくっていた。

② （　　　　　）…もっとも人口が多く、田畑で働きねんぐ（税）を納（おさ）めた。

③ （　　　　　）…名字を名のり、刀をさす特権をもっていた。

④ （　　　　　）…町に住んでいて、低い身分だが、商売を行い経済的に豊かだった。

(2) （　　）にあてはまる言葉を［　　］から選んで書きましょう。（各8点）

ねんぐをきちんと納めさせるために（①　　　　）の制度をつくり、きまりを破る者がいれば（②　　　　）で責任をとらせるようにしました。これは、（③　　　　）が百姓を支配しやすいためでした。

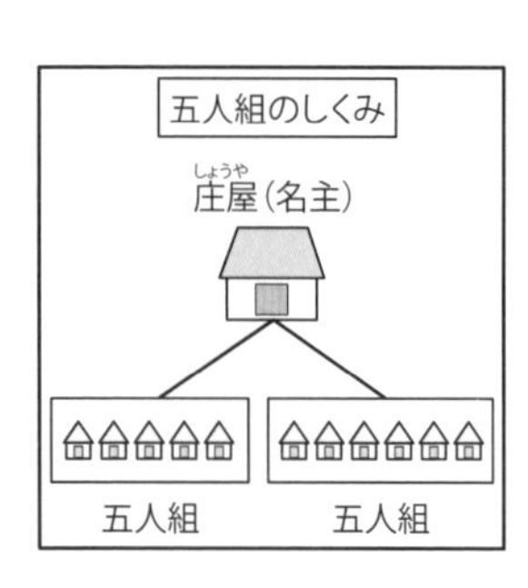

［五人組　幕府　共同］

2 百姓については、次のような「おふれ書き」で、細かく制限されていました。（　　）にあてはまる言葉を［　　］から選んで書きましょう。（各4点）

(①)は早く起きて、草をかり(②)は田畑を耕し、(③)は縄や米俵をつくり、気をぬかずに仕事をすること。
(④)や茶を買って飲んではいけない。
食物は大切にして麦や粟（あわ）ひえ、菜、大根などをつくり、(⑤)は多く食べないようにしなさい。

① （　　　　）
② （　　　　）
③ （　　　　）
④ （　　　　）
⑤ （　　　　）

［米　朝　夜　酒　昼］

3 次の農具の名前を（　　）に、その説明をしている文の記号を□に［　　］から選んで答えましょう。（各8点）

①

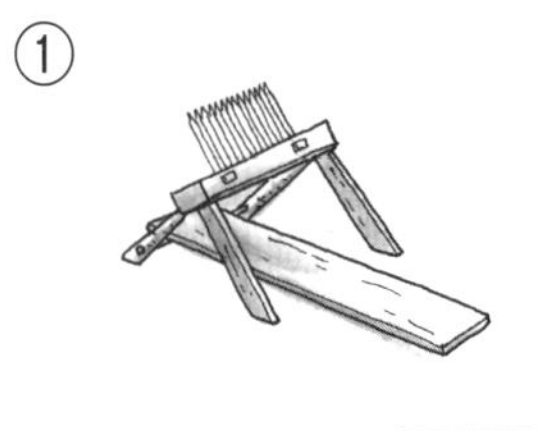

（　　　　）□

②

（　　　　）□

③

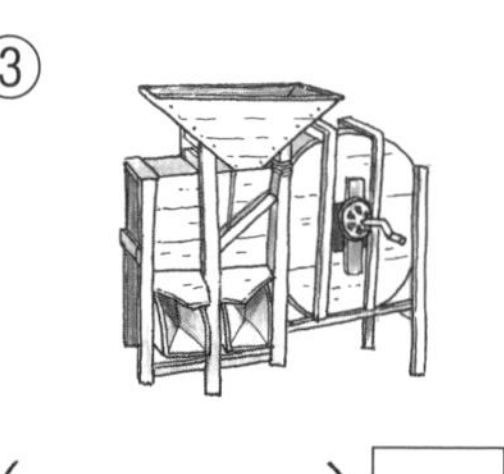

（　　　　）□

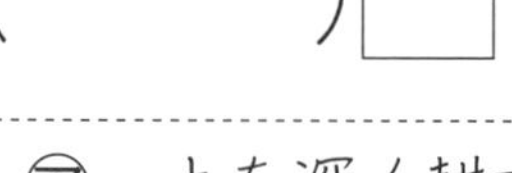

［備中（びっちゅう）くわ　とうみ　千歯こき］

［㋐ 土を深く耕す　㋑ もみともみがらに分ける　㋒ 稲穂（いなほ）からもみを落す］

17 江戸時代 ④

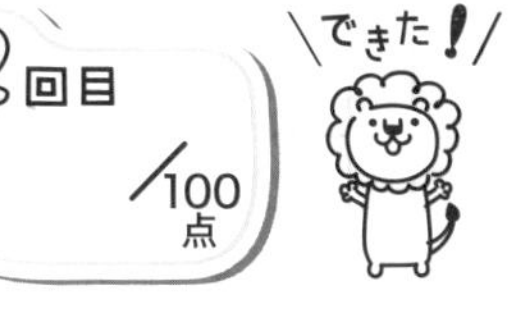
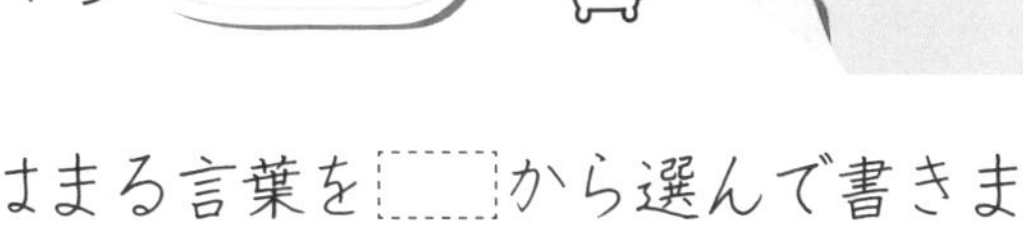

学習日

1回目 /100点 答えは167ページ 2回目 /100点 できた！

1 次の人物と関係のあるものを［　］から選んで（　）に言葉と記号で答えましょう。（各5点）

	上方（京都・大阪）の町人中心の文化	江戸の町人中心の文化
人物像		
名前	（①　　）	（②　　）
文化	（人形浄瑠璃）	©山口県立萩美術館・浦上記念館（浮世絵）
内容	（③　　）	（④　　）
代表作	（⑤　　）	（⑥　　）
特徴	（⑦　　）	（⑧　　）

名前	歌川広重　近松門左衛門
内容	㋐ 役者や宿場町などの風景をえがいた絵 ㋑ 町人の生活や心情を人形と語りで表したもの
代表作	㋐ 東海道五十三次　㋑ 曽根崎心中
特徴	㋐ 明るくて、商売の町なので活気に満ちている。 ㋑ 落ち着いていて、すっきりしている。

2 次の文の（　）にあてはまる言葉を［　］から選んで書きましょう。（各9点）

(1) 江戸時代には（①　　　）からもたらされた技術や文化を学ぶ蘭学がさかんになりました。（②　　　）や前野良沢たちは、オランダ語でかかれた「人体かいぼう書」をほん訳し、（③　　　）として出版しました。また（④　　　）は、全国を測量して歩き、正確な日本地図をつくりました。

［解体新書　伊能忠敬　オランダ　杉田玄白］

(2) 次の言葉と関係の深いものを線で結びましょう。（各8点）

① 国学 ・　　・㋐「古事記」を研究し、「古事記伝」という書物を完成させた。

② 寺子屋 ・　　・㋑ 百姓や町人の子どもたちのための学校で、「読み・書き・そろばん」を教えた。

③ 本居宣長 ・　　・㋒ 日本の古典をもとに仏教などが伝わる前の日本人の考え方を明らかにしようとする学問。

18 江戸時代⑤

学習日 /

1回目 /100点　答えは167ページ　2回目 /100点

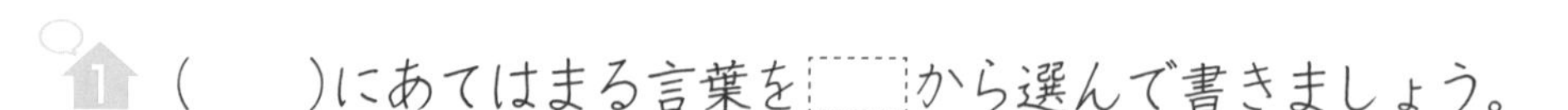

1 (　　)にあてはまる言葉を[　　]から選んで書きましょう。

(1) 右の絵の人物はだれですか。(8点)

(　　　　　　)

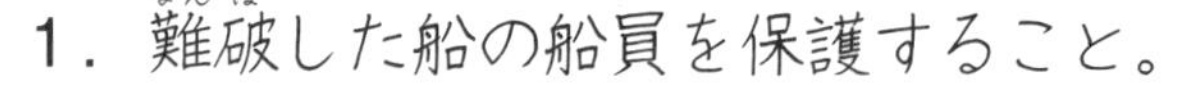

(2) (1)は日本に何を要求しましたか。(各7点)

1．難破(なんぱ)した船の船員を保護すること。

2．船に(①　　　)・水・(②　　　)を積むこと。

3．(③　　　)を行うこと。

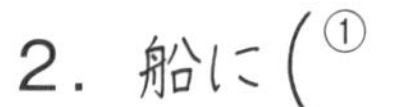

(3) (2)の後、1858年に、アメリカなどと結んだ不平等条約は、和親条約と修好通商条約のどちらですか。(7点)

(　　　　　　)条約

(4) (3)の不平等の内容を書きましょう。(各7点)

①(　　　　)を認める…外国人が日本で犯罪を起こしても、日本の法律で裁けない。

②(　　　　)がない……輸入品に自由に税金をかけられない。

食料	関税自主権	治外法権
ペリー	貿易	石炭

2 次の文を読んで、[　　]から言葉を選んで書きましょう。

㋐江戸幕府(えどばくふ)への不満が高まる中、㋑幕府をたおして天皇中心の国家をつくる運動を下級武士が力を合わせて行いました。

(1) ㋐で、幕府の役人が起こした乱(らん)は、何ですか。(8点)

(　　　　　　)

応仁(おうにん)の乱(らん)　島原の乱　大塩平八郎(おおしおへいはちろう)の乱

(2) ㋑で、活やくした人たちについてかきましょう。(各7点)

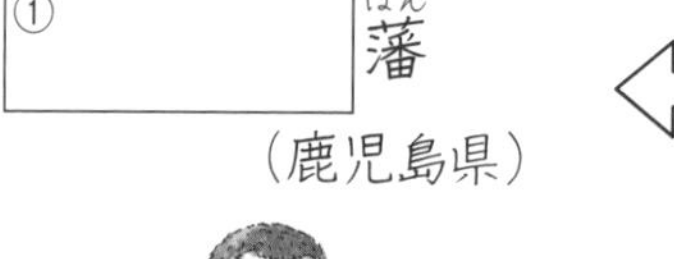

① [　　] 藩(はん)(鹿児島県)　←対立していた→　② [　　] 藩(山口県)

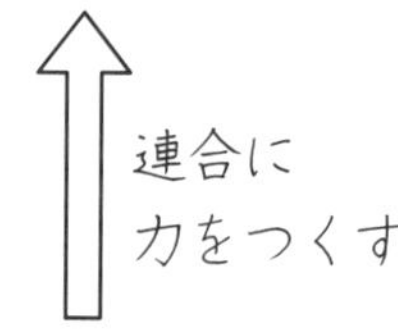

(㋐　　　　)　(㋑　　　　)

③ [　　] 藩(高知県)

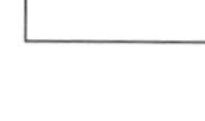

(㋒　　　　)

㋐〜㋒

木戸孝允(きどたかよし)
西郷隆盛(さいごうたかもり)
坂本龍馬(さかもとりょうま)

①〜③

長州
薩摩(さつま)
土佐(とさ)

19 明治時代 ①

1回目 /100点　答えは167ページ

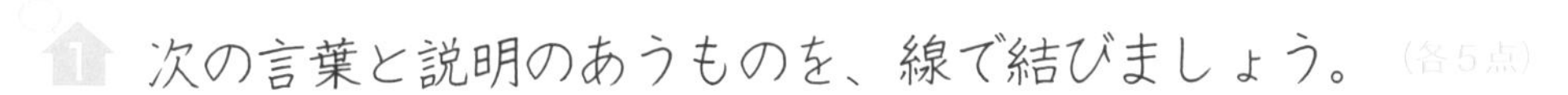

1 次の言葉と説明のあうものを、線で結びましょう。（各5点）

① 版籍奉還（はんせきほうかん）・　　・㋐ 天皇中心の国づくりをめざす、新しい政治や社会の改革。

② 五か条の御誓文（ごせいもん）・　　・㋑ 天皇が示した、新しい政治の方針。

③ 廃藩置県（はいはんちけん）・　　・㋒ 大名が天皇に、領地と領民を返す。

④ 明治維新（いしん）・　　・㋓ 藩を廃止（はいし）して県を置き、政府が任命した役人を配置。

2 次の問いの答えを［　　］から選んで書きましょう。

(1) 右のグラフの㋐、㋑にあてはまる身分を書きましょう。（各5点）

㋐（　　　　　）　㋑（　　　　　）

㋑ 4.5%　僧（そう）など 0.9%

㋐ 94.6%

(2) ㋑の人々は江戸（えど）時代では何という身分でしたか。（10点）

（　　　　　）

(3) 江戸時代の武士・百姓（ひゃくしょう）・町人などの身分の人たちはすべて平等の身分になりました。これを何といいますか。（10点）

（　　　　　）

［ 四民平等　武士　士族　平民 ］

3 次の□にあてはまる言葉を［　　］から選んで書きましょう。（各10点）

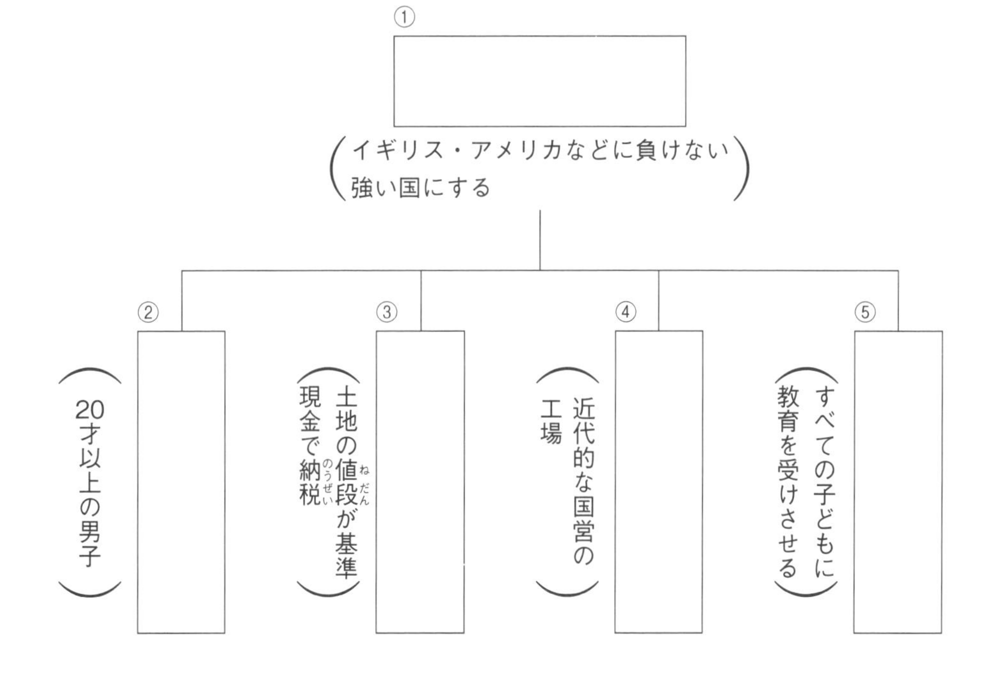

富岡製糸場（とみおかせいしじょう）

［ 富国強兵　学校制度　徴兵令（ちょうへいれい）　地租改正（ちそかいせい）　官営工場 ］

20 明治時代 ②

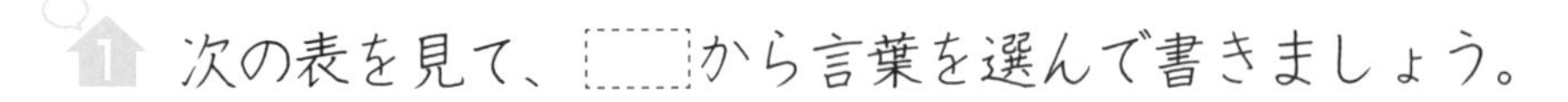

答えは167ページ

社会

1 次の表を見て、[　]から言葉を選んで書きましょう。

年	主なできごと
1868	明治天皇が政治の方針を示す →（①　　　　）
1871	（②　　　　）→藩をやめて県を置く
1872	（③　　　　）→すべての国民に教育を受けさせる
1873	（④　　　　）→20才以上の男子は、軍隊に入ることを義務づける （⑤　　　　）→安定して税金を確保するために、土地の値段（ねだん）の３％を現金で納（おさ）めさせる

(1) ①～⑤にあてはまる言葉を書いて表を完成させましょう。（各10点）

(2) ③～⑤のようにアメリカなどの国に負けない国づくりのことを何といいますか。（10点）

（　　　　）

[五か条の御誓文（ごせいもん）　徴兵（ちょうへい）制度　富国強兵　学校制度　地租（ちそ）改正　廃藩（はいはん）置県]

2 次の絵を見て、あとの問いに答えましょう。

Ⓐ 江戸時代　→　Ⓑ 明治の初め

(1) Ⓑは、西洋の文化を取り入れたので、Ⓐから大きく変わりました。この変化を何といいますか。（10点）

[　|　|　|　]

(2) (1)の変化について[　]から選んで書きましょう。（各５点）

㋐ 建物……（①　　　　）づくり

㋑ 服装……（②　　　　）

㋒ 暦（こよみ）……（③　　　　）暦（れき）（１週間＝７日）

⇓

（④　　　　）が休日

㋓ 食べ物…パンや（⑤　　　　）など

㋔ あかり…（⑥　　　　）

[牛肉　洋服　太陽　レンガ　ガス灯　日曜日]

21 明治時代 ③

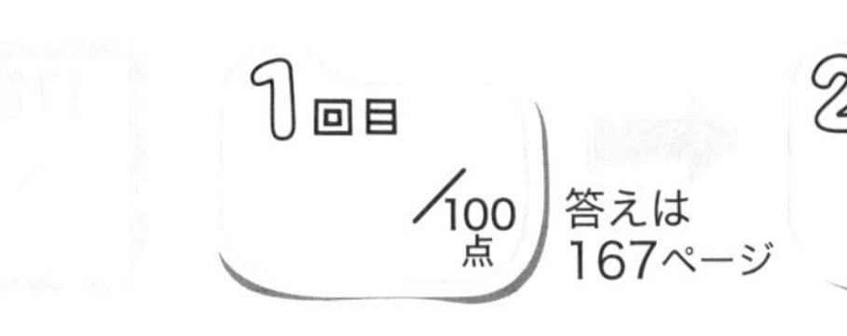

答えは167ページ

次の図を見て、あとの問いに答えましょう。

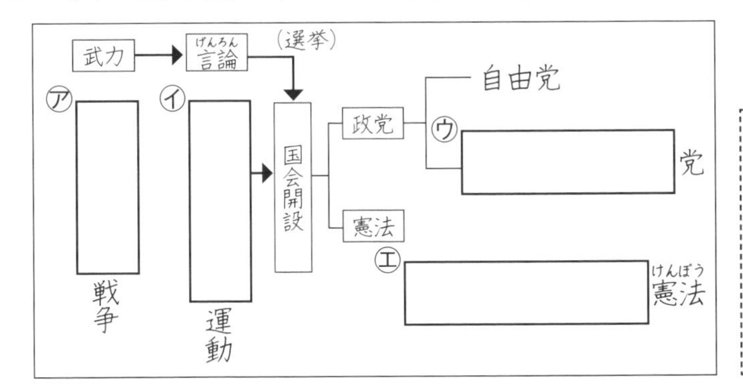

自由民権　西南　大日本帝国　立憲改進

(1) 図の㋐～㋓にあてはまる言葉を から選んで書きましょう。（各5点）

(2) 右の絵は、㋐～㋓のどれと関係していますか。（10点）

（　　　）

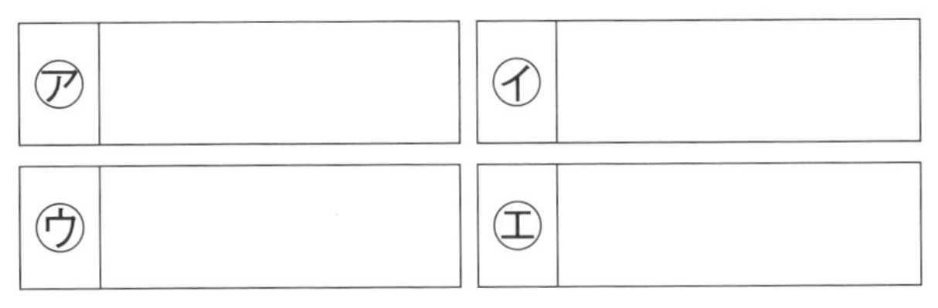

(3) ㋐～㋓の中心になった人物を から選んで書きましょう。（各5点）

㋐		㋑	
㋒		㋓	

伊藤博文　西郷隆盛　板垣退助　大隈重信

(4) ㋓の憲法は、次のどの国の憲法を参考にしてつくられましたか。○をつけましょう。（10点）

[アメリカ・イギリス・ドイツ]

(5) ㋓について、①～③にあてはまる言葉を書きましょう。（各5点）

①（　　　）
②（　　　）
③（　　　）

（㋓）憲法
第1条　日本は永久に続く同じ家系の（①）が治める
第2条　天皇は神のように尊いものである
第5条　天皇は（②）の協力で法律をつくる
第11条　天皇は（③）を統率する

議会　天皇　陸海軍

(6) 憲法発布の翌年に国会が開かれました。次の文で正しいものに○、まちがっているものに×をつけましょう。（各5点）

①（　　）20才以上の成年男女が選挙することができた。

②（　　）選挙できたのは25才以上の男子で、一定額の税金を納めた者だけだった。

③（　　）議会は二院制で衆議院と参議院があった。

④（　　）貴族院の議員は皇族や華族の中から天皇が任命した。

⑤（　　）衆議院の議員だけを国民が選挙で選んだ。

22 明治時代 ④

答えは167ページ

1 次の絵を見て、あとの問いに答えましょう。

(1) 図のⒶ～Ⓓの国名を書きましょう。（各6点）

Ⓐ（　　　　）

Ⓑ（　　　　）

Ⓒ（　　　　）

Ⓓ（　　　　）

(2) この絵は、何戦争を表していますか。（6点）

（　　　　）戦争

2 次の文で日清戦争に関することはA、日露戦争に関することについてはBを（　）に書きましょう。（各4点）

①（　）ロシアと日本が満州、朝鮮（ちょうせん）の支配をめぐって戦った。

②（　）ポーツマス条約を結び、日本は樺太（からふと）南部を得たが、ばいしょう金はなかった。

③（　）朝鮮の農民の反乱（はんらん）がきっかけで、日本、中国（清）両国が軍隊を送って、戦いとなった。

④（　）下関条約で、台湾（たいわん）やリアオトン半島の領土や多額のばいしょう金を得た。

⑤（　）戦争で得たばいしょう金の一部で八幡（やはた）製鉄所（北九州）をつくった。

3 次の絵を見て、［　　］から言葉を選んで書きましょう。

1886年にイギリスの汽船が和歌山（わかやま）県沖で沈没（ちんぼつ）しました。イギリス人船員26人は全員ボートで脱出（だっしゅつ）しましたが、日本人乗客25名は、すべておぼれ死にました。しかし、Ⓐ船長はイギリスの法で、軽いばつを受けただけでした。

(1) この事件を何といいますか。（10点）

（　　　　）事件

(2) Ⓐは何があったからそうなったのですか。（10点）

（　　　　）

(3) (2)の不平等条約を改正するために努力した大臣はだれですか。（1894年）（10点）

（　　　　）

(4) もう一つの不平等条約は何で、それを回復させた大臣はだれですか。（1911年）（各10点）

（　　　　）がない［　　　　］

陸奥宗光（むつむねみつ）　小村寿太郎（こむらじゅたろう）　ノルマントン号
関税自主権　治外法権

23 明治・大正時代

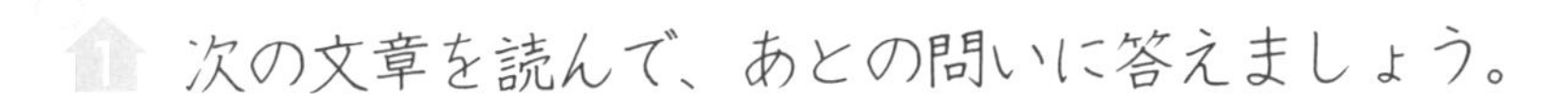

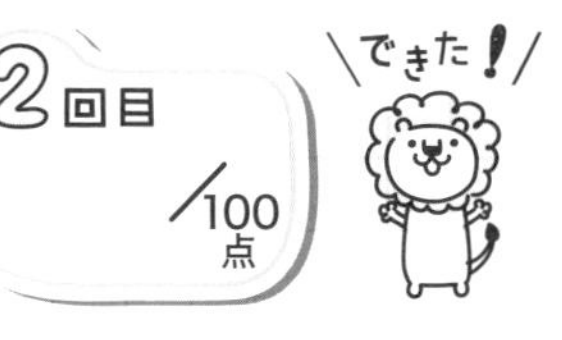

1 次の文章を読んで、あとの問いに答えましょう。

1885年のころ、日本の産業は（①　　　）などの軽工業が中心でした。その後、（②　　　）戦争で得たばいしょう金を使って、北九州に（③　　　）製鉄所をつくりました。

すると、造船や機械などの（④　　　）が発達し、（⑤　　　）や大砲（たいほう）なども国内でつくられるようになりました。

(1) 文中の①～⑤にあてはまる言葉を、□から選んで（　）に書きましょう。（各6点）

重工業　　生糸　　八幡　　軍かん　　日清

(2) 産業が発展すると、日本初の深刻（しんこく）な公害問題が起こりました。その名前と、それに取り組んだ人の名前を書きましょう。（各5点）

©国立国会図書館

㋐（　　　　）鉱毒（こうどく）事件

㋑人物（　　　　）

2 産業の発達にともなって、民主主義も起こってきます。（　）にあてはまる言葉を□から選んで書きましょう。（各5点）

(1) 社会運動

（①　　　）の地位向上運動…（②　　　）

（③　　　）をなくす運動…（④　　　）

（四民平等のもとで苦しめられてきた人々の解放）

(2) 選挙法の改正…25才以上のすべての（①　　　）に選挙（せんきょ）権（けん）があたえられる。

↑

（②　　　）の成立

〔政治や社会を大きく変えようという運動を厳（きび）しく取りしまる。〕

治安維持法（ちあんいじほう）　全国水平社（ぜんこくすいへいしゃ）　女性
男子　差別　平塚（ひらつか）らいてう

3 この時代、世界や日本で活やくする人たちがいました。関係することを線で結びましょう。（各5点）

① 北里柴三郎（きたさとしばさぶろう）・　　・㋐ 赤痢菌（せきりきん）の発見
② 志賀　潔（しが　きよし）・　　・㋑ 黄熱病（おうねつびょう）の研究
③ 野口英世（のぐちひでよ）・　　・㋒ 破傷風（はしょうふう）の治りょう法の発見
④ 津田梅子（つだうめこ）・　　・㋓「坊（ぼっ）ちゃん」の作者
⑤ 与謝野晶子（よさのあきこ）・　　・㋔「君死にたまうことなかれ」
⑥ 夏目漱石（なつめそうせき）・　　・㋕ 女子の教育の育成

24 昭和時代 ①

答えは 167ページ

1 次の文章を読んで、あとの問いに答えましょう。

昭和の初め、不景気で人々の生活はゆきづまりました。そこで政治家や(㋐　　　　)は、A中国の北東部の(㋑　　　　)に注目しました。

B日本軍は、1931年、南満州鉄道を(㋒　　　　)が爆破(ばくは)したとして、こうげきを始めました。

(1) ㋐～㋒にあてはまる言葉を□から選んで書きましょう。（各10点）

中国軍　　軍人　　満州　　満州事変

(2) なぜ、Aに注目したのですか。正しい文２つに○をつけましょう。（各5点）

① (　　) 広いAに、生活に苦しむ農民を移住させるため。
② (　　) Aは人口が多く、日本で働かせることができるから。
③ (　　) Aは貧しい生活をしているので、援助するため。
④ (　　) Aは、石炭や鉄鉱石などの資源にめぐまれているため。

(3) このBの事件を何といいますか。（10点）

(　　　　　　　　)

2 次の文章と地図を参考にして、あとの問いに答えましょう。

A1931年に起こした事件で建国した後、軍人の発言力が強まり、とうとうB1937年に北京の近くで、中国軍としょうとつしました。

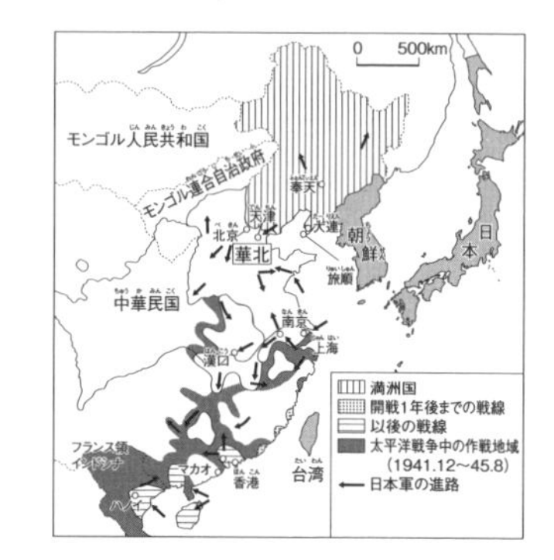

(1) Aの国名を書きましょう。また、中国は、このことをどこにうったえましたか。（各10点）

国名(　　　　　　　)　(　　　　　　　)

(2) (1)で認められなかった日本が起こしたBの戦争を何といいますか。（10点）

(　　　　　　　)戦争

(3) 図のように拡大する日本は、東南アジアにある資源を求めました。その資源とは何ですか。（10点）

(　　　　　　　)

(4) 中国を援助していたのは、イギリスとどこですか。（10点）

(　　　　　　　)

国際連盟　　アメリカ　　ドイツ
日中　　満州国　　石油

25 昭和時代②

学習日

1 次の地図を見て、(　　)にあてはまる言葉を書きましょう。

(各10点)

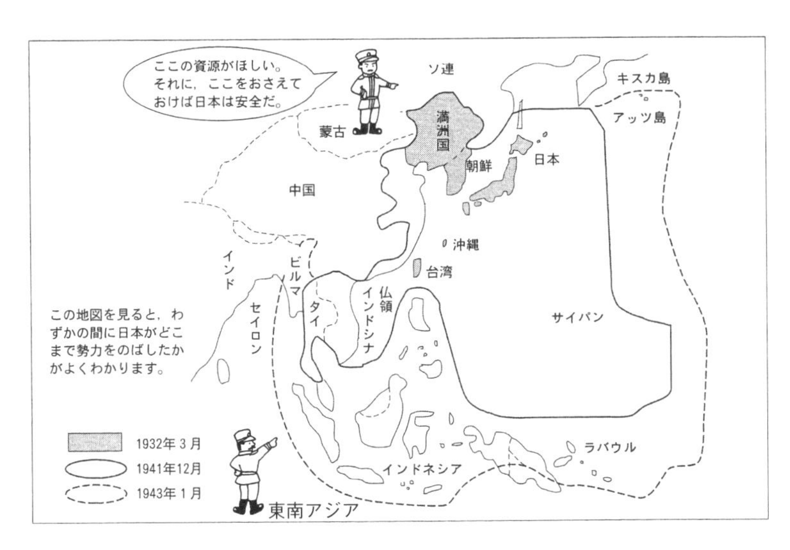

1939年ドイツがイタリアと結んで、イギリスやフランスと戦争をはじめました。これを(①　　　　　　)といいます。

日中戦争に行きづまった日本は、(②　　　　)などの資源(しげん)を手に入れるため(③　　　　　)まで侵略(しんりゃく)していきました。そして、とうとう1941年(④　　　　)のアメリカ軍港をこうげきし、(⑤　　　　　)がはじまりました。

ハワイ　太平洋戦争(たいへいよう)　第二次世界大戦
石油　東南アジア

2 次の文章を読んで、あとの問いに答えましょう。

1944年に㋐太平洋の島々を占領(せんりょう)すると本土へのこうげきは激(はげ)しくなり、1945年4月には、日本本土で㋑ただ1つの地上戦が行われました。

8月に入ると㋒人類史上初めての兵器が㋓6日と9日に投下されました。

その後、日本はポツダム宣言を受け入れ、戦争は終わりました。

(1) ㋐をしたのは、どの国ですか。(10点)

(　　　　　　　)

(2) ㋒を何といいますか。(10点)

(　　　　　　　)

(3) ㋑と㋓の地域名を書き、場所は地図から選んで記号で書きましょう。(各5点)

		地域名	場所
㋑		県	
㋓	6日	市	
	9日	市	

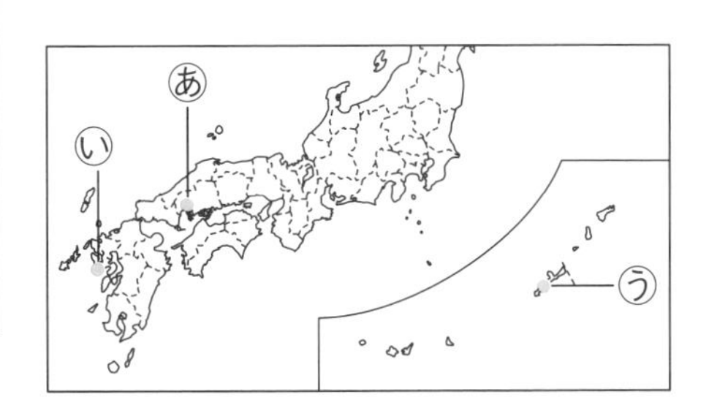

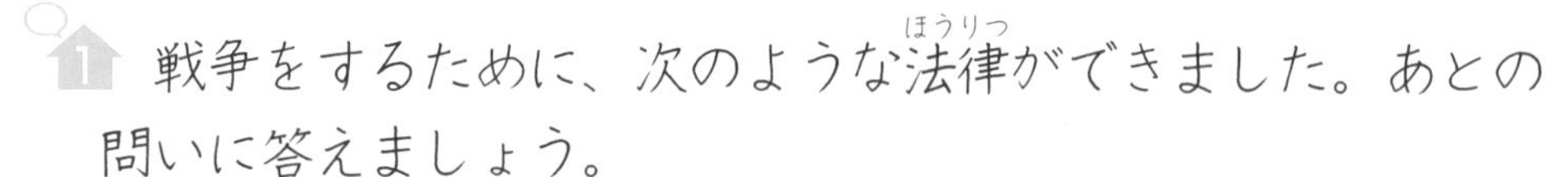

26 昭和時代 ③

1回目 /100点

答えは168ページ

2回目 /100点

1 戦争をするために、次のような法律（ほうりつ）ができました。あとの問いに答えましょう。

(1) 文中の(　　)にあてはまる言葉を［　］から選んで書きましょう。（15点）

「戦争のために、㋐すべての(　　　　)と㋑すべてのものは使うことができる。」

［ 動物　　ねがい　　国民 ］

(2) 次のできごとは、㋐と㋑のどちらですか。（各5点）

① (　　　) 20才になると男子は兵隊に行かされた。

② (　　　) お米は、自由に買えないので国から配られた。

③ (　　　) 鉄でできたものならおなべでもすべて集められた。

④ (　　　) 中学生や女学生は工場で働かされた。

2 戦争中は、国民の考えを一つにするために、いろいろなスローガンがつくられました。次の(　　)には同じ言葉が入ります。（15点）

Ⓐ 日本　　…「(　　　　)は敵だ」

Ⓑ アメリカ…「勝つまでは、いつも通り、

勝ったら思い切り(　　　　)しようぜ」

3 次の絵は、戦争中のようすをえがいています。関係するものを線で結びましょう。（各10点）

①

②

③

㋐ 校庭で野菜をつくる。廃品を集める。

㋑ 兵隊のような練習。

㋒ いなかに疎開（そかい）する。

4 戦争が激（はげ）しくなってくると、植民地朝鮮（ちょうせん）のようすも変わってきます。次の(　　)にあてはまる言葉を書きましょう。（各5点）

朝鮮の人々を、日本人と同じようにするために、名前を(①　　　　)に改めさせたり、(②　　　　)教育を強制したりしました。また、朝鮮の人々を(③　　　　)にさせて、戦場に送りました。さらに、むりやり日本に連れてきて、つらくて危険（きけん）な(④　　　　)や工場で働かせました。

［ 鉱山　　日本語　　日本名　　兵隊 ］

27 昭和時代④

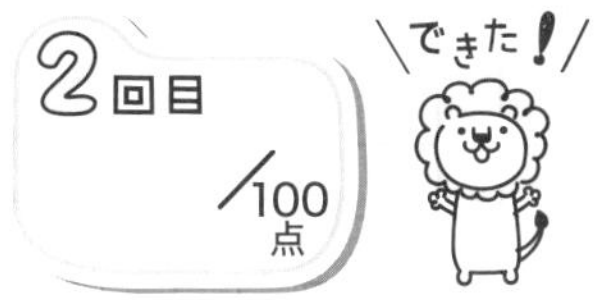

1 次の文章を読んで、あとの問いに答えましょう。

戦争に負けた日本は、(① 　　　)を中心とする連合軍に(② 　　　)されました。そこから(③ 　　　)的な国づくりが行われました。（下線部：Ⓐ）

(1) 文中の①～③にあてはまる言葉を[　　]から選んで書きましょう。（各6点）

(2) Ⓐとして、つくられた憲法(けんぽう)の名前は何ですか。（6点）

(　　　　　　)

(3) (2)の３原則を書きましょう。（各6点）

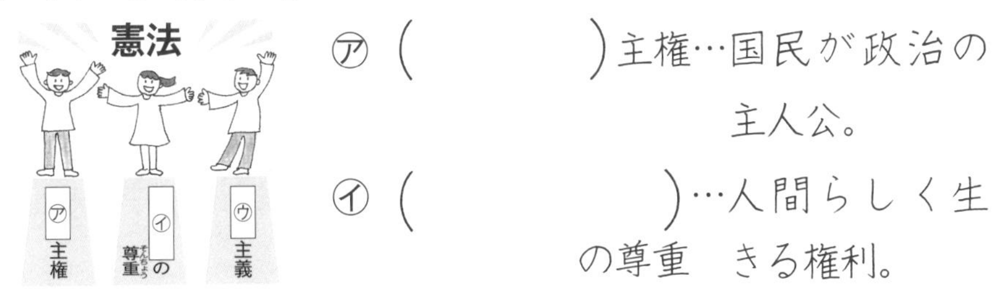

㋐(　　　　)主権…国民が政治の主人公。

㋑(　　　　)の尊重…人間らしく生きる権利。

㋒(　　　　)主義…戦争で国どうしの争いを解決しない。

(4) Ⓐでは、天皇の地位はどうなりましたか。（6点）

国民の(　　　　　)

(5) 戦後、教育は運動場などで学びました。何といいますか。（6点）

(　　　　)教室

アメリカ	民主	占領(せんりょう)	象徴(しょうちょう)	国民
平和	基本的人権	青空	日本国憲法	

2 戦後、日本の産業が発展しました。このことについて、あとの問いに答えましょう。

(1) 1960年代、経済が発展したことを何といいますか。（6点）

(　　　　　)成長

(2) (1)のときに「三種の神器」といわれた電化製品は何ですか。（各6点）

(　　　　)　(　　　　)

(　　　　)

(3) 戦後、19年しか経っていない日本が、1964年に開いたスポーツの祭典は何ですか。（6点）

(　　　　　)

(4) (1)のとき発生した四大公害病の場所を記号で答えましょう。（各4点）

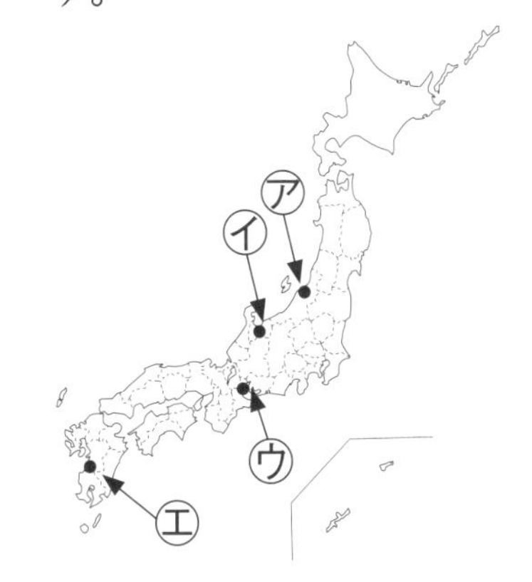

公害病の名前	記号
新潟水俣病(にいがたみなまたびょう)	
水俣病〔熊本県〕	
四日市(よっかいち)ぜんそく〔三重県〕	
イタイイタイ病〔富山県〕	

28 国際社会

答えは168ページ

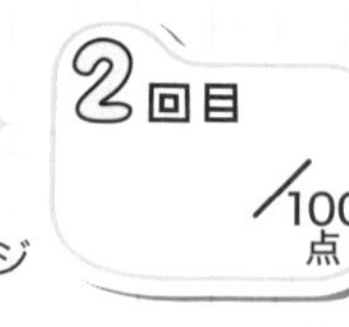

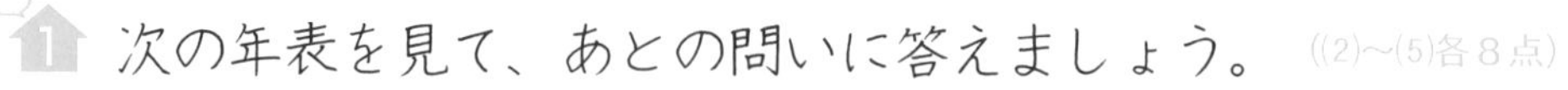

1 次の年表を見て、あとの問いに答えましょう。 ((2)〜(5)各８点)

年	できごと
1945	Ⓐ国際連合設立
1951	（①）平和条約
1956	Ⓑソ連（現ロシア）と国交回復
1964	東京（②）開催
1972	（③）が日本に復帰
1995	阪神・淡路大震災
2011	（④）大震災

(1) 表の①〜④にあてはまる言葉を［　］から選んで書きましょう。 (各８点)

①	
②	
③	
④	

沖縄　東日本　サンフランシスコ　オリンピック

(2) ①の条約のとき、同時に結ばれた条約に○をつけましょう。

日米安全保障条約　日米和親条約

(3) ①の条約で、今大きな問題になっているのは何ですか。

（　　　　　）のアメリカ軍基地

(4) 日本は、どの国と国交が回復したので、Ⓐへの加入が認められたのですか。 （　　　　　）

(5) ③が日本に復帰した年に、日本はどの国と国交が正常化しましたか。 （　　　　　）

2 次の地図を見て、あとの問いに答えましょう。

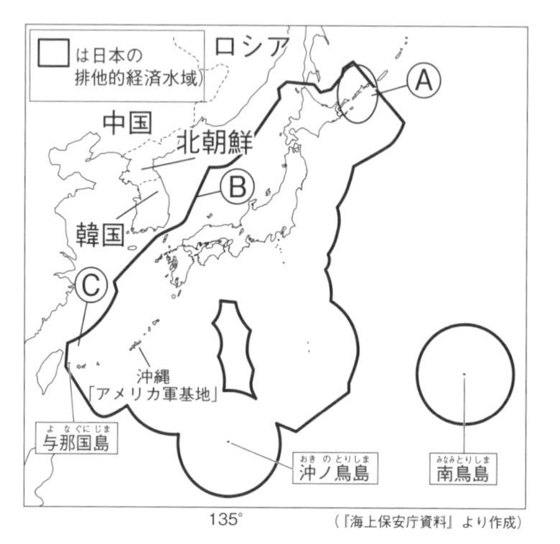

（「海上保安庁資料」より作成）

(1) 次の島々は、日本の固有の領土でありながら、問題となっています。表を完成させましょう。 (各２点)

島々	国	記号
せん閣諸島		
北方領土		
竹　島		

(2) (1)の問題で、平和条約が結ばれていない国は、どこですか。 (８点)

（　　　　　）

(3) 日本の周りで、まだ国交が回復できていない国を書きましょう。 (８点)

（　　　　　）

(4) 日本の排他的経済水域に大きくかかわっているのは、南鳥島とどこでしょう。 (８点)

（　　　　　）島

29 世界の国々とのつながり①

答えは168ページ

1 次の絵を見て、あとの問いに答えましょう。

㋐ 

㋑ 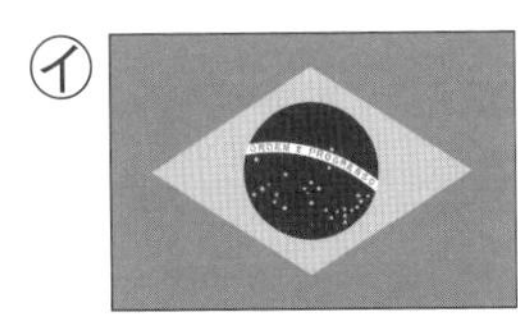

㋒ 

㋓ 

(1) ㋐～㋓の国名を[ ]から選んで書きましょう。（各8点）

㋐		㋑	
㋒		㋓	

アメリカ合衆国（がっしゅうこく）　中華人民共和国（ちゅうかじんみんきょうわこく）
ブラジル連邦共和国（れんぽうきょうわこく）　大韓民国（だいかんみんこく）

(2) 次のことがらは、㋐～㋓のどこの国のことですか。（　）に記号で答えましょう。（各5点）

① (　　) 南半球の国。コーヒーさいばいがさかん。

② (　　) 世界の大国。軍事力、経済力とも世界一。

③ (　　) 広い国土と世界一の人口の国。日本に漢字を伝えた。

④ (　　) おとなりの国。キムチなどの食文化が日本にもとけこんでいる。

2 サウジアラビアとのつながりについて、あとの問いに答えましょう。

(1) 右のグラフは、工業原料Ⓐの輸入先を表しています。この原料は何ですか。（15点）

(　　　　　　)

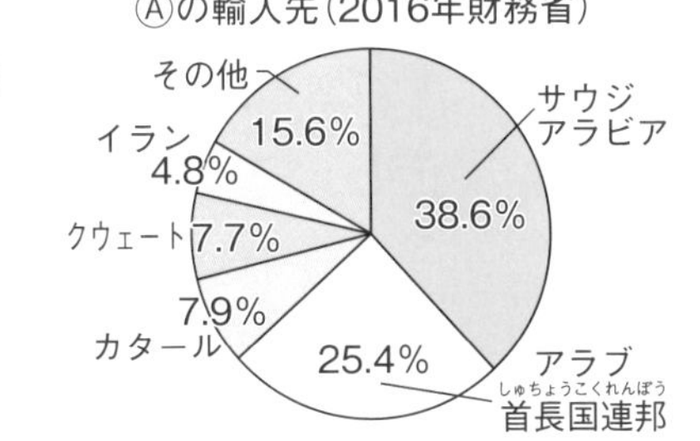

(2) サウジアラビアの特ちょうについて、[ ]から選んで書きましょう。（各6点）

この国の国土は(①　　　　)や山岳（さんがく）地帯が多く、(②　　　　)した気候の地域（ちいき）です。主な産業はⒶの輸出で、その利益で国の近代化を図り、高層（こうそう）ビルが立ち並（なら）ぶ都市が建設されています。また、南西部には(③　　　　)教の聖地メッカがあり、多くの人が参拝（さんぱい）をしにきます。

かんそう　　イスラム　　砂ばく

(3) サウジアラビアの女性の服として、正しいものに○をつけましょう。（15点）

(　　)　(　　)　(　　)　(　　)

30 世界の国々とのつながり②

学習日 ／

1回目 ／100点 → 2回目 ／100点

答えは168ページ

できた！

1 次の問いに答えましょう。（各5点）

(1) 右のグラフは、日本に住む外国人を表しています。Aの国はどこですか。正しいものに○をつけましょう。

外国人の国別割合

A 45.5%、ブラジル 13.7、13.4、フィリピン、8.9、ベトナム、5.4、韓国、その他 13.1

（　）アメリカ　（　）タイ

（　）北朝鮮（きたちょうせん）　（　）中国

(2) 日本はアメリカと盛（さか）んに貿易を行っています。右のグラフを参考にしてアメリカからの主な輸入品には㋐、アメリカへの主な輸出品には㋑を、（　）に書きましょう。

アメリカへの輸出品

機械類 36.3%、自動車 29.2%、自動車部品 6.0%、航空機部品 2.4%、その他 26.1%

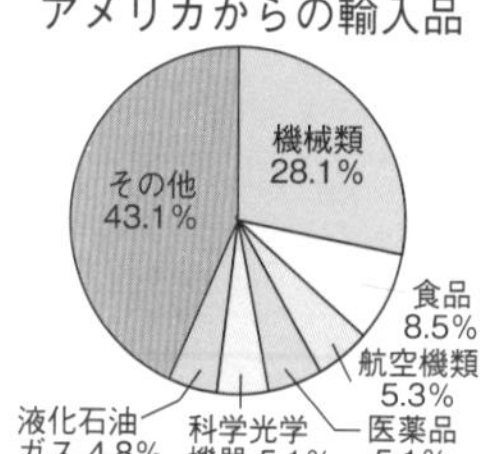

（　）大豆　　（　）自動車　　（　）薬

2 次の地図を見て、右の表を完成させましょう。（各6点）

国名	記号	歴史・文化	日本とのつながり
①	②	万里の長城（ばんりのちょうじょう） 中国料理 漢字	日本に（③　　）づくりや漢字を伝える。かつて日本との間で戦争があった。
④	⑤	ペリー来航 ファストフード	貿易や安全保障（ほしょう）で、つながりが深い。（⑥　　）などの食べ物が人気。
⑦	⑧	明治（めいじ）時代から多くの日本人が移住	移民とその子孫約150万人が住む。鉄鉱石や農産物の（⑨　　）を輸出。
⑩	⑪	世界最大のイスラム教の国	日本に（⑫　　）を輸出。砂漠（さばく）が多いが、イスラム教の聖（せい）地（ち）メッカがある。
⑬	⑭	古代にさまざまな文化を伝える	日本とはIT産業を通じての貿易が盛ん。（⑮　　）などの食べ物が日本にとけこむ。

アメリカ合衆国　大韓民国　中華人民共和国
サウジアラビア王国　ブラジル連邦共和国

石油　コーヒー豆　米　キムチ　ハンバーガー

31 国連のはたらき

1回目 /100点 答えは168ページ 2回目 /100点

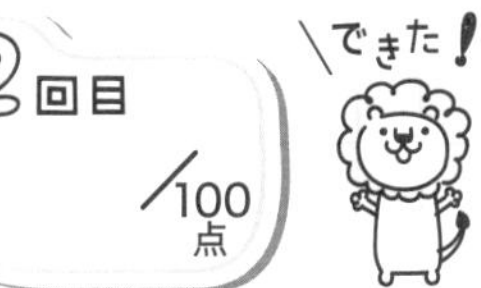

1 次の文章を読んで、あとの問いに答えましょう。

第二次世界大戦後の（ Ⓐ ）年に、世界の平和を守るために（ Ⓑ ）が設立されました。日本は（ Ⓒ ）年に加盟が認められました。この組織には、㋐世界の子どもをうえと病気から守るための機関、㋑教育・科学・文化を通じて、世界平和を達成する機関、そして、㋒争いをなくすために話し合う機関など、さまざまな機関があります。その他にも、（ ② ）と協力して活動する㋓非政府組織などがあります。

(1) Ⓐ～Ⓒにあてはまる数や言葉に○をつけましょう。（各5点）

（Ⓐ 1964・1945）（Ⓑ 国際連合・国際連盟）（Ⓒ 1941・1956）

(2) Ⓑの組織の目的について、（　　）にあてはまる言葉を書きましょう。（各7点）

① 全ての国を（　　　　）にあつかう。

② 自由と（　　　　）を尊重する。

人権　平等

(3) ㋐～㋓にあてはまる言葉を［　］から選んで書きましょう。（各7点）

㋐（　　　　）　㋑（　　　　）

㋒（　　　　）　㋓（　　　　）

安全保障理事会　NGO　ユネスコ　ユニセフ

2 次の（　　）にあてはまる言葉を、［　］から選んで書きましょう。（各7点）

日本人は、多くの分野で世界中で指導（しどう）にあたっています。写真のような（①　　　　）を行ったり、安全な水を確保されない地域（ちいき）では（②　　　　）をほったり、（③　　　　）の整備や学校を建設したりしています。また、紛争（ふんそう）や災害が起きたときに（④　　　　）を助けるための救援（きゅうえん）活動も行っています。

©佐藤　浩治/Koji Sato/JICA

水道　人命　農業指導　井戸

3 子どもの権利条約は、ユニセフの活動の基本となっています。これを参考にして、正しいものに○をつけましょう。（各5点）

①（　）子どもは差別されることなく、その発達が保障（ほしょう）される。

②（　）子どもは自分の考えやその表現が保障される。

③（　）子どもは教育を受ける権利がある。

④（　）子どもは働く自由がある。

・防げる病気で命をうばわれないこと。
・教育を受け、休むことや遊ぶことができること。
・親などのぎゃくたいから守られること。
・自由に意見の発表ができること。

32 地球かん境

学習日 ／

1回目 ／100点　答えは168ページ　2回目 ／100点

できた！

社会

1 次の絵は地球かん境問題を表しています。①〜④にあてはまる言葉を［　］から選んで書きましょう。（各5点）

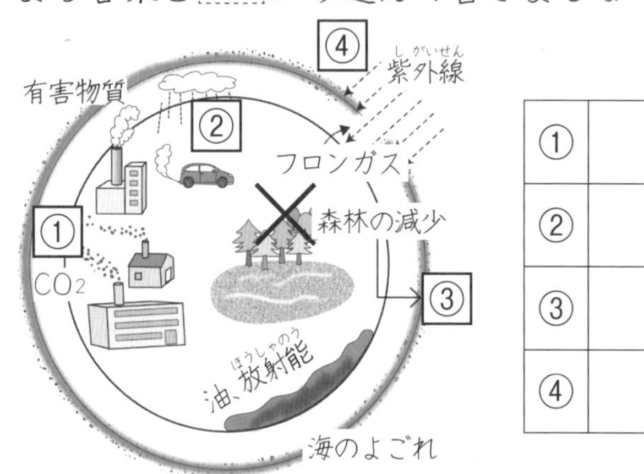

①	
②	
③	
④	

砂ばく化　酸性雨　地球温暖化　オゾン層の破かい

2 次のかん境問題で、説明にあうものを線で結びましょう。（各5点）

① 酸性雨 ・　　・㋐ 森林ばっ採によって、砂ばくが広がる現象。

② 砂ばく化 ・　　・㋑ 自動車のはい気ガスなど有毒な物質が雨にとけ生物に被害をもたらす。

③ 地球温暖化 ・　　・㋒ 二酸化炭素などの温室効果ガスによって地球の温度が上昇。

④ オゾン層の破かい ・　　・㋓ フロンガスがオゾン層をこわし、有害な紫外線がガンなどを引き起こす。

3 次の（　）にあてはまる言葉を、［　］から選んで書きましょう。（各10点）

現在世界で最も大きな課題となっているのが（①　　　）のえいきょうで（②　　　）や干ばつ（雨が降らないので作物が育たない）、そして南極の氷がとけることなどによる（③　　　）の上昇で、島がしずむといった問題です。

海面　ごう雨　地球温暖化

4 **3**のような問題について、国際連合は次のような取り組みを始めました。（各10点）

2015年、世界から（①　　　）をなくすことや、（②　　　）の悪化への取り組みについて17項目を決め、（③　　　）社会をめざすことを決めました。

持続可能な　貧困　地球かん境

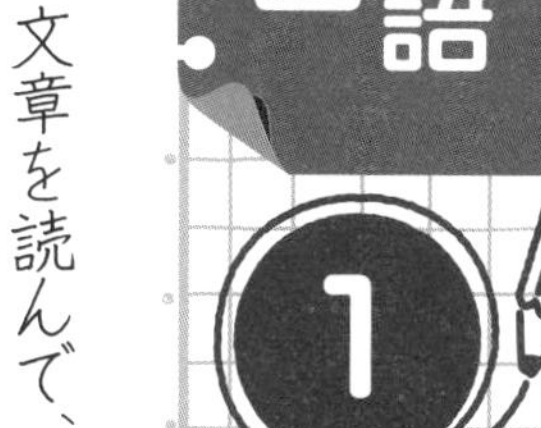

1 干し柿

学習日 ／

1回目 ／100点

2回目 ／100点

できた！ 答えは169ページ

文章を読んで、問いに答えましょう。

日本の食べ物の中で、昔から柿（かき）は、幸福を「かき」集め、喜びをもたらす㋐縁起（えんぎ）のよい物として親しまれてきました。

昔のことわざに「柿が赤くなると、㋑医者が青くなる」というものがありますが、実際に、栄養面からみても、ブドウ糖（とう）のほか、ビタミンA、タンニン、ミネラルなどいろいろな栄養をバランスよくふくんでいます。

この栄養バランスのよい赤くなった㋒柿を食べていれば病気になることが少なく、医者に通う人が減ります。

そうなればお医者さんがこまって顔が青ざめるというのです。

また、冬の寒さを乗りこえ、あたたかい春をむかえた干（ほ）し柿は、長期間いつでも食べられる昔からの便利な保存食（ほぞんしょく）というだけでなく、砂糖（さとう）が少なく大切にされていた時代（じだい）から、自然のあま味をあたえてくれるものでした。

現代のいそがしい私達（わたし）の暮（く）らしにとって、㋓不足しがちな栄養を補（おぎな）ってくれる元気の元です。

(1) 柿が、㋐として親しまれてきたわけを答えましょう。（各30点）

（　　　　　　　　）

(2) ㋑の意味（いみ）を、次の中から選びましょう。（10点）

（　）病人が減って、医者の仕事が少なくなる。

（　）医者が病気になって顔が青くなる。

（　）医者の服が青色に変わる。

(3) ㋒の理由を答えましょう。（30点）

［　　　　　　　　］

(4) 柿にふくまれている栄養を四つ答えましょう。（各5点）

（　　）（　　）（　　）（　　）

(5) ㋓の文の主語と述語をかきましょう。（各5点）

（　　　）は → ［　　　］。

2 漢字①

学習日　／

1回目　／100点

2回目　／100点

できた！

答えは169ページ

1 次の漢字の読みをかきましょう。（各5点）

① 誠実（　）（　）に 対応（　）（　）する。

② 創設者（　）（　）の 銅像（　）（　）。

③ 賃金（　）（　）の 増額（　）（　）。

④ 約束（　）（　）の 時刻（　）（　）。

⑤ 異物（　）（　）の 混入（　）（　）。

2 次の文で正しい漢字に○をつけましょう。（各5点）

① 気が｛会・合｝う。

② 席が｛空・開｝く。

③ 税を｛納・治｝める。

④ かさを｛差・指｝す。

⑤ 成果を｛治・収｝める。

3 次の□に漢字をかきましょう。（各5点）

① 人の□□□□（こきゅうきけい）。

② □（はい）から出る□□□（すいじょうき）。

③ □（せ）、□（はら）の□□（きんにく）。

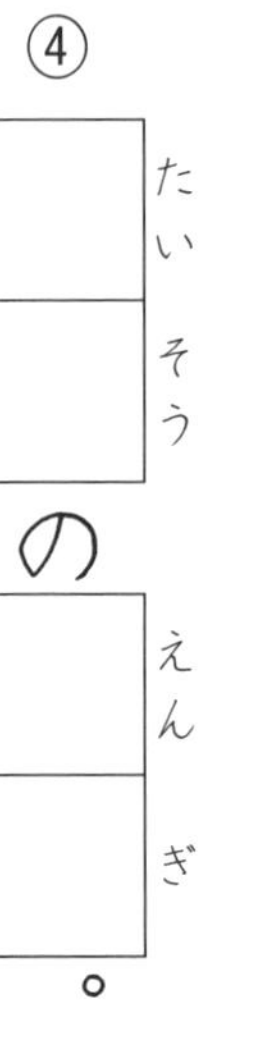

④ □□（たいそう）の□□（えんぎ）。

⑤ □□□（かざんばい）が□（ふ）る。

⑥ □□□□（でんげんそうち）。

⑦ 図形の□□（かくだい）、□□（しゅくしょう）。

⑧ □□（きょうりょく）な□□□（でんじしゃく）。

⑨ □□（たかね）の新（あら）□（ま）きザケ。

⑩ □□（とうぶん）を□□（きゅうしゅう）する。

3 追う目、にげる目

学習日　／

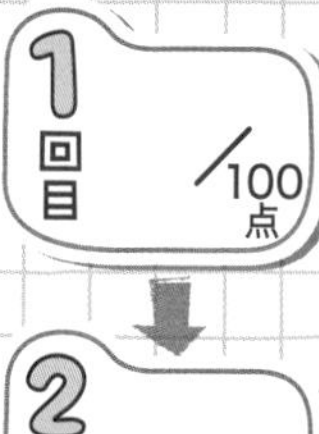

できた！
答えは169ページ

文章を読んで、問いに答えましょう。

　動物は、ほかの動物をつかまえて食べる肉食動物と、草や木の葉など植物を食べる草食動物の大きく二種類に分けることができます。

　この二種類の動物の体のつくりは食べ物のちがいから、目、耳、歯などいろんな点で大きくちがってきています。

　その中で、目のつきかたから両者のちがいを見てみましょう。

　ライオンやヒョウなど、ほかの動物をつかまえて食べる肉食動物の目は、サルやヒトと同じように、左右の目が顔の前方にならんでついています。

　一方、草や木の葉のように動かないものを食べるキリンやシマウマなどの草食動物の目は、頭の側面に左右の目が分かれてついています。

　これは、にげる動物を追いかけて飛びかかってつかまえるのにどうしても欠かせない遠近感をつかめる目と、まわりにせまる敵にいち早く気づいてにげるための、広く遠くまでよく見える左右にはなれた目とのちがいです。

　このように動物達は生きるため、さまざまな体のつくりをしているのです。

---

(1) 肉食動物とは、何を食べる動物のことですか。（10点）

（　　　　）

(2) 草食動物とは、何を食べる動物のことですか。（10点）

（　　　　）

(3) 肉食動物の目について答えましょう。（各20点）

① 目はどのようについていますか。

（　　　　）

② なぜ、そのようになっているのですか。

（　　　　）

(4) 草食動物の目について答えましょう。（各20点）

① 目はどのようについていますか。

（　　　　）

② なぜ、そのようになっているのですか。

（　　　　）

4 漢字②

学習日 ／

1回目 ／100点

2回目 ／100点

できた！

答えは169ページ

1 次の漢字の読みをかきましょう。（各5点）

① 肺（　　）に激痛（　　）がはしる。

② 宝物展（　　）の警備（　　）。

③ 星座（　　）の模型（　　）。

④ 勤勉（　　）な労働者（　　）。

⑤ 卵子（らん）（　　）と精子（　　）。

2 次の□に合う漢字を下から選んでかきましょう。（各5点）

① 口実を□（つく）り、欠席する。

② 大きな船を□（つく）る仕事。

③ 主役を□（つと）める。

④ 私（わたし）の□（つと）め先は学校です。

⑤ ワラビを□（と）りに出かける。

取　作　勤　採　造　務

3 次の□に漢字をかきましょう。（各5点）

① □□（いぶつ）がパンに□□（こんにゅう）。

② □□（おおも）りを□□（ちゅうもん）。

③ □□（せいじつ）に□□（たいおう）する。

④ □□□（そうせつしゃ）の□□（どうぞう）。

⑤ □□（ろうどく）の□□（きほん）。

⑥ □□□（しょせいとう）の□□（しゅのう）。

⑦ □□（ちんぎん）の□□（ぞうがく）。

⑧ □□□□□（けいざいとうろんかい）。

⑨ □□（やくそく）の□□（じこく）。

⑩ □□（ちゅうじつ）に□□（しじ）を守る。

5 マグロの完全養しょく

学習日　／

1回目　／100点

2回目　／100点

できた！　答えは169ページ

文章を読んで、問いに答えましょう。

① 日本人が大好きなマグロ。近年は、世界的な健康ブームにのって、消費量が大きく増えている。しかし、このままとり過ぎるといなくなるおそれがある。そこで、世界の国々は、とる量やとり方を決めている。

② ところで、㋐マグロで最高級のものは日本では専門料理店のすしやさしみで出されているクロマグロだ。絶滅（ぜつめつ）のおそれがあるといわれていたが、科学者たちが調べてみると、最近、増えていることがわかった。その結果、日本がとれる量も増えることになった。

③ 一方、回転ずしやスーパーで売られているのがメバチマグロだ。国内に出回るマグロの三割（わり）強をしめている。値段（ねだん）が安く、味がいいので人気がある。このマグロのとり過ぎを防ぎ、資源（しげん）を回復しようという計画も進んでいる。これが実施（じっし）されると値段が上がることになる。

④ そこで、日本が進めているのが「養しょく」の技術である。とくに近畿（きんき）大学などが開発している「完全養しょく」の技術だ。
今では、たまごからマグロを育てることで、資源を守りつつ、マグロをたくさん食べることができるようになってきている。

(1) マグロの消費量が増えているのはなぜですか。（10点）

〔　　　　〕

(2) ㋐は日本では何ですか。（15点）

〔　　　　〕

(3) メバチマグロはなぜ人気があるのですか。（15点）

〔　　　　〕

(4) メバチマグロの値段が上がりそうですが、その理由にあたる文に〜〜を引きましょう。（15点）

(5) 日本はマグロを増やすためにどんな技術を開発しようとしていますか。また、それはどんなことですか。（各15点）

〔マグロの　　　　〕

〔　　　　〕

(6) 筆者がいいたいことは、何ですか。（15点）

〔　　　　　　〕できるようにする。

国語

6 言葉と文① （名詞・動詞・形容詞・形容動詞）

学習日　／

1回目　／100点

2回目　／100点

できた！

答えは169ページ

1 次の――の単語は名詞・動詞・形容詞・形容動詞のどれですか。（　）にかきましょう。（各4点）

子どもの健（すこ）やかな成長を願うのは、古今東西親の共通な気持ちです。日本でも、古くからの慣習で、「お宮参り」や「おはし初（ぞ）め」などがありますが、ほほえましい姿（すがた）を見せるのは「泣きずもう」ではないでしょうか。

名詞
（　　　）（　　　）

動詞
（　　　）（　　　）

形容詞
（　　　）（　　　）

形容動詞
（　　　）（　　　）

2 次の――の動詞・形容詞・形容動詞の基本形を（　）にかきましょう。（各5点）

① 静かな森の中でキャンプをした。（　　　）

② 今日の昼食は、二十分以内に食べよう。（　　　）

③ 明日は、暖（あたた）かくなりそうです。（　　　）

④ いなびかりがぴかっと光った。（　　　）

3 次の単語を名詞の形に変えましょう。（各5点）

① 戦う（　　　）

② 明るい（　　　）

③ さびしい（　　　）

④ 走る（　　　）

⑤ 寒い（　　　）

⑥ おおらかだ（　　　）

⑦ にぎやかだ（　　　）

⑧ 光る（　　　）

7 ラクダ

学習日　／

1回目　／100点
2回目　／100点

文章を読んで、問いに答えましょう。

ラクダは、砂ばくのような水の少ないかわいた土地に生きるのに適した動物です。

まったく水を飲まずに数日間は持ちこたえることができるとあって、㋐「背中のコブの中に水をたくわえている」などと、さも本当らしく話されることが多いのですが、本当のところは、コブの中にはしぼうが入っています。

このコブの中のしぼうは、かんかん照りの日光の熱をさえぎり、体温が上がるのを防いでいます。

そして、水を飲むときには一度に八十リットル以上も飲み、その水を血液に閉じこめておくことができて、㋑かわいた気候にたえられるようになっています。

また、砂ばくによく見られる、㋒砂あらしから身を守るために、鼻のあなは閉じることができ、目にはじょうぶな長いまつ毛がついています。

ひざのひふも大変ぶ厚くなっており、熱く焼けた砂の上にひざを折り曲げて座って、長時間休むことができます。

砂ばくでの暮らしの中で、たくさんの荷物を運ぶラクダはなくてはならない存在で、㋓「砂ばくの船」ともいわれています。

(1) ラクダはどんな土地に生きるのに適した動物ですか。（5点）

（　　　）

(2) ㋐には、何がたくわえられていますか。（5点）

（　　　）

(3) ㋐は、どんなはたらきをしますか。（15点）

［　　　］

(4) ㋑は、なぜですか。二つ答えましょう。（各15点）

［　　　］
［　　　］

(5) ㋒の特ちょうを、二つ答えましょう。（各15点）

（　　　）
（　　　）

(6) ㋓といわれているのはなぜですか。（15点）

砂ばくで、□□□□□□□□□□から。

できた！
答えは169ページ

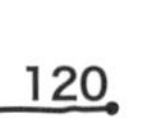

国語

8 漢字③

学習日　／

1回目　／100点

2回目　／100点

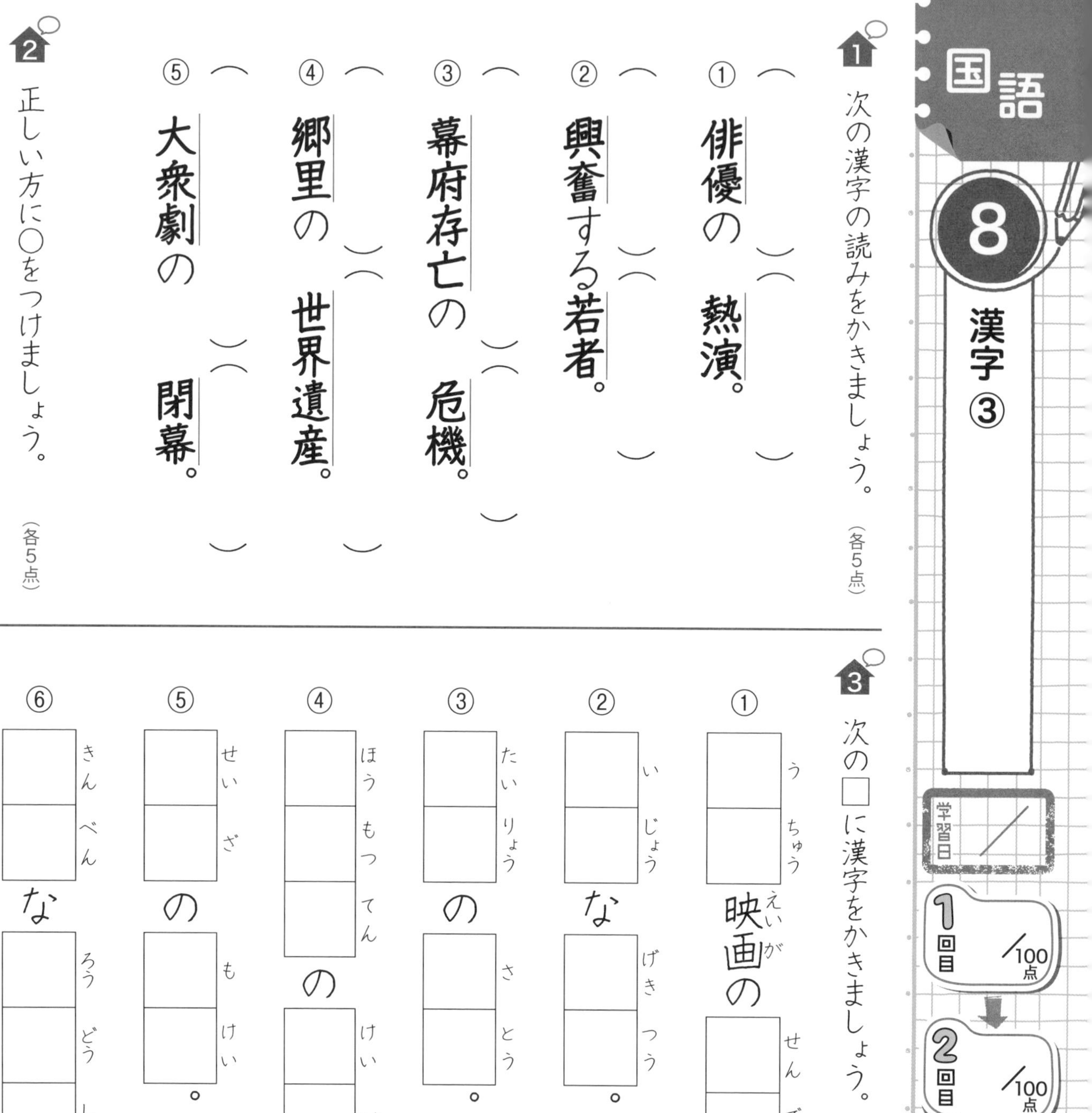
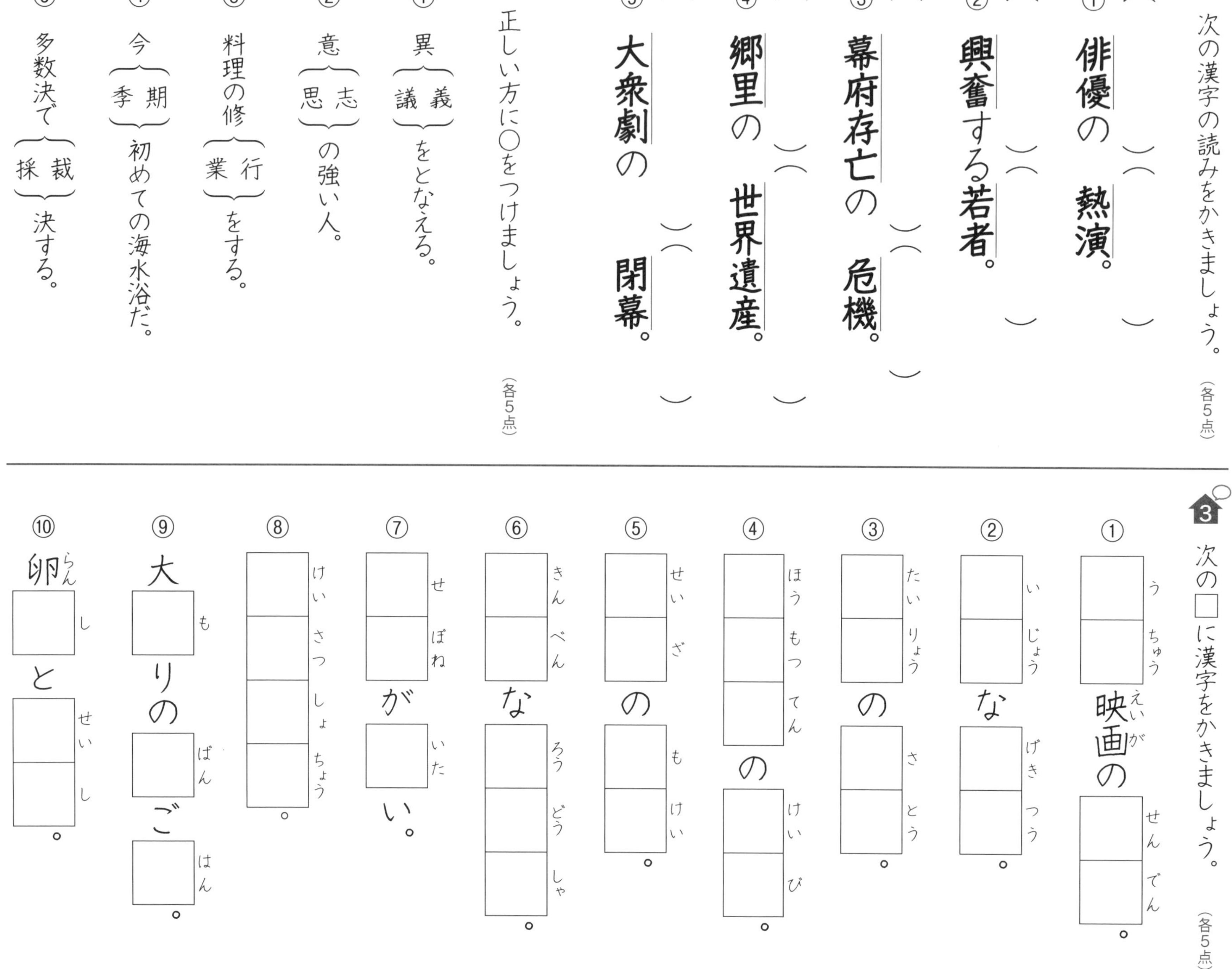

1 次の漢字の読みをかきましょう。（各5点）

① 俳優（　）の熱演（　）。

② 興奮（　）する若者（　）。

③ 幕府存亡（　）（　）の危機（　）。

④ 郷里（　）の世界遺産（　）。

⑤ 大衆劇（　）の閉幕（　）。

2 正しい方に○をつけましょう。（各5点）

① 異{義・議}をとなえる。

② 意{志・思}の強い人。

③ 料理の修{行・業}をする。

④ 今{期・季}初めての海水浴だ。

⑤ 多数決で{裁・採}決する。

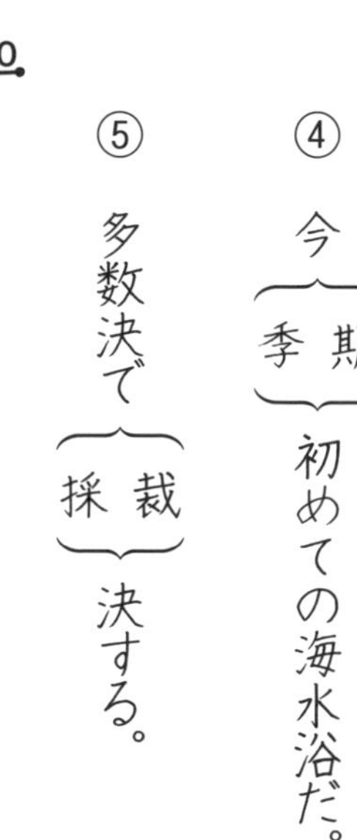

3 次の□に漢字をかきましょう。（各5点）

① □□（うちゅう）映画（えいが）の□□（せんでん）。

② □□（いじょう）な□□（げきつう）。

③ □□（たいりょう）の□□（さとう）。

④ □□□（ほうもつてん）の□□（けいび）。

⑤ □□（せいざ）の□□（もけい）。

⑥ □□（きんべん）な□□□（ろうどうしゃ）。

⑦ □□（せぼね）が□（いた）い。

⑧ □□□□（けいさつしょちょう）。

⑨ 大□（も）りの□（ばん）ご□（はん）。

⑩ 卵（らん）□（し）と□□（せいし）。

できた！

答えは169ページ

国語

9 みそ

学習日　／

1回目　／100点

2回目　／100点

できた！

答えは169ページ

文章を読んで、問いに答えましょう。

日本の食卓に欠かせないものにみそ汁があります。みそ汁の主役である「みそ」は、ほかにもいろいろな料理に使われています。みそにこみうどんや田楽などです。地方の名物では、岐阜県の「ほお葉みそ」、愛知県の「みそカツ」などが有名です。

日本人には欠かせないみそですが、昔はそれぞれの家庭で作っていたのです。

雪国の農家では、大豆の取り入れが終わる秋から冬にかけて、みそ作りをはじめます。となり近所が共同で、大きなかまでにた大豆をすりつぶしてから、直径十センチぐらいのみそ玉にします。それをわらでしばって、天井からつるしておきます。こうしてかんそうさせ、かびをはやしたものを、雪どけのころに、みそだるに仕こむのです。

ほかにも、大豆に米または麦を混ぜて作るなど、土地によっていろいろな作り方があります。ですから、名前にも各地の名をつけた、信州みそ、江戸みそ、仙台みそや、材料による、米みそ、麦みそ、豆みそなどがあります。そのほか、色による、赤みそ、白みそなどの名前もあります。

(1) この文章に合う題に○をつけましょう。（16点）

㋐（　）各地方のみそ料理

㋑（　）いろいろなみその作り方と名前

㋒（　）みそ汁の作り方

(2) 雪国の農家のみそ作りの順番を（　）にかきましょう。（各6点）

（　）大きなかまで大豆をにる。

（　）雪どけのころ、みそだるに仕こむ。

（　）わらでしばって、天井からつるす。

（　）すりつぶして、直径十センチぐらいのみそ玉にする。

(3) みそ作りをはじめるのはいつからですか。□に季節をかきましょう。（15点）

□から□にかけて

(4) 文中に出てくるみそを、次のように分けましょう。（各15点）

① 地方名による分け方

〔　　〕

② 材料による分け方

〔　　〕

③ 色による分け方

〔　　〕

国語

10 漢字④

学習日　／

1回目　／100点

2回目　／100点

1 次の漢字の読みをかきましょう。（各5点）

① 誠意（　　）ある看護師（　　）。

② 穀物不足（　　）の難民（　　）。

③ 宗教家（　　）の仁愛（　　）。

④ 研究者（　　）は独創的（　　）。

⑤ 貧（ひん）困者（　　）の救済（　　）。

2 次の□に合う部首をかきましょう。（各5点）

① □主　□呆　□昔　［　］

② □生　□青　□貫　［　］

③ 重□　且□　免□　［　］

④ □丁　□殳　□旨　［　］

⑤ 冫□　哥□　谷□　［　］

3 次の□に漢字をかきましょう。（各5点）

① □□（はいゆう）の□□□（ねつえん）。

② □□（こうふん）する□□□（わかもの）。

③ □□（せいざ）して□（おが）む。

④ □□（ばくふ）の□□（きき）。

⑤ □□（きちょう）な□□□（ぶんかざい）。

⑥ □□（きょうり）の世界□□（いさん）。

⑦ □□□（にじょうじょう）の□□（はいかん）。

⑧ □□□（たいしゅうげき）の□□（へいまく）。

⑨ □□（ごさ）を□（みと）める。

⑩ □□（そんけい）する□□□（しきしゃ）。

できた！
答えは170ページ

11 うた時計

学習日 ／

1回目 ／100点
2回目 ／100点

できた！ 答えは170ページ

文章を読んで、問いに答えましょう。

少年はうた時計とかい中時計を、両手にうけとった。そして、少年は両手に時計を持ったまま、男の人を見送っていた。

まもなく、少年の後ろから、㋐薬屋のおじさんの自転車が追っかけてきた。

「おじさん、あれはだれなの。」

「あれは、うちの周作だ。きのう十何年ぶりで帰ってきたんだ。長い間悪いことをしてきたが、改心して働くことにしたから、と言ってきたんで、一晩とめてやったのさ。そしたら、今朝、わしが知らぬ間にこの二つの時計をくすねて出かけやがった。あのごくどうめ。」

「おじさん、そいでもね、まちがえて持ってきたんだってよ。ほんとにとるつもりはなかったんだよ。ぼくにね、人間は清廉潔白でなくちゃいけないよといっていたよ。」

「そうかい…㋑そんなことをいっていたか。」

㋒少年は老人の手に二つの時計をわたした。うけとるとき、老人の手はふるえて、うた時計のねじにふれた。すると、時計はまた美しくうたいだした。老人と少年と、立てられた自転車が、広いかれ野の上にかげを落として、しばらく美しい音楽にきき入った。㋓老人は目になみだをうかべた。

新美南吉（青空文庫）

(1) ㋐薬屋のおじさんが追いかけてきた理由で、正しいものに○をつけましょう。（15点）
① （　）周作に別れを言いに来た。
② （　）周作の忘れ物を届けに来た。
③ （　）周作が時計を盗んだので取り返しに来た。

(2) 薬屋のおじさんは、周作のことをどう思っていたか、おじさんの気持ちをもっともよく表している言葉をかきましょう。（20点）

(3) 少年が信じたのはどちらですか。○をつけましょう。（15点）
① （　）おじさんの言葉「くすねて出かけやがった。」
② （　）周作の言葉「まちがえて持ってきたんだ。」

(4) ㋑が指している内容に〜〜を引きましょう。（20点）

(5) ㋒時計をうけとるとき、おじさんの手がふるえていたのはなぜですか。合っているものに○をつけましょう。（15点）
① （　）少年に教えられて、周作の気持ちの変化がわかったから。
② （　）少年に教えられて、いかりが増してきたから。

(6) ㋓老人の目のなみだは、次のどれにあたりますか。一つ○をつけましょう。（15点）
① （　）うれしい気持ち
② （　）悲しい気持ち
③ （　）はらだたしい気持ち

国語

12 言葉と文②（副詞・助詞・助動詞）

学習日　／

1回目　／100点
2回目　／100点

できた！
答えは170ページ

1 次の文の副詞に〰を引きましょう。（各5点）

① 小川が、さらさら流れる。

② 駅は、ここからはかなり遠い。

③ もみじの葉がひらひらと落ちる。

④ 次の試合も決して力をぬかない。

2 次の文の助詞を（　）の数だけ□で囲みましょう。（各5点）

① 雨が激しく降る。（1）

② 熱気球に乗って、空を飛びたい。（2）

③ 今、旅行で京都にいます。（2）

④ 勉強がすんだから、おやつにしよう。（3）

3 次の文の助動詞に‖を引きましょう。（各5点）

① この本は、今夜中に読み終えよう。

② 門が閉じられる。

③ 弟が勉強します。

④ この問題の答えはわからない。

4 次の（　）に合う言葉を［　］から選んでかきましょう。（各4点）

① 若いうちにいろんなことを見（　　）聞いたりすることが大切である。

② ぼくは全力で走った（　　）一るいはセーフになった。

③ この模型の城は、（　　）本物のようだ。

④ 町役場は、山の（　　）向こうにあります。

⑤ かれはそこに行き（　　）。

［ので　ます　ずっと　たり　まるで］

5 次の□に合う助動詞を基本形でかきましょう。（各5点）

① 姉が、虫にかま□。

② 車に乗せ□。

③ 弟に行か□。

④ 今日はどこへも行か□。

13 おじいさんのランプ

学習日 ／

1回目 ／100点

2回目 ／100点

できた！ 答えは170ページ

文章を読んで、問いに答えましょう。

ランプ売りの巳之助(みのすけ)は、ランプのかたをもって、電灯のよいことはみとめなかった。
ところがまもなく、晩(ばん)になって、だれもマッチ一本すらなかったのに、とつぜんあま酒屋の店が、真昼のように明るくなったので、巳之助は、びっくりした。あまり明るいので、巳之助は、思わず後ろをふりむいて見たほどだった。
「巳之さん、これが電気だよ。」
巳之助は㋐歯をくいしばって、長い間電灯を見つめていた。敵(かたき)でもにらんでいるような顔つきであった。あまり見つめていて眼のたまがいたくなったほどだった。
「巳之さん、そういっちゃ何だが、とてもランプで㋑太刀(たち)うちはできないよ。ちょっと外へ首を出して町通りを見てごらんよ。」
巳之助はむっつりと入口の障子(しょうじ)をあけて、㋒通りをながめた。どこの家どこの店にも、㋓ここのと同じように明るい電灯がともっていた。光は家の中にあまって、道の上までこぼれ出ていた。ランプを見なれていた巳之助には、まぶしすぎるほどのあかりだった。巳之助はくやしさに、かたで息をしながら、㋔これも長い間ながめていた。

新美南吉(にいみなんきち)（青空文庫）

(1) 巳之助の仕事は何ですか。（15点）

［　　　　　］

(2) 電灯とランプを比べて、電灯の明るさがよくわかる言葉をかきましょう。（15点）

［　　　　　］

(3) ㋐の意味として正しいものに○をつけましょう。（10点）

① （　） とちゅうでイヤになる。
② （　） 歯がいたくてがまんできない。
③ （　） くやしくて、一生けん命こらえる。

(4) ㋑の意味に合う慣用句に○をつけましょう。（15点）

① （　） 歯が立たない
② （　） 首が回らない
③ （　） すみに置けない

(5) ㋒巳之助は、どんな表情で通りをながめましたか。（15点）

［　　　　　］

(6) ㋓はどこですか。（15点）

［　　　　　］

(7) ㋔巳之助がながめていたものは何ですか。（15点）

家の［　　］と道の上まで［　　　］。

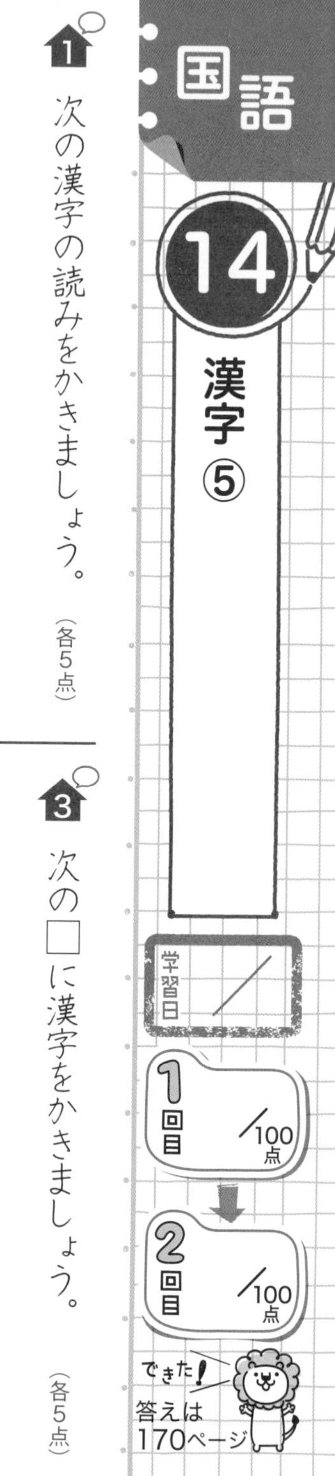

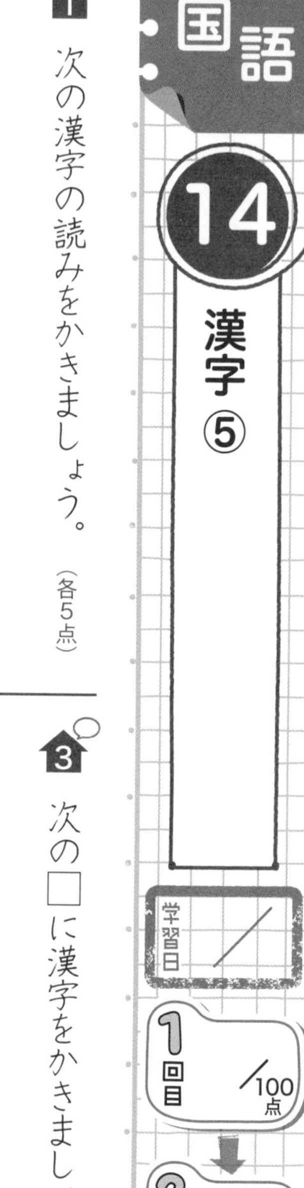

1 次の漢字の読みをかきましょう。（各5点）

① 無所属（　　）の候補者（　　）。
② 批判（　　）され改善（　　）する。
③ 専門家（　　）の事故調査（　　）。
④ 熟練者（　　）の指導（　　）。
⑤ 展覧会（　　）を鑑（かん）賞（　　）する。

2 次の漢字の送りがなの部分に――を引きましょう。（各5点）

① 降　おりる　ふる
② 入　いれる　はいる
③ 生　いきる　うまれる
④ 食　たべる　くう
⑤ 明　あかるい　あける

3 次の□に漢字をかきましょう。（各5点）

① □□□（ぎもんてん）を□□（とうぎ）。
② □（はん）で□（つくえ）を合わせる。
③ □□（せいい）ある□□□（かんごし）。
④ □□（こくもつ）不足の□□（なんみん）。
⑤ □（わたし）の□□（しょうらい）の□（ゆめ）。
⑥ □□□（しゅうきょうか）の□□（じんあい）。
⑦ □□（はりあな）に□□（きぬいと）を通す。
⑧ □（こま）っている人の□□（きゅうさい）。
⑨ □（われ）々の□（つくえ）といいます。
⑩ □□□（どくそうてき）な□□（けんきゅう）。

15 くもの糸

学習日　／

1回目　／100点
2回目　／100点

できた！
答えは170ページ

文章を読んで、問いに答えましょう。

　ところが、ふと気がつきますと、くもの糸の下の方には、数限りもない罪人たちが自分の登った後をつけて、まるでありの行列のようにやはり上へ上へ一心によじ登って来るではございませんか。カンダタは㋐これを見ると、㋑おどろいたのとおそろしいのとでしばらくはただばかのように大きな口を開いたまま、目ばかり動かしておりました。自分一人でさえ切れそうなこの細いくもの糸がどうしてあれだけの人数の重みにたえられることができましょう。もし、万一途中で切れたといたしましたら、折角ここへまで登ってきた、このかんじんな自分までも、元の地獄へ逆落としに落ちてしまわなければなりません。そこで、カンダタは大きな声を出して、

「こら、罪人ども。このくもの糸はおれのものだぞ。おまえたちは誰にきいて登ってきた。降りろ、降りろ。」

とわめきました。そのとたんでございます。今まで何ともなかったくもの糸が、急にカンダタがぶらさがっている所からぷつりと音を立てて切れました。カンダタはみるみるうちにやみの底へ真っ逆さまに落ちてしまいました。

芥川龍之介（青空文庫）

---

(1) ㋐これは何を指していますか。最初と最後の三文字をかきましょう。（20点）

［　　　］～［　　　］のを見ると

(2) カンダタは㋑おどろいたのとおそろしいのとでとあります。（各15点）

① おどろいたことに～～を引きましょう。

② 何がおそろしいのですか。

［　　　　　　　　］

(3) カンダタは、おどろいたのとおそろしいのとで、どうしていましたか。（20点）

口を［　　　　］、

目を［　　　　］。

(4) くもの糸が切れたのはどうしたときでしたか。（15点）

［　　　］たとき

(5) カンダタはどうなりましたか。（15点）

［　　　　　　　　］

国語

16 漢字⑥

学習日 ／

1回目 ／100点
2回目 ／100点

できた！ 答えは170ページ

1 次の漢字の読みをかきましょう。（各5点）

① 国際連盟（　　）の混乱（　　）。
② 従来（　　）の単純作業（　　）。
③ 樹氷（　　）の中の登頂（　　）。
④ 難語句（　　）の習熟（　　）。
⑤ 密林（　　）の探検（　　）は危険（　　）。

2 □から一字を選び、三字熟語を作りましょう。（各5点）

① □優（ゆう）勝
② □運転
③ □至（し）急
④ □性能
⑤ □関心

大　準　試　高　無

3 次の□に漢字をかきましょう。（各5点）

①（てんのうへいか）□□□□。
②（むしょぞく）□□□の（こうほ）□□。
③（かくしんてき）□□□な（じぎょう）□□。
④ 海の（しお）□の（かんまん）□□。
⑤（ひはん）□□され（かいぜん）□□する。
⑥（たんじょうび）□□□は（おんせん）□□へ。
⑦（せんもんか）□□□の（ちょうさ）□□。
⑧（じゅくれんしゃ）□□□の（しどう）□□。
⑨（よくじつ）□□（とど）□く（ゆうびん）□□。
⑩（てんらんかい）□□□の鑑（かん）（しょう）□。

17 様子を読み取る
生ゴミの減量

学習日 ／

1回目 ／100点

2回目 ／100点

できた！
答えは170ページ

文章を読んで、問いに答えましょう。

食品のくずや食べ残しである生ゴミには八割(わり)ともいわれる多くの水分がふくまれています。

全国では一年に約五百万トンもの生ゴミが燃やされています。Ⓐこれはダンプカーで五十万台もの量です。

水分をたくさんふくんだ重い生ゴミを集め、運び、それをクリーンセンターで燃やすにはⒷたくさんの労力と燃料が必要です。また、多くの税金などお金もかかります。

その上、地球温暖(おんだん)化(か)の原因となる二酸化炭素も多く出てしまいます。

そこで、Ⓒまずみんなにできることは食べ残しをせず、台所のゴミ受けや三角コーナーにたまる生ゴミを減量することです。次に、「ゴミをしぼって水分をとる」、「できるだけ水にぬらさない」ようにして、四割を減量しようというのです。

さらに、Ⓓ水分を減らすには、「数日干してかわかす」のもよいといわれています。

これらをすべて実行すると六割以上の減量になるといわれています。

みんながギュッと「知恵(ちえ)」をしぼれば地球環境(かんきょう)にもやさしくなるのです。

(1) 生ゴミには、どれくらいの水分がふくまれているとありますか。（8点）

（　　　）

(2) Ⓐは、何を指(さ)していますか。（15点）

（　　　）

(3) Ⓑは、何ですか。三つ答えましょう。（各8点）

（　　　）（　　　）（　　　）などの労力

(4) Ⓑのほかに、何が必要ですか。（15点）

（　　　）

(5) Ⓒを、二つ答えましょう。（各15点）

（　　　）

（　　　）

(6) この文章では、Ⓓには、何をしぼるとよいといっていますか。（8点）

国語

18 言葉と文③（接頭語・接尾語）

学習日 ／

1回目 ／100点
2回目 ／100点

できた！
答えは170ページ

1 次の言葉の接頭語に〰〰を引きましょう。（各2点）

①非鉄金属　②差しおさえる
③素うどん　④真っ黒
⑤無表情　⑥小一時間
⑦ぶっとばす　⑧打ち寄せる
⑨真っ逆さま　⑩不安定

2 次の言葉の接尾語（せつびご）に〰〰を引きましょう。（各2点）

①生き方　②田中様
③君たち　④寒がる
⑤やりきる　⑥苦しさ
⑦悲しげ　⑧計画的
⑨春めく　⑩アルカリ性

3 次の言葉に合う接頭語を［　］から選んで□にかき、そのはたらきを［　］から選んで○に記号を入れましょう。（各10点）

①□高い　○
②□手　○
③□やすい　○

素　た　小

㋐何もつけていない
㋑とても
㋒少し

4 次の言葉に合う接尾語を［　］から選んで□にかき、そのはたらきを［　］から選んで○に記号を入れましょう。（各10点）

①うれし□　○
②投げ□　○
③やり□　○

きる　がる　つける

㋐激（はげ）しい様子
㋑最後までやってしまう
㋒様子を見せる

19 カレー料理

学習日　／

1回目　／100点

2回目　／100点

できた！

答えは171ページ

文章を読んで、問いに答えましょう。

どこでも人気のあるカレー料理は、インドを植民地としていたイギリスを経由して日本に伝わった。ただ、カレー粉もカレーライスもイギリスの発明品だ。

もともとカレーと呼ばれるのは、香辛料（においやからみをつける、コショウやニンニク、トウガラシやサンショウ、ショウガなどのスパイス）をたくさん使った、野菜や肉類を味付けしたインド料理全体をさす。

カレーという言葉を最初に使ったのは、南インドを占領したポルトガル人だという。

南インドに野菜や肉を意味する「カリ」という言葉がある。スープをかけたご飯を食べているインド人にポルトガル人が「㋐それは何か」とたずねると、かれはスープの具を聞かれたと思い「カリ」と答えたそうだ。

それから、「カリ」が「カレー」となって広まったそうだ。

日本でカレーといえば、カレー粉に小麦粉を加えたとろみのあるカレーをご飯にかけて食べる国民食であるカレーライスをさす。ほかにも、ドライカレー、カレーパン、カレーコロッケ、などとカレー味のものが大はやりになっている。

(1) カレー料理はなぜイギリスを経由して、日本に伝わったのですか。（15点）

［　　　］

(2) カレー粉やカレーライスはどこの国でできましたか。（10点）

［　　　］

(3) カレーと呼ばれていたのは何ですか。かき表している文に～～をつけましょう。（15点）

(4) カレーという言葉を最初に使ったのは、何人ですか。（15点）

［　　　］

(5) ㋐のそれとは何をさしていますか。（15点）

［　　　］

(6) 日本で大はやりになっているカレー味のものには何がありますか。（各10点）

［　　　］

［　　　］

［　　　］

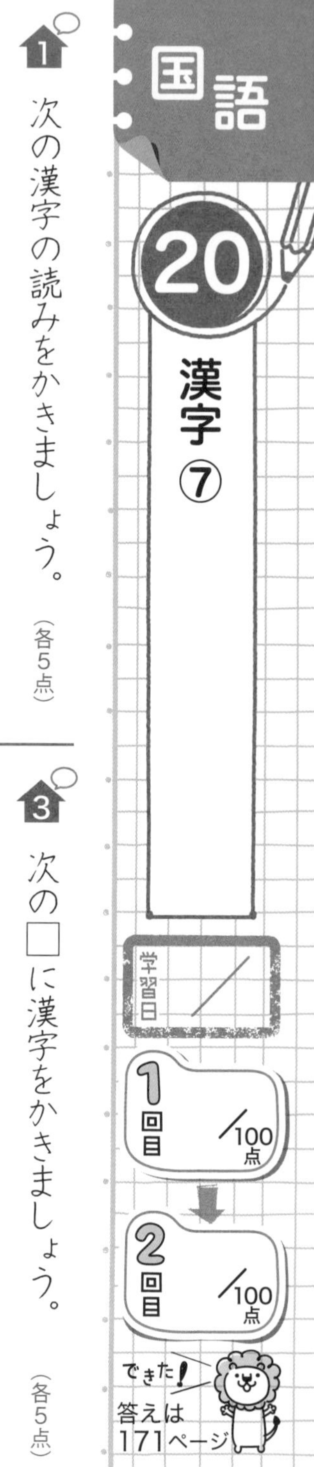

1 次の漢字の読みをかきましょう。（各5点）

① **討論**（　　）の末　**否決**（　　）。

② **性格**（　　）は　**明朗**（　　）。

③ **意欲的**（　　）に　**推進**（　　）する。

④ **車窓**（　　）から**断層**（　　）を見る。

⑤ **閉会**（　　）の　**宣言**（　　）。

2 □から一字を選び、二字熟語を作りましょう。（各5点）

① 太陽□

② 選挙□

③ 入場□

④ 積極□

⑤ 温暖□

系　料　的　化　権

3 次の□に漢字をかきましょう。（各5点）

① 国際□□（れんめい）の□□（こんらん）。

② □□（じゅうらい）の□□（たんじゅん）作業。

③ □□（りんじ）朝会の□□（じこく）。

④ □□（しょこく）の□□（ほうもつ）。

⑤ K2の□□□□（とうちょうせいこう）。

⑥ □□□□□□（しゅうしょくかつどうかいきん）。

⑦ □□（そつぎょう）式の□□□（こうはくまく）。

⑧ □（あたた）かい□□（もうふ）。

⑨ □□（しかい）は□□（りょうこう）。

⑩ □□（みつりん）の□□（たんけん）。

21 様子を読み取る
切りさく歯、すりつぶす歯

学習日 ／

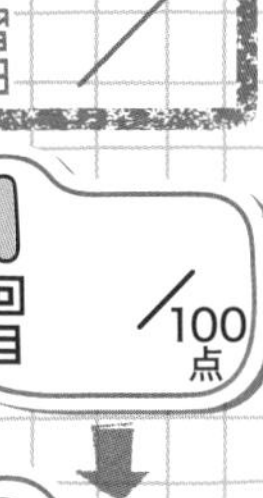

1回目 ／100点
2回目 ／100点

できた！
答えは171ページ

文章を読んで、問いに答えましょう。

動物を食べる物で分けると、ライオンやトラのような肉食動物とキリンやシマウマのような草食動物に分けられます。

それぞれの歯を比べてみましょう。

まず、草食動物をつかまえて食べるライオンは前歯に大きなキバとハサミのようなおく歯をもっています。

飛びかかって上下の大きなキバでがぶりとかみつくと敵がいくら暴れても決して外れません。えものがたおれると次はハサミのようなおく歯で肉をかみ切り骨と皮を残してすべて食べるのです。

一方草食動物の歯は、草などをはさんで引きちぎる前歯とそれを時間をかけてすりつぶして食べる平らで大きいおく歯が発達しています。

敵がいない間に食べられるだけ草を胃ぶくろにつめ込んでおいて、後ほど、安全なときに胃ぶくろから口にもどして再びじっくりかむのです。

ですから、Ⓐいつ見ても口をもぐもぐと動かしているのです。

肉食動物の歯
手じょうのようにはたらく犬歯

草食動物の歯
ペンチのような門歯
平らで大きな臼歯

(1) 動物は、どう分けられますか。（10点）

（　　　　）
（　　　　）

(2) 肉食動物のライオンの歯は、どんなはたらきをしますか。（各20点）

① 前歯のはたらき（　　　　）

② おく歯のはたらき（　　　　）

(3) 草食動物の歯は、どんなはたらきをしますか。（各20点）

① 前歯のはたらき（　　　　）

② おく歯のはたらき（　　　　）

(4) Ⓐは何をしていますか。（10点）

（　　　　）

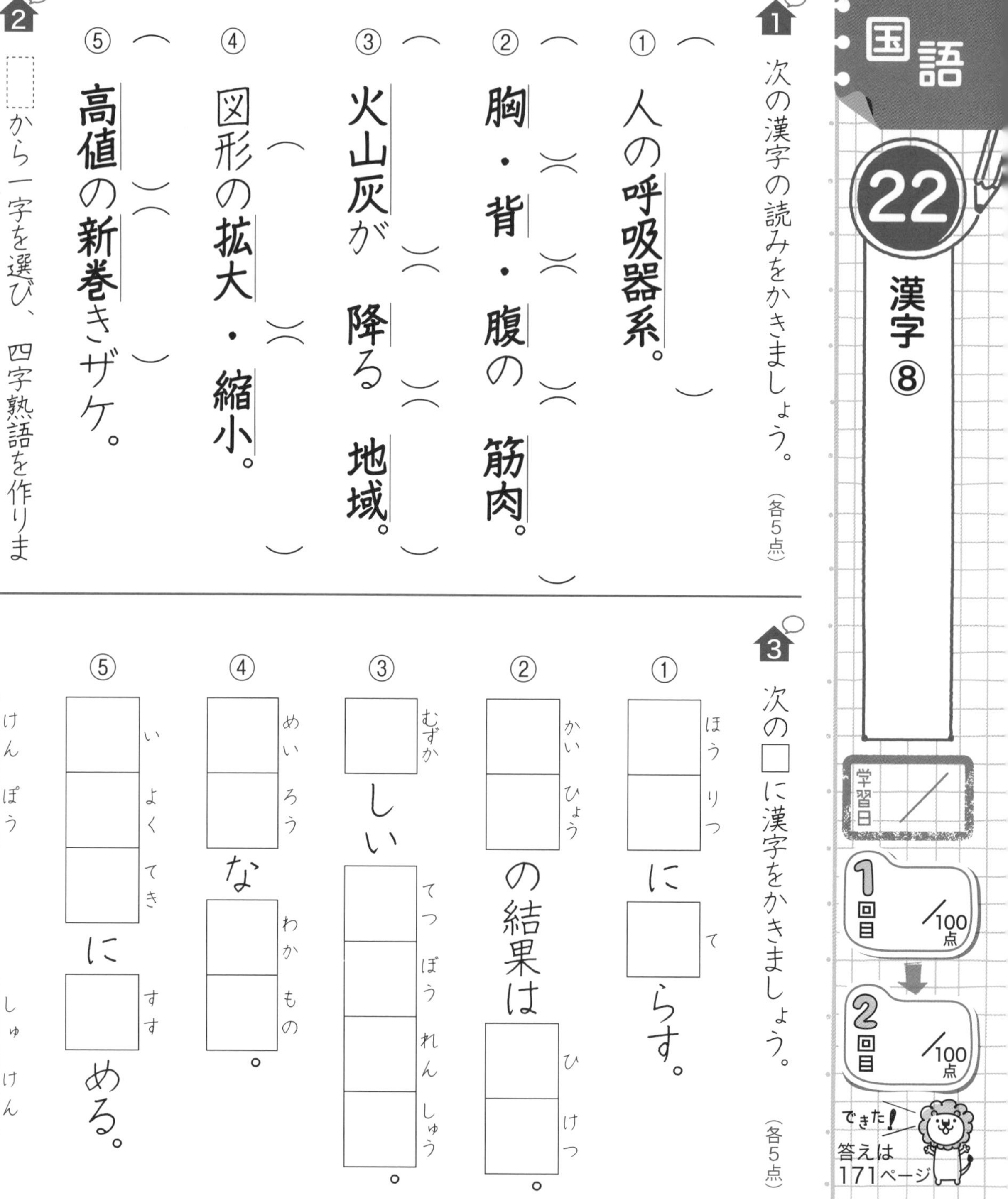

国語 22 漢字⑧

学習日 ／

1回目 ／100点

2回目 ／100点

できた！ 答えは171ページ

1 次の漢字の読みをかきましょう。（各5点）

① 人の**呼吸器系**。（　　）

② **胸**（　）・**背**（　）・**腹**（　）の**筋肉**。（　　）

③ **火山灰**（　　）が**降**（　）る**地域**。（　　）

④ **図形**（　　）の**拡大**（　　）・**縮小**。（　　）

⑤ **高値**（　　）の**新巻**（　　）きザケ。

2 □から一字を選び、四字熟語を作りましょう。（各5点）

① 一□両断

② □心伝心

③ □刀直入

④ 大同□異

⑤ 温□知新

以　単　小　刀　故

3 次の□に漢字をかきましょう。（各5点）

① □□（ほうりつ）に□（て）らす。

② □□（かいひょう）の結果は□□（ひけつ）。

③ □（むずか）しい□□□□（てつぼうれんしゅう）。

④ □□（めいろう）な□□（わかもの）。

⑤ □□□（いよくてき）に□（すす）める。

⑥ □□（けんぽう）は国民□□（しゅけん）。

⑦ □□（しゃそう）から見る□□（だんそう）。

⑧ □（わす）れ物の□（い）い□（わけ）。

⑨ □□（へいかい）の□□（せんげん）をする。

⑩ □□□（のうにゅうひん）の□□（しょぶん）。

23 いろはたんてい

学習日　／

1回目　／100点

2回目　／100点

答えは171ページ

文章を読んで、問いに答えましょう。

最近、わたしのクラスではやっている「いろはたんてい」という遊びをしょうかいします。

㋐、「いろはにほへと、ちりぬ（ぬすっと）るをわか、よた（たんてい）」と、一人一人を順番に数えて、（ぬ）に当たった人は「ぬすっと」、（た）に当たった人は「たんてい」と、敵・味方を分けていきます。この分け方から、みんなは「いろはたんてい」と呼んでいます。

㋑、だれかの「用意、ドン。」の合図で、ぬすっと達はクモの子を散らすように①にげていきます。

たんていは、②それから五十を数え追いかけるのですが、それがとても③変わった数え方で、「ぼうさんがへをこいた。」を五回くり返して五十とするのです。それがとても速い数え方なのです。

㋒、たんていは全力で走って、ぬすっと達をつかまえに行きます。背中に三回タッチされるとつかまったことになるのですが、ぬすっとも必死だから、あと少しというところでよくにげられます。全員をつかまえてようやく交代になります。

(1) 何という遊びのしょうかいですか。（5点）

（　　　　）

(2) この遊びの名前は、どこからつきましたか。はじめの三文字と終わりの三文字をかきましょう。（5点）

はじめ □□□　終わり □□□

(3) ①のとき、どんな合図ですか。（18点）

（　　　　）

(4) ㋐〜㋒に入るつなぎ言葉を［　］から選びましょう。（各6点）

［そして　その上　まず　次に］

㋐（　　）　㋑（　　）　㋒（　　）

(5) ②は、何があってからですか。（18点）

（　　　　）

(6) ③は、どんな数え方をしますか。（18点）

（　　　　）

(7) ぬすっとは、どうされると、つかまったことになるのですか。（18点）

（　　　　）

国語

24 言葉と文④（文末表現）

学習日　／

1回目　／100点
2回目　／100点

できた！
答えは171ページ

1 次の文は、過去・現在・未来のこと、それぞれどれを表していますか。（各6点）

① 宿題をしている。〔　　〕
② 宿題をした。〔　　〕
③ 宿題をするだろう。〔　　〕

2 より確かなものから順に、番号をつけましょう。（各6点）

㋐（　）向こうを行く人は　先生かもしれない。
㋑（　）向こうを行く人は　きっと先生だ。
㋒（　）向こうを行く人は　たぶん先生だ。

3 次の文末表現のうち、一つだけ意味の異（こと）なるものがあります。（　）に○をつけましょう。（各10点）

①
㋐（　）校長先生が帰られる。
㋑（　）このきのこは食べられる。
㋒（　）明（あきら）君は英語で答えられる。

②
㋐（　）都会はにぎやかだそうだ。
㋑（　）このケーキはおいしそうだ。
㋒（　）今夜はすずしそうだ。

4 次の文は、［　］の㋐〜㋕のどれですか。（　）に記号をかきましょう。（各6点）

①（　）もっとしっかり勉強しろ。
②（　）こうもりは鳥の仲間ですか。
③（　）ぼくは百メートル泳げます。
④（　）私はバレリーナになりたい。
⑤（　）兄は中学生ではありません。
⑥（　）兄はクラブを休んだそうだ。

㋐打ち消しの文　㋑命令の文
㋒質問・疑問（ぎもん）の文　㋓可能の文
㋔伝聞の文　㋕希望の文

5 〈例〉のように、主語を入れかえて文をかきましょう。（各4点）

〈例〉
ねこが　ねずみ㋮を　追う。
ねずみが　ねこ㋥に　追われる。

① トビが　野ネズミを　おそう。
〔　　　　〕

② 小結が　大関を　投げる。
〔　　　　〕

国語

25

総合

福男レース

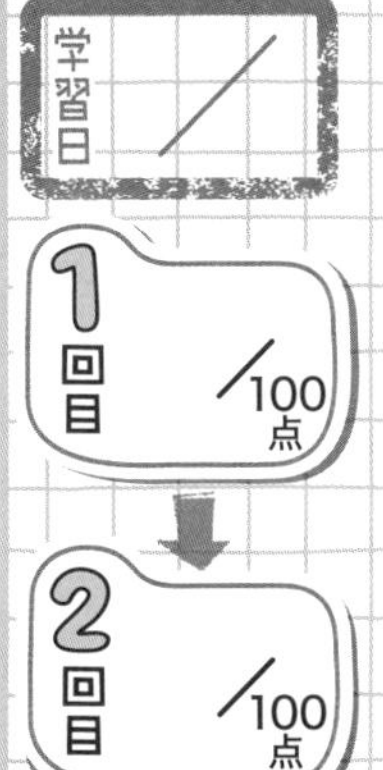

1 文章を読んで、問いに答えましょう。

みなさんは、毎年一月九日から十一日に行われる西宮神社の「えびす祭り」に行ったことがありますか。

えびす様は、神話によると、日本をお作りになった神様の子どもです。三才になっても歩けなかったので、アシの船に乗せられて海に流されたそうです。その後、苦労を重ね、海からもどられたということです。それで、漁業の神様として祭られるようになりました。

やがて、祭られた㋐えびす様が、この地方にいた悪い神様を、一月九日に退治(たいじ)しようというとき、

「みんなは、戸じまりをして、家の中でひっそりとしていなさい。」

「門松(かどまつ)の松の木を逆さにしておきなさい。悪い神は、家に近づかないであろう。」

とおっしゃって、その後、みごと悪い神を退治したということです。

㋑それ以後、一月九日の晩(ばん)はじっと家にこもり、夜明けと同時に、我(わ)れ先(さき)にお参りに行くようになりました。有名な福男レースはこの話にちなんだものなのです。

(1) えびす祭りはいつ開かれていますか。(10点)

〔　　　　〕

(2) 次の(　)に合う言葉をかきましょう。(各10点)

この話は、(①　　　)という神様の説明と(②　　　)レースの起源(きげん)についてかかれたものです。

(3) ㋐えびす様が町の人たちにいったことは何ですか。二カ所〜〜を引きましょう。(各10点)

(4) ㋑のそれは、何をさしていますか。(10点)

2 次の言葉の基本形をかきましょう。また、これらの言葉はまとめて何語といいますか。(各5点)

① 拝見する→(　　　)

② もどられる→(　　　)

③ おっしゃる→(　　　)

④ (　　　)語

3 次の漢字をかきましょう。(各10点)

① 顔を[ふ][しょう]する。

② [よう][じ]が歩く。

国語

26 総合 時計の歴史

学習日 ／

1回目 ／100点
2回目 ／100点

できた！ 答えは171ページ

1 文章を読んで、問いに答えましょう。

時計の歴史は古い。一万年もの昔からあったといわれている。Ⓐ人類初の時計は、地面に棒を立てて、その棒の作るかげの動きで時刻を読み取った日時計だ。自然の現象を利用していたのである。

Ⓑ三千五百年もの昔には、エジプトや中国で水時計なるものが使われていた。水がしたたり落ちていくところから時刻を読むものだった。

また、千年くらいになると、航海するときの道具の一つとして砂時計が利用されるようになった。持ち運びができて、ゆれるⒸ船の中で使うのに都合がよかったのだろう。そのころはろうそくや線香の燃える時間の長さから時間を計るといったものもあった。

そして、千三百年ごろようやくⒹ機械式の時計が発明されたのだ。これは、ゼンマイというバネの力を利用して、規則的に時刻を示すしくみが作られたのだ。

日本には千五百五十一年、宣教師フランシスコ・ザビエルによって、はじめてこの機械式時計が伝えられた。

その後、日本の時計は大変進化し、世界的にもすぐれているといわれる。

(1)
① Ⓐは何時計ですか。(10点)

[ ]

② 何の動きで時刻を読み取りますか。(15点)

（ ）

(2)
① エジプトや中国で使われていたのは何時計ですか。(10点)

[ ]

② 何で時刻を読みますか。(15点)

（ ）

(3)
① Ⓒは何時計ですか。(10点)

[ ]

② どのように都合がよかったのですか。(15点)

（ ）

(4)
① Ⓓは、何の力を利用して時刻を示していましたか。(10点)

（ ）

② 日本にこの時計を伝えたのは、だれですか。(15点)

（ ）

27 総合 たこあげ

1 文章を読んで、問いに答えましょう。

日本のお正月の遊びに「たこあげ」があります。やっこだこや連だこを高く上げるのは、今年一年運勢も上がれという願いからきています。

日本ではじめてたこがあげられたのは、今から千年ほど前だといわれています。中国から伝わってきたそのころのたこはまるでとんびのような形をしたものだったようです。

Ⓐ、五百年もたつと、たこは、戦の道具として、使われるようになりました。たこを高く上げて、遠くの味方に合図を送ったりしました。

Ⓑ、たこが遊びで使われるようになったのはいつごろからでしょうか。

今から四百年ほど前から、和紙が広く使われるようになり、日本中で子どもたちのお正月の遊びとなりました。

絵が個性的で美しいたこは日本のよき伝統です。

(1) お正月に「たこあげ」をするのはなぜですか。(20点)

【　　】

(2) たこはどこから日本に伝わってきましたか。(15点)

【　　】

(3) 日本でたこが遊び道具として使われるようになったのはいつごろですか。(15点)

【　　】

(4) ⒶⒷに合う言葉を□から選んでかきましょう。(各10点)

Ⓐ（　　）

Ⓑ（　　）

ところで　それから　また

2 次の文は、質問・疑問（ぎもん）の文㋐、感動を表す文㋑、やる気や希望を表す文㋒、のどれですか。（　）に記号をかきましょう。(各5点)

① （　）これからどこへいくか。

② （　）英語を話せるなんてすごいわ。

③ （　）いるかは魚ですか。

④ （　）あの花は美しいなあ。

⑤ （　）ぼくは、早くサッカー選手になりたいな。

⑥ （　）明日のテストは百点とるぞ。

国語 28 総合

ワサビ

学習日 ／

1回目 ／100点
2回目 ／100点

できた！ 答えは172ページ

1 文章を読んで、問いに答えましょう。

あのツンと鼻にくるしげきの強い辛味（からみ）のあるワサビは菜の花の仲間で、野生のものは山間部の谷川のきれいなところにはえています。

ワサビは日本固有の植物で記録によると、今から千年もの昔、奈良時代くらいから主に薬として使われていたようです。

多くの人がすしやそばのつゆの薬味として口にするようになったのは、室町から江戸（えど）時代のようです。現在では生ワサビとしてすりおろして寿司（すし）やさしみと合わせて食べるのをはじめ、徳川家康（とくがわいえやす）が広めたとされるワサビづけでさらに広く食べられるようになっています。

Ⓐ、ワサビはO（オー）−157などの食中毒の予防にもなるといわれ、健康食品としても有望です。

現在では、静岡県の伊豆（いず）半島、富士山周辺のワサビ畑で採れるものが有名で、静岡県の名産品となっています。

(1) ワサビはどんな味ですか。（10点）

(2) ワサビは何時代から使われていましたか。（10点）

(3) 多くの人が口にするようになったのは何時代ですか。（10点）

(4) ワサビづけはだれが広めたとされますか。（10点）

(5) ワサビは何の病気の予防になるといわれますか。（10点）

(6) Ⓐにあてはまる接続語を後から選びましょう。（10点）

（　）だから　（　）しかし　（　）また

2 次の□に化・的・性をかき、正しい熟語にしましょう。（各5点）

① 有料□　② 伝染□
③ 活性□　④ 効果□

3 次の漢字をかきましょう。（各10点）

① ご かい を と く
② かい が てん の あん ない

29 総合 こどもの日

学習日 ／

1回目 ／100点
2回目 ／100点

できた！
答えは172ページ

1 文章を読んで、問いに答えましょう。

「こどもの日」㋐は元は女性の田植えのお祭りでした。

日本には、古くから五月になると、さおとめ（若くて清らかな女性）が田植えをする神聖な行事がありました。それと㋑、後に中国から入ってきた、病気などのやくばらいをするための「しょうぶ」や「よもぎ」を使った「たんごの節句」㋒とが結びつき、しょうぶでやくばらいをし、田植えをするようになりました。

それが、戦国の世になって㋓、武士の力が強くなるにつれて、「しょうぶ」の葉の形が剣に似ていることから「かぶと」「よろい」に「しょうぶ」をつけてかざり、男の子のお祭りとなっていきました。

江戸時代に入ると、男の子の立身出世と健やかな成長を願うこいのぼりもあげられるようになりました。

その後、昭和二三年になって、男女平等の「こどもの日」と定められ、多くの家庭で、こいのぼり、かぶと、しょうぶ、ちまきなどで祝うようになりました。

(1) ㋐は元は何のお祭りでしたか。（15点）

［　　　］

(2) ㋑は何をさしていますか。（15点）

［　　　　　　］な行事

(3) ㋒はどこの国から伝わったものですか。（10点）

［　　　］

(4) ㋓には、だれのお祭りになりましたか。（10点）

［　　　］

(5) 「しょうぶ」の葉の形は何に似ていますか。（10点）

［　　　］

(6) こいのぼりは何時代にあげられるようになりましたか。（10点）

［　　　］

2 正しい方に○をつけましょう。（各5点）

① 気が｛会う／合う｝　② 国を｛治める／収める｝

③ 季節が｛変わる／代わる｝

3 次の敬語と意味の合うていねい語を——で結びましょう。（各5点）

① めし上がる ・　　・ ㋐ します
② なさる ・　　・ ㋑ 言います
③ おっしゃる ・　　・ ㋒ 食べます

国語

30

総合

かかしの里

学習日 ／

1回目 ／100点

2回目 ／100点

できた！

答えは172ページ

1 文章を読んで、問いに答えましょう。

徳島県の山奥(やまおく)に「㋐天空の村・かかしの里」と呼(よ)ばれる、住民のとても少ない村がある。

人里はなれた山道を登っていくと、畑を耕しているおばあちゃん、工事をしているおじいちゃん、お店でくつろぐ人たちなど㋑多くの人たちに出会う。

しかし、少し目をこらして見るとみんな、動かない。実は、すべて村の住民に似せて作ったかかしなのである。今、㋒このかかしが、住民の数をこえて、百体にもなっているという。

もともとかかしは田畑で作物を食いあらすたくさんの鳥やけものたちを追いはらう人形だったのだが、この村では、それが、一目見るとまるで、村の人間のように見える作りなのだ。その上、名前や職業までついているという、こりようである。これには、㋓過その村に住む人々の切なる願いがこめられているようである。

(1) ㋐天空の村とはどんな村ですか。(10点)

〔　　〕

(2) ㋑どんな人たちに出会いますか。(各5点)

〔　　〕〔　　〕〔　　〕

(3) ㋒どんなかかしですか。(15点)

〔　　〕

(4) かかしとはもともとどんなものでしたか。(10点)

〔　　〕

(5) 住人の数はどれくらいですか。(10点)

〔　　〕

2 次の動詞の活用を考え(　)にひらがなをかきましょう。(各5点)

動

① (　　)ない
② (　　)ます
③ (　　)。
④ (　　)ば
⑤ (　　)う

3 次の漢字の送りがなの部分に——を引きましょう。(各5点)

① 閉　とじる　しめる

② 負　まける　おう

③ 冷　つめたい　ひえる

国語

31

総合

植物工場

学習日　／

1回目　／100点

2回目　／100点

できた！

答えは172ページ

1 文章を読んで、問いに答えましょう。

近年、植物工場が増えている。植物のさいばいには光や温度、水分、養分などが必要だ。㋐植物工場とは、養分をとかした水と人工光を利用し、温度や空気などを㋑コンピュータ管理で野菜などをさいばいする施設（しせつ）である。ハウスさいばい、温室さいばいとは異なり、農地が要らず、都会のビルの中でもできるそうだ。

㋒植物工場の利点は、まず、季節や天候に関係なく計画的に野菜の生産ができる。そして、病害虫の心配がなく、無農薬による安全な生産も可能である。その上、レタスなどは、水さいばいでたなを何段（なんだん）にも積み重ね、大量に生産ができるなどである。

問題点は施設費、電気・燃料代などが高額になること、さいばい品目（レタスや葉野菜など）が限られることである。

(1) ㋐植物工場は何を利用していますか。（10点）

〔　　　〕

(2) ㋑コンピュータでは、何を管理していますか。（10点）

〔　　　〕

(3) ハウスさいばい・温室さいばいと大きく異なるのはどんなところですか。（10点）

〔　　　〕

(4) ㋒植物工場の利点を三つかきましょう。（各10点）

〔　　　〕
〔　　　〕
〔　　　〕

(5) 問題点を二つかきましょう。（各10点）

〔　　　〕
〔　　　〕

2 次の漢字の読みをかきましょう。（各4点）

① 景色（　　　）
② 冬至（　　　）
③ 空梅雨（　　　）
④ 師走（　　　）
⑤ 七夕（　　　）

32 総合 白衣の天使

学習日　　／

1回目　　／100点

2回目　　／100点

できた！ 答えは172ページ

1 文章を読んで、問いに答えましょう。

①1854年、イギリスとロシアの間でクリミア戦争が始まった。

「戦地には、けがや悪いはやり病にかかって苦しんでいる兵士がたくさんいる。」

と聞いた②ナイチンゲールは、すぐに仲間の看護師（かんごし）を集め戦地の病院へかけつけた。

そこで目にしたことは、ひどいものだった。

病人やけが人が続々と運びこまれベッドもなく不潔な床（ゆか）に転がされていた。けが人に包帯をまくのに、昼夜なく③ひざまずいて働く。台所にはねずみが走りまわり、その上、トイレなどもよごれたままで、病気が広がるのも当然だった。④彼女は、兵士を助けるために、まず病院を清潔にし、栄養ある食事をあたえるようにした。

こうして、敵（てき）、味方を問わず、多くの兵士の命を救ったかの女は「白衣の天使」と呼（よ）ばれるようになった。

ところが、その後、かの女は「⑤天使」とは、美しい花をまく者ではなく、苦しむ者のためにたたかう者である」と、語ったといわれている。

1860年、かの女は念願であった看護師の知識や技術を学べる「⑥ナイチンゲール看護学校」を造ったのだった。

(1) ①のころ、何が始まったのですか。（8点）

(2) ②は、どうしましたか。（各14点）

(3) ③なぜ、ひざまずいて働くのですか。（14点）

(4) ④かの女のしたことを二つかきましょう。（各14点）

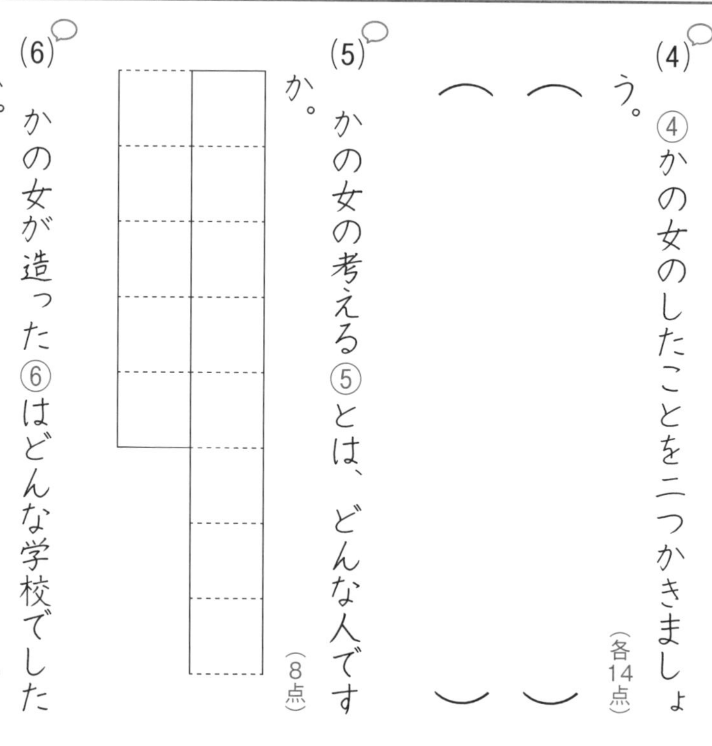

(5) かの女の考える⑤とは、どんな人ですか。（8点）

(6) かの女が造った⑥はどんな学校でしたか。（14点）

1 アルファベット大文字・小文字

学習日 ／

1回目 ／100点 答えは172ページ 2回目 ／100点 できた！

1 次の大文字をなぞり、右に1文字かきましょう。（完答50点）

A B C D

E F G H

I J K L

M N O P

Q R S T

U V W X

Y Z

2 次の小文字をなぞり、右に1文字かきましょう。（完答50点）

a b c d

e f g h

i j k l

m n o p

q r s t

u v w x

y z

2 自己紹介をしよう！

答えは172ページ

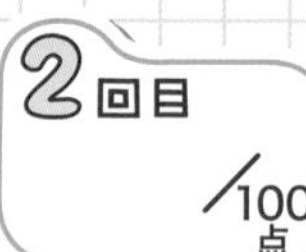

1 次の自己紹介をしている英文をなぞりましょう。（完答40点）

Hello. I'm Kurumi.

（こんにちは。わたしはくるみです。）

I'm from Kyoto.

（わたしは京都出身です。）

My birthday is February 19th.

（わたしの誕生日は2月19日です。）

I like cats.

（わたしはネコが好きです。）

I can run fast.

（わたしは速く走ることができます。）

2 自分の出身地を英文でかきましょう。（20点）

I'm ________.

3 自分の誕生日を英文でかきましょう。（20点）

My birthday is

________.

1月	January	2月	February	3月	March	4月	April
5月	May	6月	June	7月	July	8月	August
9月	September	10月	October	11月	November	12月	December

4 自分ができることを次から選んで英文でかきましょう。（20点）

I can ________.

draw well
上手に絵をかくこと

jump high
高くとぶこと

dance well
上手におどること

3 日本について話そう！

学習日 ／

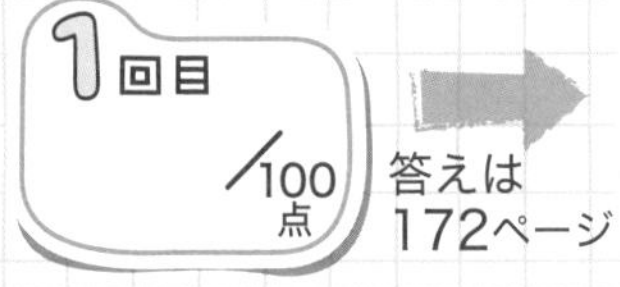

答えは172ページ

1 日本の四季の行事を線で結びましょう。 （各5点）

spring 春	summer 夏	autumn 秋	winter 冬

momijigari もみじがり	snow festivals 雪まつり	fireworks festival 花火大会	hanami 花見

2 日本の行事が何月にあるか線で結びましょう。 （各5点）

setsubun 節分	New Year's Day 元日	shichi-go-san 七五三	Children's Day こどもの日

February 2月	May 5月	November 11月	January 1月

3 日本の食べ物について伝える英文をなぞりましょう。 （完答30点）

We have sushi in Japan.

（日本にはすしがあります。）

sushi

It's delicious.

（それはおいしいです。）

4 自分の紹介（しょうかい）したい日本の食べ物を次から選んで英文で伝えましょう。 （各30点）

We have ＿＿＿＿ in Japan.

It's delicious.

tempura 天ぷら	mochi もち	takoyaki たこ焼き	oden おでん

4 していることを話そう！

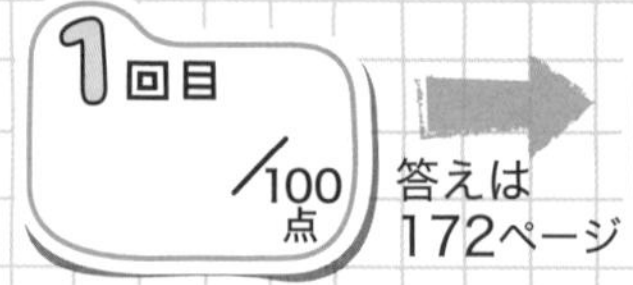

答えは172ページ

1 次のしていることを伝える英文をなぞりましょう。（完答20点）

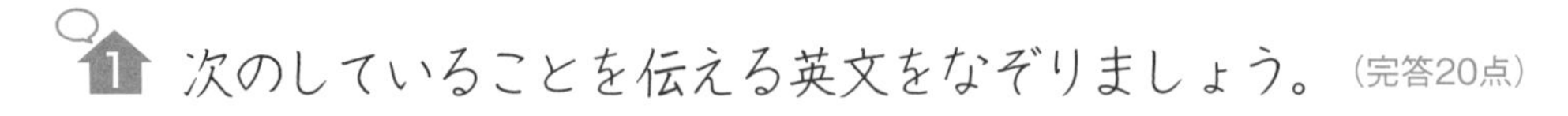

I usually play soccer

on Saturdays.

（わたしはふつう、土曜日にサッカーをします。）

2 自分の「always(いつも)」していること、「sometimes(ときどき)」していることを下から選んでかきましょう。（各20点）

I always ＿＿＿＿＿＿＿＿＿＿.

I sometimes ＿＿＿＿＿＿＿＿＿＿.

dance
おどること

brush my teeth
歯をみがくこと

go to juku
じゅくに行くこと

ride a bicycle
自転車に乗ること

3 マナさんが朝することについて話しています。表のあてはまるところに〇をつけましょう。（各10点）
「always〈いつも〉」、「usually〈ふつう〉」、「sometimes〈ときどき〉」、「never〈決して～ない〉」

I always eat lice.

I sometimes watch TV.

I never drink coffee.

I usually walk my dog.

していること	never (0%)	sometimes (50%)	usually (80%)	always (100%)
eat lice（白米を食べる）				
walk my dog（犬の散歩をする）				
drink coffee（コーヒーを飲む）				
watch TV（テレビを観る）				

5 何時に何をするかについて話そう！

学習日 ／

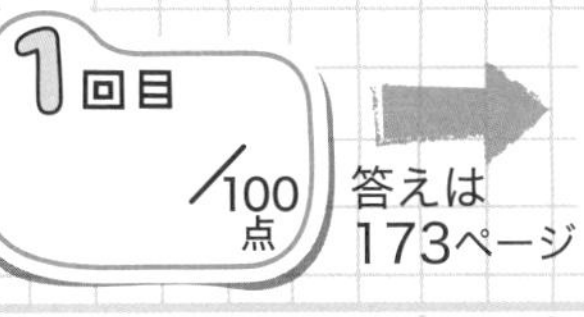

答えは
173ページ

1 次の何時に何をするかをたずねて、伝える英文をなぞりましょう。 （完答20点）

What time do you get up?

（あなたは何時に起きますか。）

I always get up at 6:30.

（わたしはいつも、6時30分に起きます。）

2 何をする時間か次から選んで、自分がそれをする時刻をかきましょう。時刻は数字でかきましょう。 （20点）

I usually ＿＿＿＿＿＿＿＿

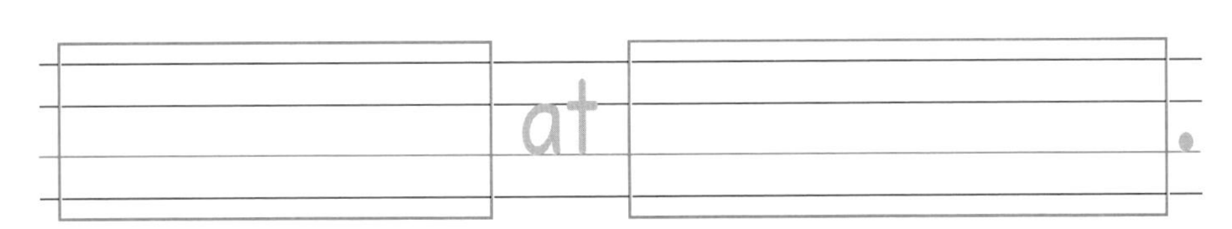

3 絵と会話があうように線で結びましょう。 （各20点）

Aki : What time do you take out the garbage?

Ken : I take out the gabage at 7:30.

Aki : I usually get the newspaper at 7:00.

Ken : I usually walk my dog at 7:00.

Aki : I usually clean my room at 8:00.

Ken : I usually wash the dishes at 8:30.

6 いちばん好きなものや人について話そう！

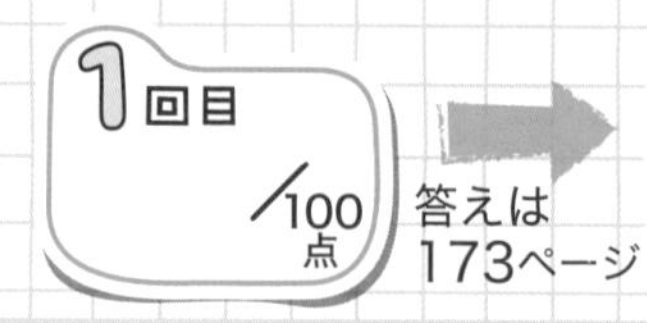

答えは173ページ

1 いちばん好きな食べ物をたずねて、伝える英文をなぞりましょう。（完答20点）

What's your favorite food?

（あなたのいちばん好きな食べ物は何ですか。）

It's curry and rice.

（それはカレーライスです。）

2 自分がいちばん好きな食べ物を次から選んでかきましょう。（30点）

It's ＿＿＿＿＿＿＿＿＿＿.

pizza
ピザ

hamburgers
ハンバーガー

sandwiches
サンドウィッチ

spaghetti
スパゲッティ

3 いちばん好きな人をたずねて、伝える英文をなぞりましょう。（完答30点）

Who is your favorite singer?

（あなたのいちばん好きな歌手はだれですか。）

I like Sarah Johnson.

（わたしはサラ・ジョンソンが好きです。）

She can sing very well.

（かの女はとても上手に歌えます。）

4 それぞれの人ができることを，下の絵に表しました。絵の順に通りながらスタートからゴールまでいきましょう。（20点）

スタート
sing very well
cook very well
run very fast
dance very well
skate very well
play tennis very well
play soccer very well
ゴール

7 どんな人か紹介しよう！

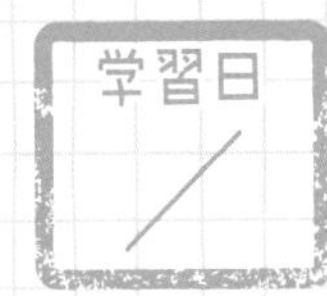

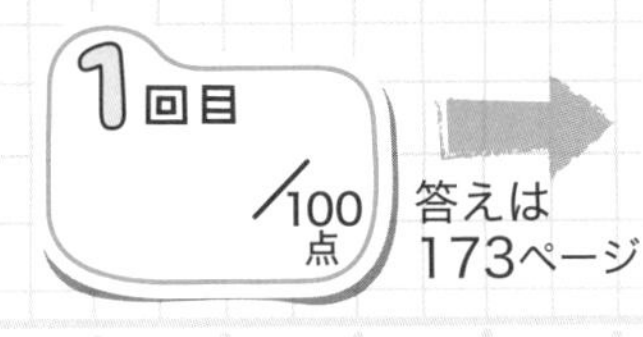

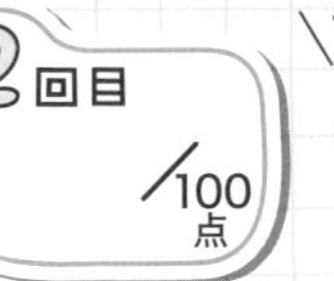

1 人のことを紹介（しょうかい）する英文をなぞりましょう。 （完答30点）

This is my mother.

（こちらはわたしの母です。）

She is active.

（かの女は活発です。）

She can cook very well.

（かの女はとても上手に料理ができます。）

2 次の英単語をなぞりましょう。 （完答20点）

父親 father

兄（弟） brother

姉（妹） sister

祖母 grandmother

祖父 grandfather

3 次の英単語をなぞりましょう。 （完答20点）

活発な active

やさしい gentle

気さくな friendly

ユーモアがある funny

親切な kind

かっこいい cool

4 アキさんが紹介している人について、わかることを下の表に日本語でかきましょう。 （各（かく）10点）

Aki

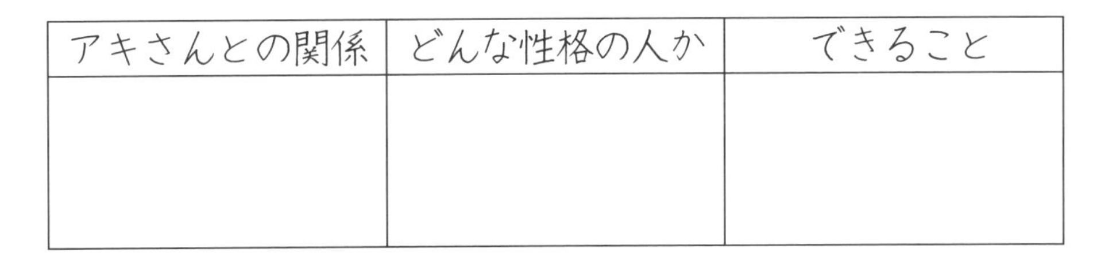

アキさんとの関係	どんな性格の人か	できること

8 行きたい国・場所について話そう！

学習日　／

1回目　／100点　答えは173ページ

1 行きたい国をたずねて、伝える英文をなぞりましょう。（完答30点）

Where do you want to go?

（あなたは、どこに行きたいですか。）

I want to go to Egypt.

（わたしはエジプトに行きたいです。）

I want to see the pyramids.

（わたしはピラミッドを見たいです。）

2 ケンさんが行きたい国とそこで見たいものについて、下の表に日本語でかきましょう。（各10点）

I want to go to Australia.

I want to see Koalas.

行きたい国	見たいもの

3 旅行にさそい、その楽しみを伝える英文をなぞりましょう。（完答20点）

Let's go to France.

（フランスに行きましょう。）

You can enjoy shopping.

（買い物を楽しむことができます。）

4 アキさんがアメリカで楽しめることのベスト3をネットで調べました。その内容について、右の絵の□に順位をかきましょう。（各10点）

Let's go to America.

1 You can eat food.
（食事をすることができます。）

2 You can enjoy shopping.
（買い物を楽しむことができます。）

3 You can see the Statue of Liberty.
（自由の女神像を見ることができます。）

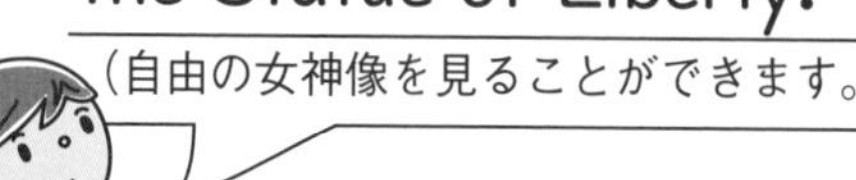

□ 

□ 

□ 

shopping

9 得意なことなりたい職業について話そう！

学習日 ／

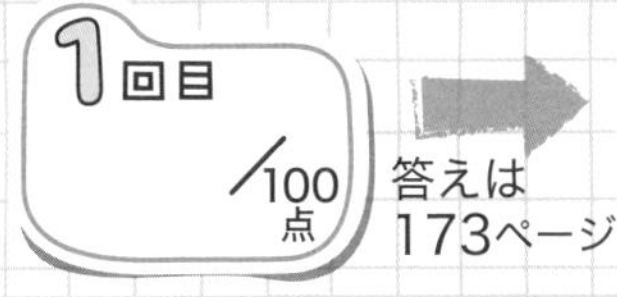

答えは173ページ

1 なりたい職業をたずね、伝える英文をなぞりましょう。 （完答30点）

What do you want to be?

（あなたは、何になりたいですか。）

I'm good at dancing.

（わたしはおどることが得意です。）

I want to be a dancer.

（わたしはダンサーになりたいです。）

2 次の英文にあう得意なことを次から選んでかきましょう。 （20点）

I'm good at ＿＿＿＿＿＿＿＿.

I want to be a cook.

playing soccer
サッカーをすること

swimming
泳ぐこと

cooking
料理をすること

teaching
教えること

3 上手なことと、なりたい職業を伝える英文をなぞりましょう。 （完答30点）

I can play soccer well.

（わたしは上手にサッカーができます。）

I want to be a soccer player.

（わたしはサッカー選手になりたいです。）

4 自分が興味をもった職業を次から選んでかきましょう。（20点）

I want to be a

＿＿＿＿＿＿＿＿.

baseball player
野球選手

soccer player
サッカー選手

vet
じゅう医

doctor
医者

nurse
看護師

florist
花屋

cook
コック

teacher
先生

10 休みの思い出を話そう！

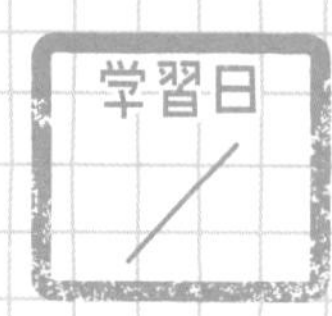

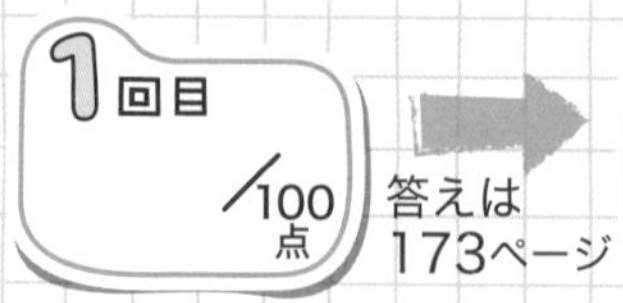

答えは173ページ

1 次の思い出をたずねて、伝える英文をなぞりましょう。 (完答20点)

How was your spring vacation?

（春休みはどうでしたか。）

Good! I went to Shizuoka.

（よかったです！ 静岡県に行きました。）

2 次の気持ちを表す英単語をなぞりましょう。 (完答10点)

Fun!
（楽しかったです！）

Great!
（とても楽しかったです！）

3 冬休みにアキさんが行ってきた県とそこで感じた気持ちについて、下の表に日本語でかきましょう。 (各10点)

アキが行った県	そのときの気持ち

4 次の楽しんだことについてたずねて、伝える英文をなぞりましょう。 (完答30点)

What did you do there?

（そこで何をしましたか。）

I enjoyed cycling.

（サイクリングを楽しみました。）

It was exciting.

（興奮（こうふん）しました。）

5 自分が夏休みにしたことで楽しかったことを、次から選んでかきましょう。 (20点)

I enjoyed ＿＿＿＿＿＿＿＿.

11 小学校での思い出について話そう！

学習日 ／

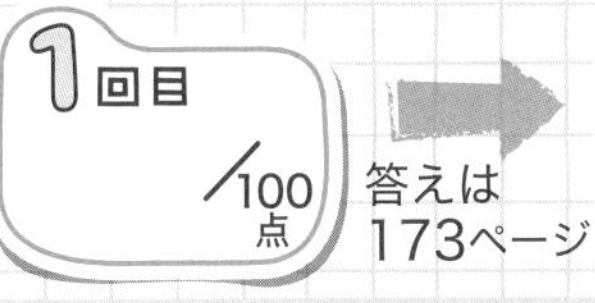

答えは173ページ

できた！

1 次の思い出をたずねて、伝える英文をなぞりましょう。（完答20点）

What is your best memory?

（あなたのいちばんの思い出は何ですか。）

It is our sports day.

（それは運動会です。）

2 自分の小学校生活でいちばんの思い出を、次から選んでかきましょう。（30点）

It is

our ＿＿＿＿＿＿＿＿＿＿.

sport day
運動会

field trip
社会見学

school trip
修学旅行

music festival
音楽会

3 見たものとそれを見た思い出を伝える英文をなぞりましょう。（完答20点）

I saw Fuji-san.

（わたしは富士山を見ました。）

It was beautiful.

（美しかったです。）

4 自分が修学旅行で見たことのある建物の名前を、次から選んでかきましょう。（30点）

I saw

＿＿＿＿＿＿＿＿＿＿.

Tokyo Skytree
東京スカイツリー

Kinkaku-ji
金閣寺

Ise Grand Shrine
伊勢神宮

Itsukushima Shrine
厳島神社

12 中学校でやってみたいことを話そう！

学習日 /

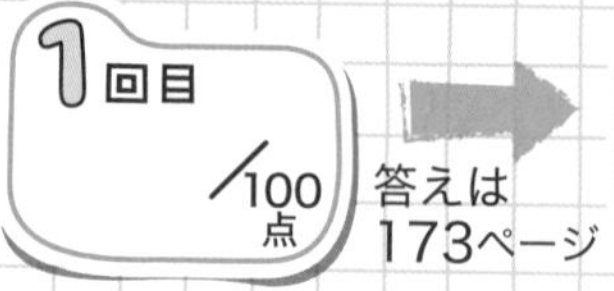

答えは173ページ

1 中学校でやってみたいことをたずねて、伝える英文をなぞりましょう。（完答30点）

What do you want to do in junior high school?

（中学校でやりたいことは何ですか。）

I want to study math.

（わたしは数学を勉強したいです。）

2 中学校で勉強したい教科を、次から選びましょう。（20点）

I want to study ＿＿＿＿＿＿.

English
英語

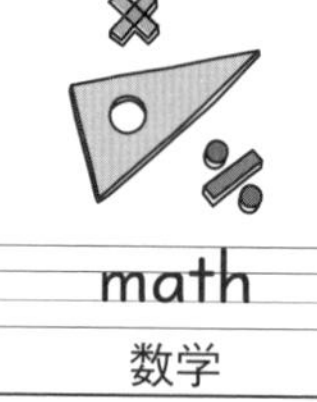
math
数学

science
理科

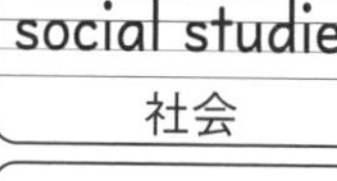
social studies
社会

Japanese
国語

P.E.
体育

music
音楽

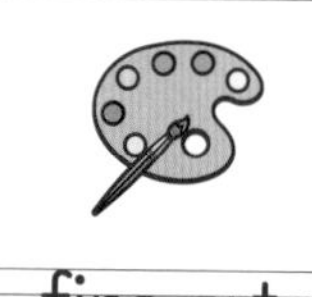
fine arts
美術

3 一生けん命にやりたいことを伝える英文をなぞりましょう。（完答30点）

I want to study Japanese hard.

（わたしは国語を一生けん命に勉強したいです。）

4 自分が中学校でやりたいことを、次から選んでかきましょう。（20点）

I want to

＿＿＿＿＿＿.

study hard
一生けん命勉強する

make friends
友だちをつくる

wear a uniform
制服を着る

join the club
部活動に入る

全科ノート　小学6年生　答え

算数

1 対称な図形①……〈P. 3〉

1

2 ① 点オ　② 直線カオ

3 ① 直線イカ，直線ウオ
② 直線クカ，直線キオ

2 対称な図形②……〈P. 4〉

1

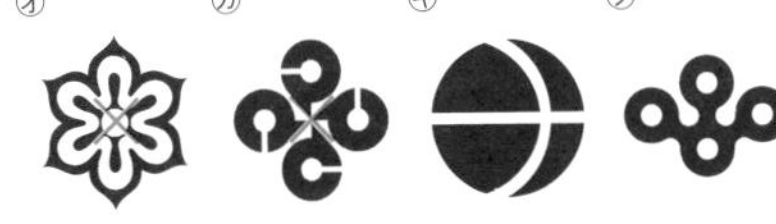

2 ① 点オ　② 点カ　③ 直線オカ

3 ① 直線エア　② 直線Oエ　③ 直線Oア

3 対称な図形③……〈P. 5〉

1 ① ア，ウ，カ，キ，ク　② ウ，オ，ク
③ イ，エ　④ ア，カ，キ　⑤ ウ

2 ① ア，イ，ウ，エ，オ，カ　② イ，エ，オ
③ ウ 5本　エ 6本　オ 8本
④ （例）エ　オ

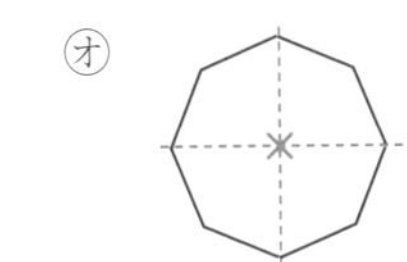

4 対称な図形④……〈P. 6〉

1　**2**

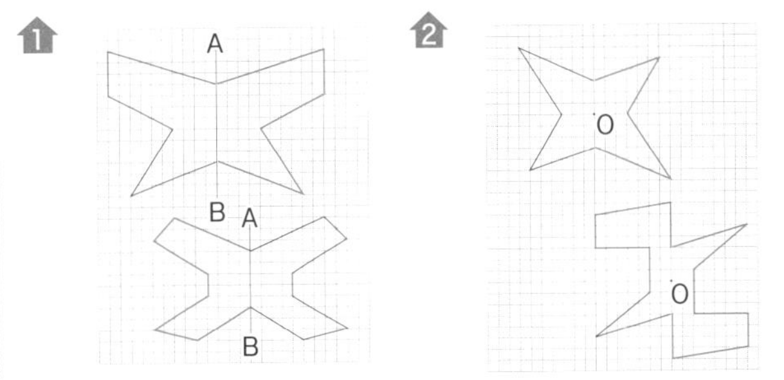

5 分数のかけ算①……〈P. 7〉

1 ① $\frac{15}{28}$　② $\frac{25}{42}$　③ $\frac{35}{72}$　④ $\frac{27}{70}$
⑤ $\frac{32}{45}$　⑥ $\frac{15}{56}$　⑦ $\frac{49}{48}$　⑧ $\frac{32}{35}$

2 $\frac{4}{5}\times\frac{1}{3}=\frac{4}{15}$　$\frac{4}{15}$

3 ① $\frac{9}{14}$　② $\frac{15}{28}$　③ $\frac{10}{21}$　④ $\frac{9}{20}$
⑤ $\frac{21}{32}$　⑥ $\frac{5}{14}$　⑦ $\frac{15}{28}$　⑧ $\frac{16}{27}$

4 $2\frac{1}{4}\times\frac{1}{3}=\frac{3}{4}$　$\frac{3}{4}$kg

6 分数のかけ算②……〈P. 8〉

1 ① $\frac{9}{10}$　② $\frac{35}{12}$　③ $\frac{12}{35}$　④ $\frac{8}{25}$
⑤ $\frac{6}{25}$　⑥ $\frac{21}{10}$　⑦ $\frac{25}{18}$　⑧ $\frac{15}{28}$

2 $\frac{20}{21}\times\frac{3}{8}=\frac{5}{14}$　$\frac{5}{14}$m²

3 ① $\frac{2}{5}$　② $\frac{2}{15}$　③ $\frac{1}{6}$　④ $\frac{2}{9}$
⑤ $\frac{18}{49}$　⑥ $\frac{27}{20}$　⑦ $\frac{10}{49}$　⑧ $\frac{35}{24}$

4 $\frac{12}{25}\times 5=\frac{12}{5}$　$\frac{12}{5}\left(2\frac{2}{5}\right)$kg

7 分数のかけ算③……〈P. 9〉

1 ① $\frac{12}{35}$　② $\frac{15}{28}$　③ $\frac{9}{20}$　④ $\frac{12}{25}$
⑤ $\frac{4}{35}$　⑥ $1\frac{1}{9}$　⑦ $\frac{6}{25}$　⑧ $\frac{8}{15}$

2 $1\frac{7}{9}\times 1\frac{1}{20}=\frac{28}{15}=1\frac{13}{15}$　$\frac{28}{15}\left(1\frac{13}{15}\right)$km

3 ① $1\frac{1}{14}$　② $2\frac{1}{12}$　③ $1\frac{11}{24}$　④ $1\frac{7}{8}$
⑤ $1\frac{13}{15}$　⑥ $1\frac{13}{15}$　⑦ $2\frac{13}{25}$　⑧ $2\frac{1}{12}$

4 $1\frac{1}{9}\times 2\frac{1}{2}=\frac{25}{9}=2\frac{7}{9}$　$\frac{25}{9}\left(2\frac{7}{9}\right)$L

8 分数のかけ算④……〈P. 10〉

1 ① $\frac{4}{3}\left(1\frac{1}{3}\right)$　② 12　③ 16
④ $\frac{14}{5}\left(2\frac{4}{5}\right)$　⑤ $\frac{9}{5}\left(1\frac{4}{5}\right)$

2 ① $\frac{9}{20}$　② $\frac{7}{24}$　③ $\frac{28}{5}\left(5\frac{3}{5}\right)$
④ $\frac{1}{5}$　⑤ $\frac{289}{300}$

9 分数のわり算①……〈P. 11〉

1 ① $\frac{27}{32}$　② $\frac{15}{28}$　③ $\frac{36}{35}$　④ $\frac{20}{27}$
⑤ $\frac{27}{50}$　⑥ $\frac{40}{63}$　⑦ $\frac{49}{48}$　⑧ $\frac{45}{28}$

2 $\frac{5}{7} \div \frac{1}{5} = \frac{25}{7} = 3\frac{4}{7}$　　$\frac{25}{7}\left(3\frac{4}{7}\right)$ m²

3 ① $\frac{28}{15}$　② $\frac{9}{20}$　③ $\frac{42}{25}$　④ $\frac{14}{27}$

⑤ $\frac{40}{21}$　⑥ $\frac{28}{45}$　⑦ $\frac{20}{27}$　⑧ $\frac{28}{15}$

4 $\frac{9}{10} \div \frac{3}{5} = \frac{3}{2} = 1\frac{1}{2}$　　$\frac{3}{2}\left(1\frac{1}{2}\right)$ 分

10 分数のわり算②

〈P. 12〉

1 ① $\frac{2}{21}$　② $\frac{1}{6}$　③ $\frac{14}{15}$　④ $\frac{25}{49}$

⑤ $\frac{24}{25}$　⑥ $\frac{25}{28}$　⑦ $\frac{4}{45}$　⑧ $\frac{25}{49}$

2 $\frac{3}{4} \div \frac{5}{6} = \frac{9}{10}$　　$\frac{9}{10}$ m²

3 ① $\frac{8}{15}$　② $\frac{20}{63}$　③ $\frac{9}{10}$　④ $\frac{40}{49}$

⑤ $\frac{35}{36}$　⑥ $\frac{16}{21}$　⑦ $\frac{25}{56}$　⑧ $\frac{5}{6}$

4 $\frac{8}{5} \div \frac{8}{7} = \frac{7}{5} = 1\frac{2}{5}$　　$\frac{7}{5}\left(1\frac{2}{5}\right)$ kg

11 分数のわり算③

〈P. 13〉

1 ① $1\frac{1}{24}$　② $2\frac{2}{9}$　③ $4\frac{1}{5}$　④ $6\frac{2}{3}$

⑤ $1\frac{1}{14}$　⑥ $\frac{25}{49}$　⑦ $1\frac{1}{20}$　⑧ $1\frac{13}{35}$

2 $\frac{8}{3} \div 6 = \frac{4}{9}$　　$\frac{4}{9}$ kg

3 ① $8\frac{1}{3}$　② $7\frac{1}{2}$　③ $\frac{18}{35}$　④ $\frac{9}{14}$

⑤ $1\frac{1}{24}$　⑥ $\frac{12}{35}$　⑦ $\frac{8}{21}$　⑧ $\frac{9}{10}$

4 $3\frac{4}{15} \div 2\frac{1}{10} = \frac{14}{9} = 1\frac{5}{9}$　　$\frac{14}{9}\left(1\frac{5}{9}\right)$ m

12 分数のわり算④

〈P. 14〉

1 ① $3\frac{3}{7}$　② $\frac{3}{16}$　③ $5\frac{5}{8}$

④ $14\frac{7}{10}$　⑤ $\frac{6}{35}$

2 ① $\frac{13}{15}$　② $\frac{5}{6}$　③ $\frac{5}{6}$　④ $3\frac{7}{9}$　⑤ $\frac{1}{2}$

13 分数の計算①

〈P. 15〉

1 ① 1　② $\frac{1}{2}$　③ $\frac{1}{2}$　④ $\frac{2}{5}$

2 ① $\frac{2}{9}$　② $1\frac{1}{3}$　③ $\frac{1}{6}$　④ $\frac{7}{24}$

14 分数の計算②

〈P. 16〉

1 ① $\frac{1}{40}$　② $\frac{3}{35}$　③ $\frac{1}{3}$　④ $\frac{2}{15}$

⑤ $\frac{1}{4}$　⑥ $\frac{3}{40}$　⑦ $\frac{1}{6}$　⑧ $\frac{1}{5}$

⑨ $\frac{1}{30}$　⑩ $\frac{1}{35}$

2 $\frac{5}{3} \times \frac{9}{10} = \frac{3}{2} = 1\frac{1}{2}$　　$1\frac{1}{2}$ dL

3 $150 \times \frac{2}{3} = 100$　　100円

4 $\frac{8}{3} \times \frac{5}{3} = \frac{40}{9} = 4\frac{4}{9}$　　$4\frac{4}{9}$ m²

5 $70 \times \frac{1}{2} = 35$　　35 km

15 分数の計算③

〈P. 17〉

1 ① $3\frac{3}{4}$　② $3\frac{3}{7}$　③ 2　④ $5\frac{2}{3}$

⑤ $1\frac{1}{8}$　⑥ $\frac{18}{25}$　⑦ $\frac{4}{25}$　⑧ $3\frac{1}{3}$

2 $\frac{15}{16} \div \frac{7}{8} = \frac{15}{14} = 1\frac{1}{14}$　　$1\frac{1}{14}$ kg

3 $65 \div \frac{5}{4} = 52$　　時速 52 km

4 $\frac{6}{7} \div \frac{4}{5} = \frac{15}{14} = 1\frac{1}{14}$　　$1\frac{1}{14}$ L

5 $\frac{12}{5} \div \frac{6}{7} = \frac{14}{5} = 2\frac{4}{5}$　　$2\frac{4}{5}$ 時間

16 分数の計算④

〈P. 18〉

1 $\frac{9}{4} \times \frac{5}{2} = \frac{45}{8} = 5\frac{5}{8}$　　$5\frac{5}{8}$ kg

2 $\frac{9}{7} \div \frac{9}{8} = \frac{8}{7} = 1\frac{1}{7}$　　$1\frac{1}{7}$ m²

3 $\frac{20}{3} \times \frac{3}{4} = 5$　　5 kg

4 $\left(1 - \frac{2}{5}\right) \times 3 = \frac{9}{5} = 1\frac{4}{5}$　　$1\frac{4}{5}$ m²

5 ① $\frac{20}{9} \times \frac{25}{6} = \frac{250}{27} = 9\frac{7}{27}$　　$9\frac{7}{27}$ cm²

② $\frac{4}{3} \times 2\frac{1}{4} = 3$　　3 cm²

③ $\frac{10}{3} \times 2 \div \frac{25}{9} = \frac{12}{5} = 2\frac{2}{5}$　　$2\frac{2}{5}$ m

④ $0.8 \times 2 \div \frac{4}{5} = 2$　　2 m

17 比①

〈P. 19〉

1 ① 9　② 16　③ 21　④ 7　⑤ 5

2 ① 7：5　② 3：7　③ 3：4

④ 3：2　⑤ 3：7　⑥ 5：7

⑦ 7：6　⑧ 9：10　⑨ 7：4

⑩ 4：5

3 10：5＝2：1　　2：1

4 21：18＝7：6　　7：6

5 49：28＝7：4　　7：4

18 比② 〈P. 20〉

1 5 ： 7 ＝□ ： 420　　300 m

2 4 ： 3 ＝28 ： □　　21 kg

3 $135\times\frac{5}{9}=75$，$135-75=60$　　姉 75 枚，妹 60 枚

4 $126\times\frac{3}{7}=54$，$126-54=72$　　男子 54 人，女子 72 人

5 $(50+6)\times\frac{9}{14}=36$，$56-36=20$　　赤 36 本，白 20 本

6 $6\div(7-5)=3$，$3\times7=21$，$3\times5=15$

男子 21 人，女子 15 人

19 拡大図と縮図① 〈P. 21〉

1

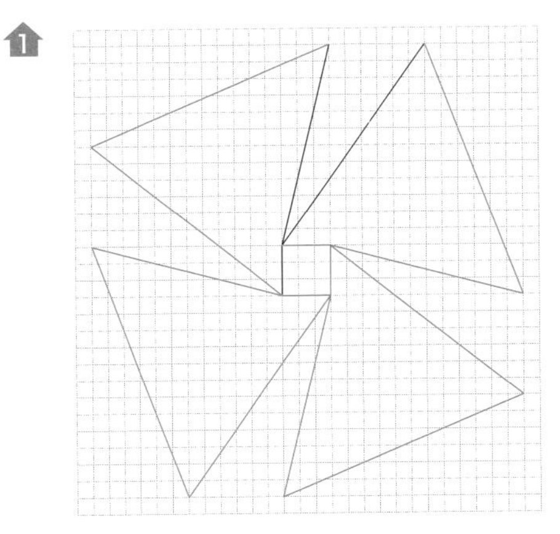

2

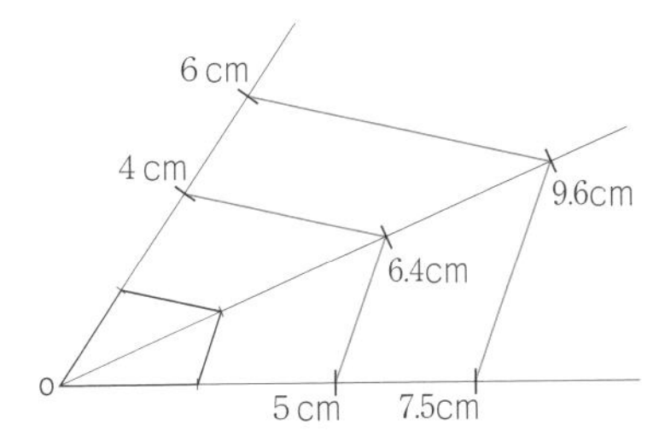

3

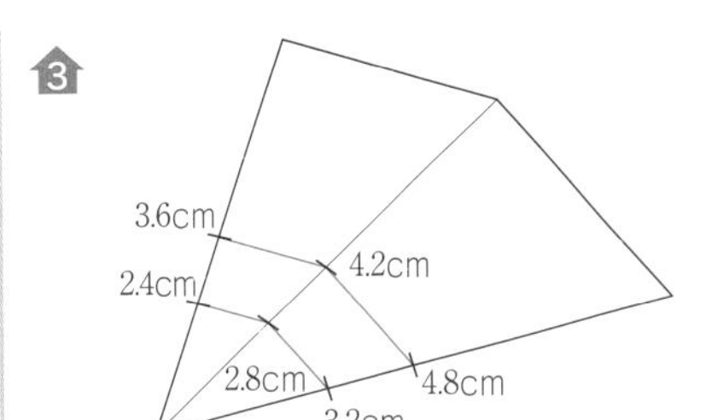

20 拡大図と縮図② 〈P. 22〉

1 3 ：5.4＝20 ：□，□＝5.4×20÷ 3 ＝36　　36 m

2 $3.6\times10=36$，$6\times10=60$

辺AB 36 cm，辺AC 60 cm

3 ①

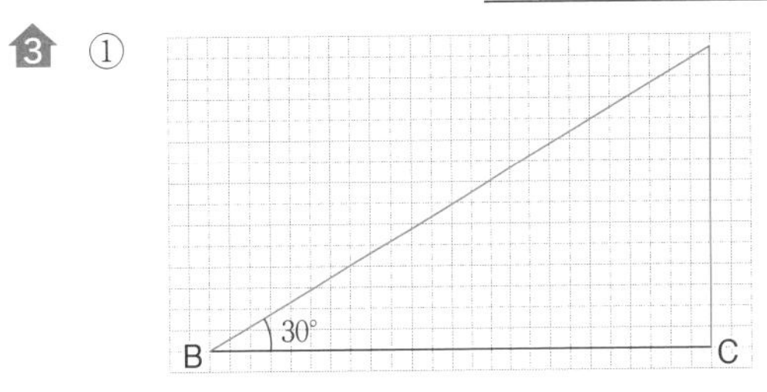

② 約14.5m

4 1 ：0.8＝12 ：□，$12\times0.8=9.6$　　9.6 m

21 円の面積① 〈P. 23〉

1 ① $8\times3.14=25.12$　　25.12 cm

② $13\times3.14=40.82$　　40.82 cm

③ $8\times2\times3.14=50.24$　　50.24 cm

④ $3.5\times2\times3.14=21.98$　　21.98 cm

2 ① $2\times2\times3.14=12.56$　　12.56 cm^2

② $4\times4\times3.14=50.24$　　50.24 cm^2

③ $9\times9\times3.14=254.34$　　254.34 cm^2

④ $3\times3\times3.14=28.26$　　28.26 cm^2

⑤ $7\times7\times3.14=153.86$　　153.86 cm^2

22 円の面積② 〈P. 24〉

1 ① $7\times7\times3.14=153.86$　　153.86 cm^2

② $8\times8\times3.14=200.96$　　200.96 cm^2

③ $2\times2\times3.14=12.56$　　12.56 cm^2

④ $4\times4\times3.14=50.24$　　50.24 cm^2

2 ① $6\times6\times3.14\times\frac{1}{2}=56.52$　　56.52 cm^2

② $6\times6\times3.14\times\frac{1}{4}=28.26$　　28.26 cm^2

③ $6\times6\times3.14\times\frac{1}{3}=37.68$　　37.68 cm^2

④ $6\times6\times3.14\times\frac{1}{6}=18.84$　　18.84 cm^2

23 円の面積③ 〈P. 25〉

1 ① $12\times12\times3.14\times\frac{1}{3}\times4=602.88$　　602.88 cm^2

② $12\times12\times3.14\times\frac{1}{4}\times6=678.24$　　678.24 cm^2

③ $12\times12\times3.14\times\frac{1}{5}\times6=542.592$　　542.592 cm^2

2 $(8\times8-4\times4)\times3.14=150.72$　　150.72 m^2

3 $(10\times10-9\times9)\times3.14=59.66$　　59.66 m^2

4 $15\times15\times3.14\times\frac{1}{5}\times2=282.6$　　282.6 m^2

24 円の面積④ 〈P. 26〉

1 ① $12\times12\times3.14-12\times24=164.16$　　164.16 cm^2

② $10\times10-10\times10\times3.14\times\frac{1}{4}=21.5$

$10\times10-21.5\times2=57$，$57\times4=228$　　228 cm^2

③ $8\times8\times3.14+16\times12=392.96$　　392.96 cm^2

④ $40\times40-20\times20\times3.14=344$　　344 cm^2

2 ① $20\times40=800$　　800 cm^2

$\left(\begin{array}{l}20\times20\times3.14\times\frac{1}{2}=628\\20\times40-20\times20\times3.14\times\frac{1}{2}=800-628=172\end{array}\right)$

② $20\times20\times3.14\times\frac{1}{4}-20\times20\times\frac{1}{2}=114$ 114 cm²

③ $10\times10\times3.14\times\frac{1}{2}-2\times2\times3.14\times\frac{1}{2}=150.72$

150.72 cm²

25 体積①

〈P. 27〉

1 ① $81\times18=1458$ 1458 cm³

② $135\times12=1620$ 1620 cm³

2 ① $15\times20\times\frac{1}{2}\times30=4500$ 4500 cm³

② $(18+6)\times9\times\frac{1}{2}\times15=1620$ 1620 cm³

3 $9\times9\times\frac{1}{2}\times20+24\times24\times\frac{1}{2}\times9=3402$ 3402 cm³

26 体積②

〈P. 28〉

1 ① $175\times12=2100$ 2100 cm³

② $255\times8=2040$ 2040 cm³

2 ① $5\times5\times3.14\times18=1413$ 1413 cm³

② $7\times7\times3.14\times9=1384.74$ 1384.74 cm³

3 $5\times5\times3.14\times20+10\times10\times3.14\times12=5338$

5338 cm³

27 体積③

〈P. 29〉

① $3\times4\times\frac{1}{2}\times4=24$ 24 cm³

② $12.56\div3.14\div2=2$

$2\times2\times3.14\times5=62.8$ 62.8cm³

③ $4\times4\times4=64$ 64 cm³

④ $(3+4)\times2\times\frac{1}{2}\times8=56$ 56 cm³

⑤ $3\times4\times\frac{1}{2}\times12=72$ 72 cm³

28 体積④

〈P. 30〉

1 ① $\left(8\times6\times\frac{1}{2}+8\times10\right)\times20=2080$ 2080 cm³

② $3\times3\times5+5\times5\times5=170$ 170 cm³

③ $20\times20\times3.14-10\times10\times3.14=942$

$942\times30=28260$ 28260 cm³

2 ① $(5\times8-3\times4)\times16=448$ 448 cm³

② $(2\times3\times4+2\times2)\times3=84$ 84 cm³

29 分数の計算⑤

〈P. 31〉

1 $108\div6=18$ 秒速 18 m

2 $96\div8=12$ 秒速 12 m

3 $150\div25=6$ 秒速 6 m

4 ①

? km	48 km
1 分	30分

$48\div30=1.6$ 分速 1.6 km

②

? km	36 km
1 時間	8 時間

$36\div8=4.5$ 時速 4.5 km

③

? km	455 km
1 時間	14 時間

$455\div14=32.5$ 時速 32.5 km

30 分数の計算⑥

〈P. 32〉

1 $75\times3=225$ 225 km

2 $1.2\times10=12$ 12 km

3 $32\times7=224$ 224 m

4 ①

70 km	?
1 時間	4 時間

$70\times4=280$ 280 km

②

12m	?
1 秒	180 秒

$12\times180=2160$ 2160 m

③

0.25 km	?
1 分	40分

$0.25\times40=10$ 10 km

31 文字を使った式①

〈P. 33〉

1 ① $5\times\square$

② $\square\times6+400$

2 ① $300-x$

② $10\times x$

③ $x\times5+750$

3 ① $x\times2+350=1000$

② $(2.5+x)\times2=14$

③ $x\times8\div2=24$

4 ① $10\times x=y$

② $1.5-x=y$

32 文字を使った式②

〈P. 34〉

1 ① 4 ② 5 ③ 18 ④ 6

⑤ 3 ⑥ 12

2 ① 4 ② 6 ③ 250 ④ 21

⑤ 30 ⑥ 250 ⑦ 5 ⑧ 4

3 (1) ① 60 ② 90

(2) ① 9 ② 1.5 $\left(\frac{3}{2}\right)$

33 文字を使った式③

〈P. 35〉

1 ① $y=(8+x)\times2$

② $8\times x=216$, $216\div8=27$ 27 cm

③ $(8+27)\times2=70$ 70 cm

2 ① $y=x\times2+8$

② $(22-8)\div2=7$ 7 cm

3 ① ㋒ ② ㋐ ③ ㋓ ④ ㋑ ⑤ ㋒

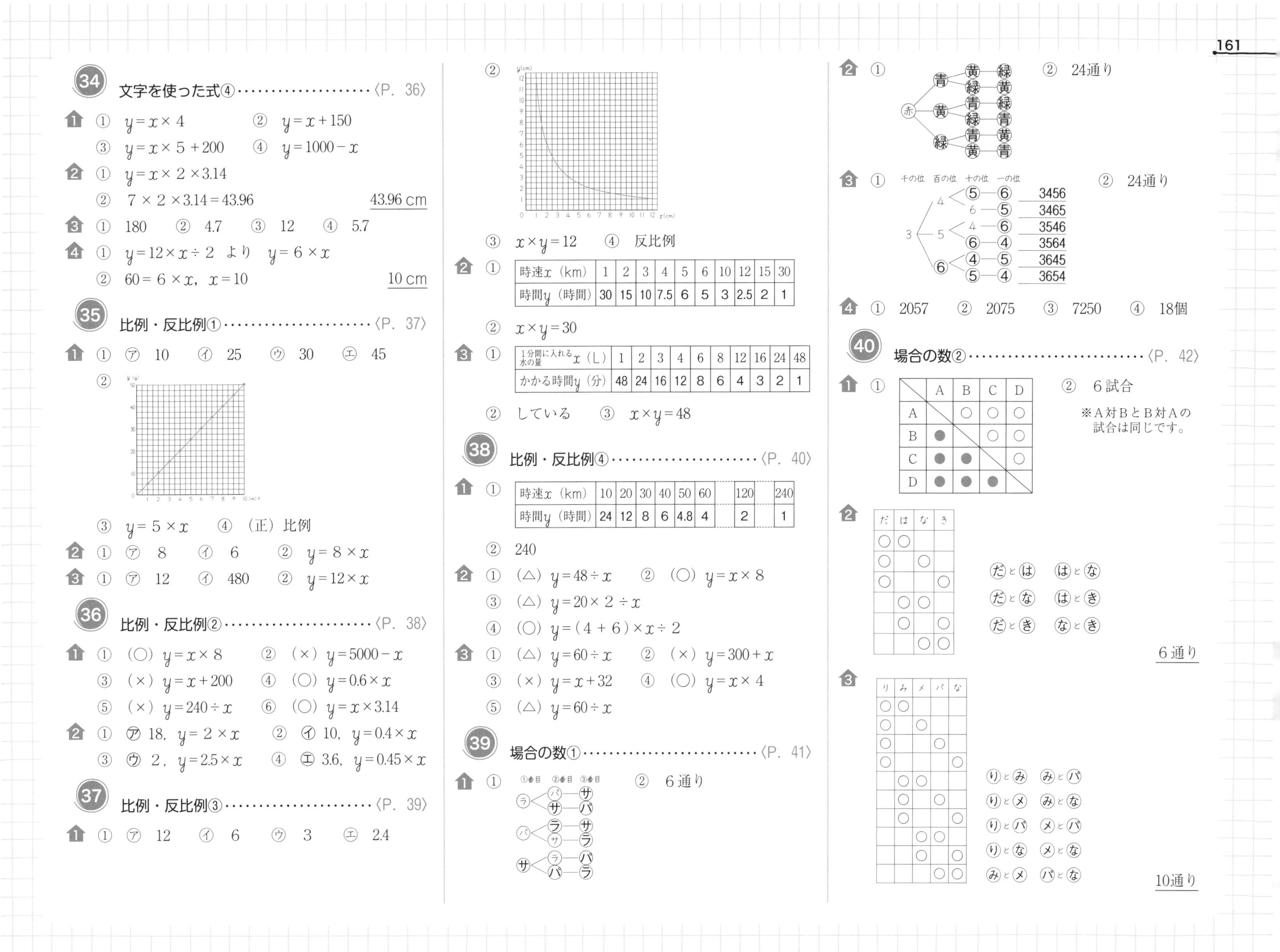

34 文字を使った式④ ……〈P. 36〉

1 ① $y=x\times4$　② $y=x+150$
③ $y=x\times5+200$　④ $y=1000-x$

2 ① $y=x\times2\times3.14$
② $7\times2\times3.14=43.96$　43.96 cm

3 ① 180　② 4.7　③ 12　④ 5.7

4 ① $y=12\times x\div2$ より　$y=6\times x$
② $60=6\times x,\ x=10$　10 cm

35 比例・反比例① ……〈P. 37〉

1 ① ㋐ 10　㋑ 25　㋒ 30　㋓ 45
②
③ $y=5\times x$　④ （正）比例

2 ① ㋐ 8　㋑ 6　② $y=8\times x$

3 ① ㋐ 12　㋑ 480　② $y=12\times x$

36 比例・反比例② ……〈P. 38〉

1 ① （○）$y=x\times8$　② （×）$y=5000-x$
③ （×）$y=x+200$　④ （○）$y=0.6\times x$
⑤ （×）$y=240\div x$　⑥ （○）$y=x\times3.14$

2 ① ㋐ 18, $y=2\times x$　② ㋑ 10, $y=0.4\times x$
③ ㋒ 2, $y=2.5\times x$　④ ㋓ 3.6, $y=0.45\times x$

37 比例・反比例③ ……〈P. 39〉

1 ① ㋐ 12　㋑ 6　㋒ 3　㋓ 2.4
②
③ $x\times y=12$　④ 反比例

2 ①

時速x（km）	1	2	3	4	5	6	10	12	15	30
時間y（時間）	30	15	10	7.5	6	5	3	2.5	2	1

② $x\times y=30$

3 ①

1分間に入れる水の量x（L）	1	2	3	4	6	8	12	16	24	48
かかる時間y（分）	48	24	16	12	8	6	4	3	2	1

② している　③ $x\times y=48$

38 比例・反比例④ ……〈P. 40〉

1 ①

時速x（km）	10	20	30	40	50	60		120		240
時間y（時間）	24	12	8	6	4.8	4		2		1

② 240

2 ① （△）$y=48\div x$　② （○）$y=x\times8$
③ （△）$y=20\times2\div x$
④ （○）$y=(4+6)\times x\div2$

3 ① （△）$y=60\div x$　② （×）$y=300+x$
③ （×）$y=x+32$　④ （○）$y=x\times4$
⑤ （△）$y=60\div x$

39 場合の数① ……〈P. 41〉

1 ① ①番目 ②番目 ③番目
ラ―パ―サ / サ―パ
パ―ラ―サ / サ―ラ
サ―ラ―パ / パ―ラ
② 6通り

2 ①
赤―青―黄―緑 / 緑―黄
赤―黄―青―緑 / 緑―青
赤―緑―青―黄 / 黄―青
② 24通り

3 ① 千の位 百の位 十の位 一の位
3―4―5―6　3456
3―4―6―5　3465
3―5―4―6　3546
3―5―6―4　3564
3―6―4―5　3645
3―6―5―4　3654
② 24通り

4 ① 2057　② 2075　③ 7250　④ 18個

40 場合の数② ……〈P. 42〉

1 ①

	A	B	C	D
A	＼	○	○	○
B	●	＼	○	○
C	●	●	＼	○
D	●	●	●	＼

② 6試合
※A対BとB対Aの試合は同じです。

2

だ	は	な	き
○	○		
○		○	
○			○
	○	○	
	○		○
		○	○

だとは　はとな
だとな　はとき
だとき　なとき
6通り

3

り	み	メ	パ	な
○	○			
○		○		
○			○	
○				○
	○	○		
	○		○	
	○			○
		○	○	
		○		○
			○	○

りとみ　みとパ
りとメ　みとな
りとパ　メとパ
りとな　メとな
みとメ　パとな
10通り

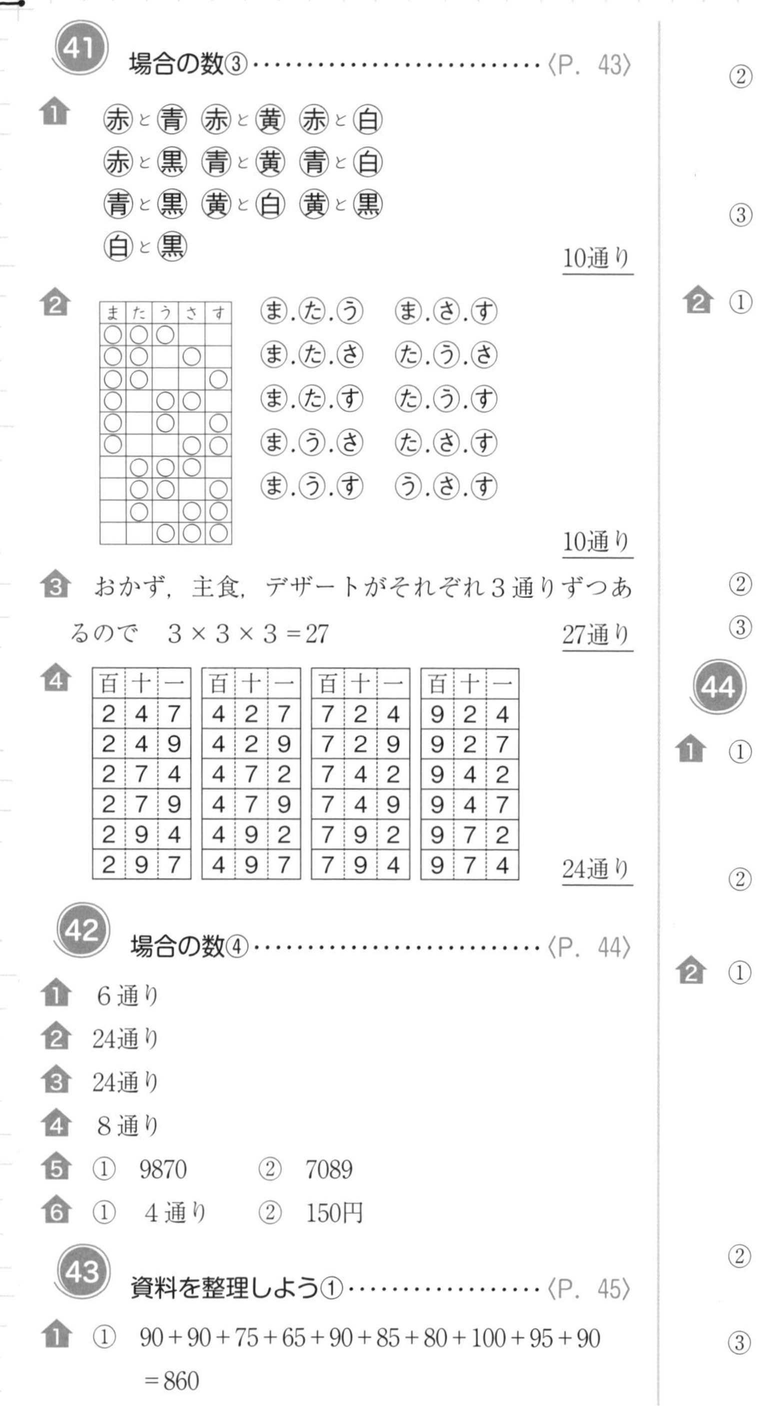

41 場合の数③ 〈P. 43〉

1 赤と青　赤と黄　赤と白
赤と黒　青と黄　青と白
青と黒　黄と白　黄と黒
白と黒

<u>10通り</u>

2

ま	た	う	さ	す
○	○	○		
○	○		○	
○	○			○
○		○	○	
○		○		○
○			○	○
	○	○	○	
	○	○		○
	○		○	○
		○	○	○

ま.た.う　ま.さ.す
ま.た.さ　た.う.さ
ま.た.す　た.う.す
ま.う.さ　た.さ.す
ま.う.す　う.さ.す

<u>10通り</u>

3 おかず，主食，デザートがそれぞれ３通りずつあるので　$3\times3\times3=27$　<u>27通り</u>

4

百	十	一
2	4	7
2	4	9
2	7	4
2	7	9
2	9	4
2	9	7

百	十	一
4	2	7
4	2	9
4	7	2
4	7	9
4	9	2
4	9	7

百	十	一
7	2	4
7	2	9
7	4	2
7	4	9
7	9	2
7	9	4

百	十	一
9	2	4
9	2	7
9	4	2
9	4	7
9	7	2
9	7	4

<u>24通り</u>

42 場合の数④ 〈P. 44〉

1 ６通り
2 24通り
3 24通り
4 ８通り
5 ①　9870　　②　7089
6 ①　４通り　　②　150円

43 資料を整理しよう① 〈P. 45〉

1 ①　$90+90+75+65+90+85+80+100+95+90$
$=860$
$860\div10=86$　<u>86点</u>

②

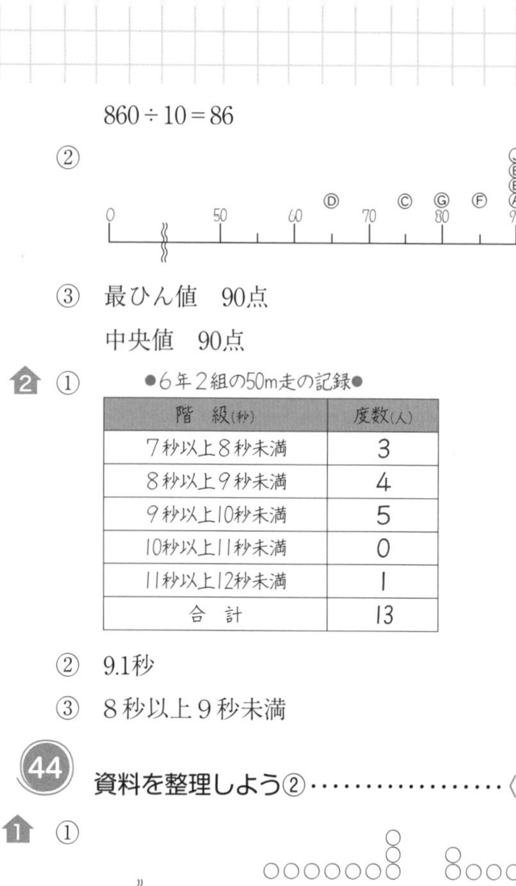

③　最ひん値　90点
中央値　90点

2 ①　●６年２組の50m走の記録●

階　級(秒)	度数(人)
７秒以上８秒未満	3
８秒以上９秒未満	4
９秒以上10秒未満	5
10秒以上11秒未満	0
11秒以上12秒未満	1
合　計	13

②　9.1秒
③　８秒以上９秒未満

44 資料を整理しよう② 〈P. 46〉

1 ①

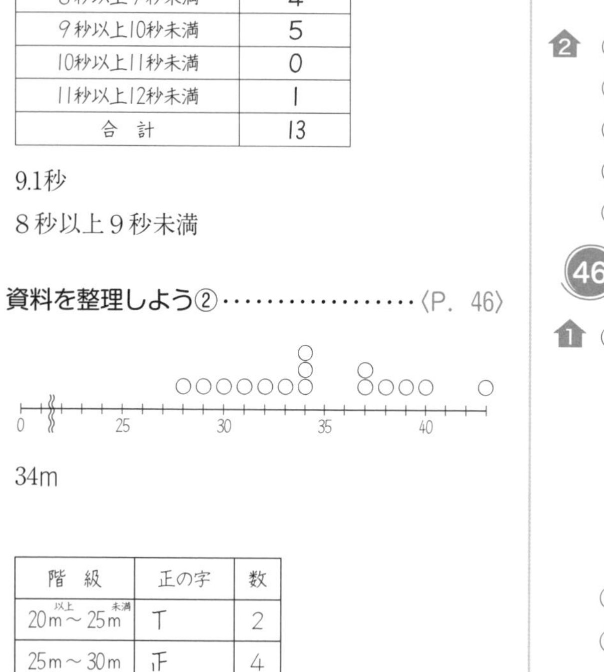

②　34m

2 ①

階　級	正の字	数
20m以上～25m未満	T	2
25m～30m	下	4
30m～35m	下	3
35m～40m	正	5
40m～45m	T	2

②　29，31，31，33，33，35，36，
37，37，38，38，38，39，40
③　$(36+37)\div2=36.5$　<u>36.5m</u>

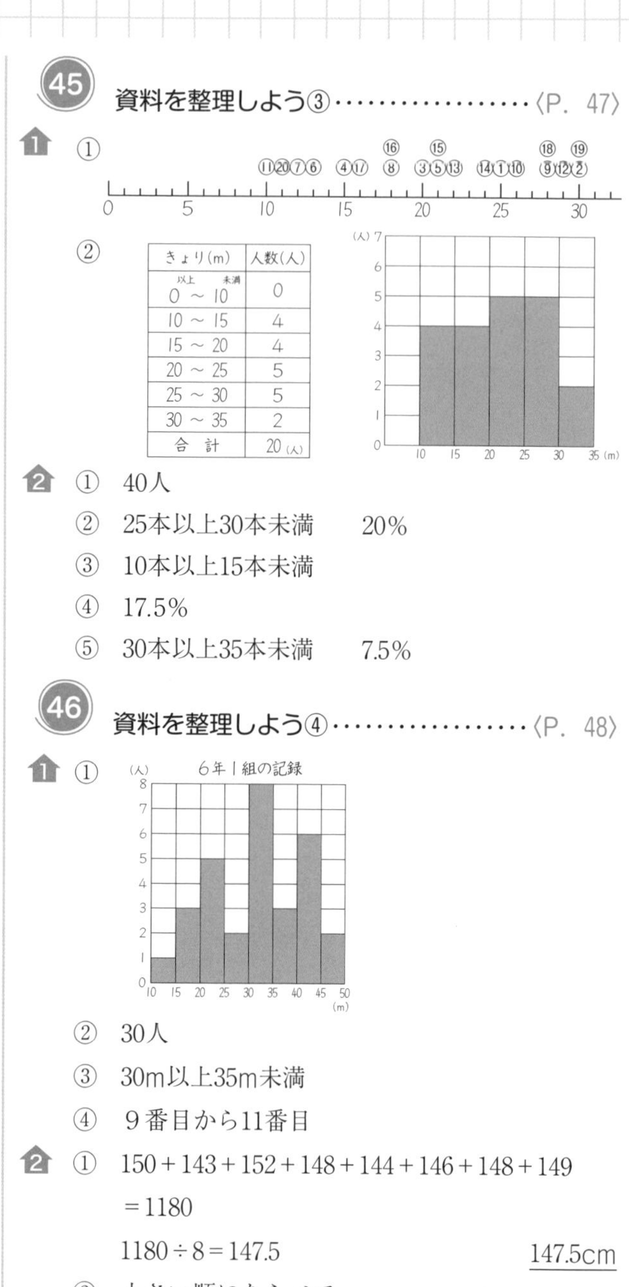

45 資料を整理しよう③ 〈P. 47〉

1 ①

②

きょり(m)	人数(人)
0以上～10未満	0
10～15	4
15～20	4
20～25	5
25～30	5
30～35	2
合　計	20(人)

2 ①　40人
②　25本以上30本未満　　20%
③　10本以上15本未満
④　17.5%
⑤　30本以上35本未満　　7.5%

46 資料を整理しよう④ 〈P. 48〉

1 ①

②　30人
③　30m以上35m未満
④　９番目から11番目

2 ①　$150+143+152+148+144+146+148+149$
$=1180$
$1180\div8=147.5$　<u>147.5cm</u>

②　小さい順にならべて

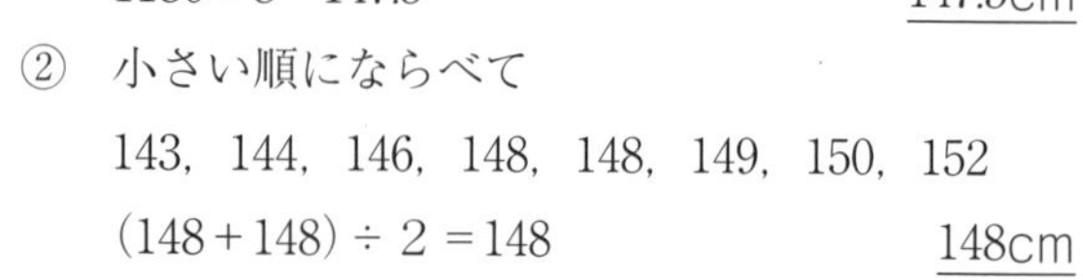

143，144，146，148，148，149，150，152
$(148+148)\div2=148$　<u>148cm</u>

③　148cm

理科

1 植物と水や空気①……〈P. 49〉

1 ① くき　② 水の通り道　③ 根
④ 体全体　⑤ 葉　⑥ 空気中

2 (1) ① 水てき　② くもりました
③ くもりません
(2) ① 気こう　② 水
③ 水蒸気　④ 蒸散

2 植物と水や空気②……〈P. 50〉

1 ① 図Ⓐ　② 図Ⓑ　③ 赤く　④ 水
⑤ 赤く　⑥ 根　⑦ くき　⑧ 葉

2 ① 息　② 気体検知管　③ 日光
④ 20　⑤ 1　⑥ 酸素

3 植物と養分①……〈P. 51〉

1 ① 湯　② プラスチック板
③ 木づち　④ ヨウ素液　⑤ 青むらさき

2 (1) ㋑ 変わります　㋒ 変わりません
(2) ㋐　(3) ㋑

4 植物と養分②……〈P. 52〉

1 ① 二酸化炭素　② 酸素　③ とけない
④ 実　⑤ 緑色　⑥ 葉やくき

2 ① 植物　② 外側　③ 時期
④ くき　⑤ つる

5 呼吸のはたらき……〈P. 53〉

1 ① にごらない　② にごる　③ 吸う
④ 17　⑤ 3

2 ① 鼻　② 気管　③ 肺　④ 酸素
⑤ 二酸化炭素　⑥ 肺

6 消化管のはたらき……〈P. 54〉

1 ① 歯　② だ液　③ 食道
④ 胃　⑤ かん臓　⑥ 小腸
⑦ 養分　⑧ 大腸　⑨ 水分
⑩ こう門

2 (1) ヨウ素液
(2) ㋐ 変わりません　㋑ 変わります
(3) でんぷんを別のものに変える

7 消化管と心臓のはたらき……〈P. 55〉

1 (1) ① 歯　② だ液　③ 養分
④ 消化　⑤ 胃液
(2) ① 小腸　② 大腸　③ 血液
④ ふん（便）　⑤ こう門

2 ① のびたり　② 血液　③ ポンプ
④ ちょうしん器　⑤ はく動　⑥ 脈はく

8 心臓と血液のはたらき……〈P. 56〉

1 ① 血管　② 心臓　③ 酸素
④ 養分　⑤ 二酸化炭素　⑥ 不要なもの
（⑤, ⑥順不同）

2 (1) ㋑　(2) 養分　(3) 不要なもの　(4) Ⓑ

9 生物とかん境①……〈P. 57〉

1 (1) ① でんぷん　② 植物　③ 肉食動物
④ 草　⑤ 鳥　⑥ 食物連さ
(2) ① 植物　② 少なく　③ ピラミッド

2 ① 小さな生物　② 養分　③ 植物
④ 食物連さ　⑤ 動物

10 生物とかん境②……〈P. 58〉

1 (1) ① 酸素　② 二酸化炭素　③ 日光
④ 二酸化炭素　⑤ 酸素
⑥ ヒトや動物
(2) ① 水　② 養分　③ 水蒸気
④ 口　⑤ 食物　⑥ 70

2 (1) ① 70　② 青く
③ 大気　④ かん境
(2) ① 10 km　② 水蒸気
③ 雲　④ 生物

11 生物とかん境③……〈P. 59〉

1 ① 石油　② 化石燃料　③ 酸素
④ 二酸化炭素　⑤ 地球温暖化　⑥ 風力
⑦ 地熱　⑧ 燃料電池（⑥、⑦順不同）

2 ① 公害　② 魚　③ イタイイタイ病
④ 農業用水　⑤ マイクロプラスチック
⑥ 持続可能な社会（SDGs）

12 水よう液の仲間分け……〈P. 60〉

1 ① アルカリ　② 赤く　③ 青く
④ 中　⑤ BTBよう液

2 (1) ① Ⓐ　② Ⓐ　③ Ⓑ
(2) ㋐ アルカリ性　㋑ 中性　㋒ 酸性

13 水よう液と金属……〈P. 61〉

1 ① ○　② ×　③ ○　④ ○
⑤ ×　⑥ ×　⑦ ○　⑧ ○

2 ① Ⓑ　② Ⓑ　③ Ⓐ　④ Ⓐ

14 水よう液にとけているもの①……〈P. 62〉

1 ① あわ　② とけ　③ あたたかく

④ 蒸発皿　⑤ 加熱　⑥ 黄色い
⑦ ひきつけられません　⑧ 鉄

2 (1) 二酸化炭素　(2) 何も残らない
(3) とけていたものが気体の二酸化炭素だから
(4) 食塩　(5) 食塩

15 水よう液にとけているもの②……〈P. 63〉

1 ① 気体　② 白くにごり　③ 二酸化炭素
④ 水　⑤ 二酸化炭素　⑥ へこみ

2 ㋐ 食塩水　㋑ 石灰水
㋒ うすい塩酸　㋓ 炭酸水

16 月と太陽①……〈P. 64〉

1 ① 東　② 45度　③ 東　④ 南　⑤ 西

2 ① 大きく　② 強い光　③ 地球
④ あたたかさ　⑤ 6000℃　⑥ 低い
⑦ 黒点

17 月と太陽②……〈P. 65〉

1 ① 太陽の光　② 空気　③ クレーター
④ $\frac{1}{4}$　⑤ 130℃　⑥ れい下170℃

2 ① ㋒　② ㋐　③ ㋑　④ ㋐
⑤ ㋐　⑥ ㋐　⑦ ㋑　⑧ ㋑

18 月の形と見え方①……〈P. 66〉

1 ① 球形　② 太陽の光　③ かげ
④ 約1か月　⑤ 地球　⑥ 位置関係

2 (1) ㋐
(2) ① 見えません　② 新月
③ 全面　④ 満月

19 月の形と見え方②……〈P. 67〉

1 (1) ㋐
(2) 夕方
(3) ②

2 (1) ① 東　② 西
(2) ㋐
(3) ㋒
(4) Ⓑ

20 地層と大地のつくり……〈P. 68〉

1 ① ねん土　② 砂　③ 大きさ
④ 地層　⑤ 流れる水　⑥ 丸みのある
⑦ 火山　⑧ 角ばった　(①, ②は順不同)

2 (1) ㋐ 砂岩　㋑ れき岩　㋒ でい岩
(2) 丸みがある
(3) 化石
(4) ㋐

21 大地の変化……〈P. 69〉

1 ① 火口　② よう岩　③ 火山灰

2 ① 断層　② がけ　③ ずれ

3 ① ○　② ○　③ ○　④ ×
⑤ ×　⑥ ○　⑦ ○　⑧ ○

22 燃え方と空気……〈P. 70〉

1 (1) 一番長く燃える　㋓
一番はやく消える　㋐
(2)

(3) ① 熱　② 高く　③ 新しい
④ 下　⑤ 燃えたあと　⑥ 上

2 (1) ㋒→㋑→㋓→㋐
(2) ① 17　② 3

23 酸素と二酸化炭素……〈P. 71〉

1 ① 21　② ちっ素
③ 過酸化水素水　④ 二酸化マンガン
⑤ 酸素　⑥ 二酸化炭素
⑦ 燃えません　⑧ 石灰水
⑨ 塩酸　⑩ 石灰石
⑪ とけ　⑫ 重い

2 (1) ㋐ 酸素　㋑ 空気　㋒ 二酸化炭素
(2) 白くにごる
(3) 二酸化炭素

24 器具の使い方……〈P. 72〉

1 ① 気体検知管　② 二酸化炭素　③ 割合
④ 両はし　⑤ 気体採取器　⑥ 変わった

2 ① 元せん　② ガス　③ 空気
④ ほのお　⑤ 青白く　⑥ 空気
⑦ ガス　⑧ 元せん

25 発電・ちく電①……〈P. 73〉

1 ① 豆電球　② 回転　③ 手回し発電機
④ 電気　⑤ 点灯　⑥ モーター
⑦ 同じ　⑧ 発電

2 ① コンデンサー　② 発電
③ たくわえて　④ コンデンサー
⑤ 発光ダイオード　⑥ 長く

26 発電・ちく電② ……〈P. 74〉

1 ① モーター ② コイル ③ 電気
④ 風 ⑤ プロペラ ⑥ 水力
⑦ 蒸気 ⑧ 原子力

2 ① 光 ② 電気 ③ 少なく
④ ゆっくり ⑤ 強い ⑥ 発電

27 電気の利用① ……〈P. 75〉

1 ① 電熱線 ② 発熱 ③ 電熱線
④ 熱

2 ① 電子オルゴール ② 音
③ インターホン ④ クラクション
⑤ 電気 ⑥ ブザー
⑦ 電磁石 ⑧ 鉄

28 電気の利用② ……〈P. 76〉

1 ① 熱 ② アイロン ③ トースター
④ ニクロム

2 ① ㋛ ② ㋪ ③ ㋤ ④ ㋛
⑤ ㋤ ⑥ ㋪ ⑦ ㋛ ⑧ ㋤

3 ① × ② × ③ ○ ④ ○
⑤ ○ ⑥ × ⑦ ○ ⑧ ○

29 棒を使ったてこ ……〈P. 77〉

1 (1) ① 作用点 ② 支点 ③ 力点
(2) ① 支えている ② 力をはたらかせる
③ 小さい

2 (1) 小さく
(2) 小さく

3 (1) ㋒
(2) ㋒

30 てこのつり合い① ……〈P. 78〉

1 (1) ① 支点 ② おもり ③ つり合い
④ 等しい ⑤ つり合い ⑥ おもりの重さ
(2) ① 支点からのきょり ② 20g
③ 20 ④ 40

2 ① かたむける力 ② 30g ③ 4
④ 3 ⑤ 40g ⑥ 40

31 てこのつり合い② ……〈P. 79〉

1 (1) ① 20×6 ② 30×4
③ 10×6 ④ 20×5
(2) ①，④

2 ① 60 ② 30 ③ 20 ④ 150
⑤ 20 ⑥ 9 ⑦ 30 ⑧ 8

32 てこの利用 ……〈P. 80〉

1 ① 小さい ② 大きい ③ てこ
④ 支点 ⑤ 力点 ⑥ 短く

2 ① 作用点 ② 力点 ③ 力点
④ 作用点 ⑤ 作用点 ⑥ 支点
⑦ 力点 ⑧ 支点

社会

1 日本国憲法 ……〈P. 81〉

1 ① 政府 ② 戦争 ③ 平和 ④ 戦力

2 Ⓐ 国民（主権） Ⓑ 平和（主義）
Ⓒ 基本的人権（の尊重）

3 ① Ⓑ ② Ⓐ ③ Ⓒ ④ Ⓒ
⑤ Ⓒ ⑥ Ⓐ ⑦ Ⓑ

4 ① 国民 ② 選挙 ③ 代表者
④ 民主政治

5 ① 男女 ② 働く ③ 学問
④ 信教 ⑤ 生命・身体 ⑥ 生存

2 三権分立 ……〈P. 82〉

1 (1) ① 法律 ② 立法 ③ 予算
④ 衆議院 ⑤ 参議院 （④、⑤順不同）
(2) ① 法律 ② 予算 ③ 行政
④ 条約 （①，②順不同）
(3) ① 憲法 ② 司法 ③ 内閣

2 (1) ㋐ 国会 ㋑ 内閣 ㋒ 裁判所
(2) 三権分立
(3) Ⓐ 国民
㋐ 選挙 ㋑ 世論 ㋒ 国民審査

3 自然災害からの復旧・復興 ……〈P. 83〉

1 (1) 災害対策（本部）
(2) ① 被害 ② ひ難所 ③ 食料
④ 救出 ⑤ ボランティアセンター
(3) ① ④
(4) 防災訓練

2 ㋐ 土砂くずれ ㋑ 津波 ㋒ 雪害

4 縄文・弥生時代 ……〈P. 84〉

1 (1) ㋐ 矢じり　㋑ つりばり
㋒ 縄文（土器）
(2) ① けもの　② 木の実　③ たて穴

2 三内丸山遺跡

3 (1) ㋐ 田げた　②
㋑ くわ　③
㋒ 石ぼうちょう　①
(2) ① 高床倉庫　② 米（の保存）
㋐ 定住　㋑ 指導者

5 弥生時代から古墳時代へ ……〈P. 85〉

1 (1) 吉野ヶ里（遺跡）
(2) ㋐ むら　㋑ くに　㋒ 王
(3) 女王　卑弥呼　くに　邪馬台国

2 (1) 王や豪族
(2) ① 大仙（古墳）　② 前方後円墳
(3) 大和朝廷
(4) 渡来人
(5) ②　③

6 飛鳥時代 ……〈P. 86〉

1 (1) 天皇
(2) 冠位十二階
(3) 十七条の憲法
(4) 遣隋使
(5) 法隆寺

2 ① 中大兄皇子　② 中臣鎌足
③ 大化の改新　④ 唐　（①，②順不同）

3 ① — ㋒
② — ㋐
③ — ㋑

7 奈良時代 ……〈P. 87〉

1 ① 平城京　② 唐

2 (1) 聖武天皇
(2) 東大寺
(3) 国分寺

3 ① Ⓐ　② Ⓑ　③ Ⓑ　④ Ⓐ

4 ㋐ 行基　㋑ 鑑真
㋒ 唐招提寺

8 平安時代① ……〈P. 88〉

1 ① 平城京　② 平安京
③ 貴族　④ 藤原

2 (1) 藤原道長　(2) ③

3 (1) ㋐ 寝殿造　㋑ 武士の館
(2) ① Ⓐ　② Ⓑ　③ Ⓑ　④ Ⓐ
(3) ① 平清盛　② 源頼朝
③ 源義経　④ 平氏

9 平安時代② ……〈P. 89〉

1 (1) ㋐ カタカナ　㋑ ひらがな
(2) ㋐ 清少納言　枕草子
㋑ 紫式部　源氏物語
(3) 十二単

2 ① けまり　② 大和絵　③ 平等院鳳凰堂

3 ① 遣唐使　② 中国　③ 国風

10 鎌倉時代 ……〈P. 90〉

1 ① 平氏　② 源頼朝　③ 征夷大将軍
④ 武士　⑤ 鎌倉

2 ①　③

3 Ⓐ 御恩　Ⓑ 奉公
㋐ 領地　㋑ 御家人

4 (1) 北条時宗
(2) ①　③　⑤

5 ① 幕府　② 一所けん命　③ 領地

11 室町時代 ……〈P. 91〉

1 (1) ① 京都　② 室町　③ 足利義満
④ 明　⑤ 応仁の乱　⑥ 足利義政
⑦ 大名
(2) Ⓐ 金閣 ㋑　Ⓑ 銀閣 ㋐

2 (1) 書院造
(2) ㋐ しょうじ　㋑ たたみ　㋒ ふすま
(3) ㋐ 水ぼく画　㋑ 雪舟

3 ㋐ 生け花　㋑ 茶の湯
㋒ おとぎ草子　㋓ 能

12 安土・桃山時代① ……〈P. 92〉

(1) ㋐ 徳川家康　㋑ 織田信長　㋒ 豊臣秀吉
(2) ㋑→㋒→㋐
(3) ①－㋑　②－㋐　③－㋓　④－㋒
⑤－㋔
(4) Ⓐ ①　④　Ⓑ ②　⑤　Ⓒ ③

13 安土・桃山時代② ……〈P. 93〉

(1) Ⓐ フランシスコ・ザビエル　Ⓑ 織田信長
Ⓒ 豊臣秀吉　Ⓓ 徳川家康
① 鉄砲　② 安土　③ 本能寺
④ 朝鮮　⑤ 関ケ原の戦い　⑥ 江戸
(2) Ⓐ 刀狩　㋑　㋓
Ⓑ 検地　㋐　㋒

14 江戸時代① ……〈P. 94〉

1 (1) 徳川家康

(2) ① 親藩　② 譜代
③ 外様　④ 関ヶ原
(3) 武家諸法度
(4) 徳川家光
(5) ㋐
(6) ① ③

15 江戸時代②…………〈P. 95〉

1 (1) ①
(2) ③
(3) 天草四郎
2 (1) ふみ絵
(2) ① 徳川家光　② キリスト教
(3) 鎖国
(4) オランダ

16 江戸時代③…………〈P. 96〉

1 (1) ① 職人　② 百姓　③ 武士
④ 商人
(2) ① 五人組　② 共同　③ 幕府
2 ① 朝　② 昼　③ 夜
④ 酒　⑤ 米
3 ① 千歯こき ㋒
② 備中くわ ㋐
③ とうみ ㋑

17 江戸時代④…………〈P. 97〉

1 ① 近松門左衛門　② 歌川広重
③ ㋑　④ ㋐　⑤ ㋑　⑥ ㋐
⑦ ㋐　⑧ ㋑
2 (1) ① オランダ　② 杉田玄白
③ 解体新書　④ 伊能忠敬
(2) ①－㋒　②－㋑　③－㋐

18 江戸時代⑤…………〈P. 98〉

1 (1) ペリー
(2) ① 食料　② 石炭　③ 貿易
(3) 修好通商（条約）
(4) ① 治外法権　② 関税自主権
2 (1) 大塩平八郎の乱
(2) ① 薩摩　② 長州　③ 土佐
㋐ 西郷隆盛　㋑ 木戸孝允
㋒ 坂本龍馬

19 明治時代①…………〈P. 99〉

1 ①－㋒　②－㋑　③－㋓　④－㋐
2 (1) ㋐ 平民　㋑ 士族
(2) 武士
(3) 四民平等
3 ① 富国強兵　② 徴兵令　③ 地租改正
④ 官営工場　⑤ 学校制度

20 明治時代②…………〈P. 100〉

1 (1) ① 五か条の御誓文　② 廃藩置県
③ 学校制度　④ 徴兵制度
⑤ 地租改正
(2) 富国強兵
2 (1) 文明開化
(2) ① レンガ　② 洋服　③ 太陽
④ 日曜日　⑤ 牛肉　⑥ ガス灯

21 明治時代③…………〈P. 101〉

(1) ㋐ 西南　㋑ 自由民権
㋒ 立憲改進　㋓ 大日本帝国
(2) ㋑
(3) ㋐ 西郷隆盛　㋑ 板垣退助
㋒ 大隈重信　㋓ 伊藤博文
(4) ドイツ
(5) ① 天皇　② 議会　③ 陸海軍
(6) ① ×　② ○　③ ×　④ ○
⑤ ○

22 明治時代④…………〈P. 102〉

1 (1) Ⓐ 中国（清）　Ⓑ 日本
Ⓒ 朝鮮　Ⓓ ロシア
(2) 日清
2 ① B　② B　③ A　④ A　⑤ A
3 (1) ノルマントン号
(2) 治外法権
(3) 陸奥宗光
(4) 関税自主権　小村寿太郎

23 明治・大正時代…………〈P. 103〉

1 (1) ① 生糸　② 日清　③ 八幡
④ 重工業　⑤ 軍かん
(2) ㋐ 足尾銅山　㋑ 田中正造
2 (1) ① 女性　② 平塚らいてう
③ 差別　④ 全国水平社
(2) ① 男子　② 治安維持法
3 ①－㋒　②－㋐　③－㋑
④－㋕　⑤－㋔　⑥－㋓

24 昭和時代①…………〈P. 104〉

1 (1) ㋐ 軍人　㋑ 満州　㋒ 中国軍
(2) ① ④

(3) 満州事変

2 (1) 満州国　国際連盟

(2) 日中（戦争）

(3) 石油

(4) アメリカ

25 昭和時代②……〈P. 105〉

1 ① 第二次世界大戦　② 石油

③ 東南アジア　④ ハワイ　⑤ 太平洋戦争

2 (1) アメリカ

(2) 原子爆弾

(3) ㋑ 沖縄（県）㋒

㋓ （6日）広島（市）㋐

（9日）長崎（市）㋑

26 昭和時代③……〈P. 106〉

1 (1) 国民

(2) ① ㋐　② ㋑　③ ㋑　④ ㋐

2 ぜいたく

3 ①－㋑　②－㋒　③－㋐

4 ① 日本名　② 日本語

③ 兵隊　④ 鉱山

27 昭和時代④……〈P. 107〉

1 (1) ① アメリカ　② 占領　③ 民主

(2) 日本国憲法

(3) ㋐ 国民　㋑ 基本的人権　㋒ 平和

(4) （国民の）象徴

(5) 青空（教室）

2 (1) 高度経済（成長）

(2) 白黒テレビ　冷ぞう庫　洗たく機

(3) 東京オリンピック

(4) 新潟水俣病 ㋐　水俣病 ㋓

四日市ぜんそく ㋒　イタイイタイ病 ㋑

28 国際社会……〈P. 108〉

1 (1) ① サンフランシスコ　② オリンピック

③ 沖縄　④ 東日本

(2) 日米安全保障条約

(3) 沖縄（のアメリカ軍基地）

(4) ソ連（ロシア）

(5) 中国

2 (1) （せん閣諸島）中国 Ⓒ

（北方領土）ロシア Ⓐ

（竹島）韓国 Ⓑ

(2) ロシア

(3) 北朝鮮

(4) 沖ノ鳥（島）

29 世界の国々とのつながり①……〈P. 109〉

1 (1) ㋐ アメリカ合衆国

㋑ ブラジル連邦共和国

㋒ 大韓民国

㋓ 中華人民共和国

(2) ① ㋑　② ㋐　③ ㋓　④ ㋒

2 (1) 石油（原油）

(2) ① 砂ばく　② かんそう　③ イスラム

(3) ㋒

30 世界の国々とのつながり②……〈P. 110〉

1 (1) 中国

(2) ㋐（大豆）　㋑（自動車）　㋐（薬）

2 ① 中華人民共和国　② Ⓐ　③ 米

④ アメリカ合衆国　⑤ Ⓓ

⑥ ハンバーガー　⑦ ブラジル連邦共和国

⑧ Ⓔ　⑨ コーヒー豆

⑩ サウジアラビア王国

⑪ Ⓒ　⑫ 石油　⑬ 大韓民国

⑭ Ⓑ　⑮ キムチ

31 国連のはたらき……〈P. 111〉

1 (1) ① 1945　② 国際連合　③ 1956

(2) ① 平等　② 人権

(3) ㋐ ユニセフ　㋑ ユネスコ

㋒ 安全保障理事会　㋓ NGO

2 ① 農業指導　② 井戸　③ 水道

④ 人命

3 ①　②　③

32 地球かん境……〈P. 112〉

1 ① 地球温暖化　② 酸性雨

③ 砂ばく化　④ オゾン層の破かい

2 ①－㋑　②－㋐　③－㋒　④－㋓

3 ① 地球温暖化　② ごう雨　③ 海面

4 ① 貧困　② 地球かん境　③ 持続可能な

国語

1 読解：干し柿……………………〈P. 113〉

(1) 幸福を「かき」集め
喜びをもたらす
(2) 病人が減って、医者の仕事が少なくなる
(3) 栄養バランスがよいから
(4) ブドウ糖　ビタミンA　タンニン　ミネラル
(5) 干し柿は→元気の元です。

2 漢字①……………………〈P. 114〉

1 ① せいじつ・たいおう
② そうせつしゃ・どうぞう
③ ちんぎん・ぞうがく
④ やくそく・じこく　⑤ いぶつ・こんにゅう

2 ① 合　② 空　③ 納　④ 差　⑤ 収

3 ① 呼吸器系　② 肺・水蒸気
③ 背・腹・筋肉　④ 体操・演技
⑤ 火山灰・降　⑥ 電源装置
⑦ 拡大・縮小　⑧ 強力・電磁石
⑨ 高値・巻　⑩ 糖分・吸収

3 読解：追う目、にげる目……………〈P. 115〉

(1) ほかの動物
(2) 植物
(3) ① 左右の目が顔の前方にならんでついている
② 遠近感をつかめるように
(4) ① 頭の側面に左右に分かれてついている
② 広く遠くまでよく見えるように

4 漢字②……………………〈P. 116〉

1 ① はい・げきつう　② ほうもつてん・けいび
③ せいざ・もけい
④ きんべん・ろうどうしゃ
⑤ （らん）し・せいし

2 ① 作　② 造　③ 務　④ 勤　⑤ 採

3 ① 異物・混入　② 大盛・注文
③ 誠実・対応　④ 創設者・銅像
⑤ 朗読・基本　⑥ 諸政党・首脳
⑦ 賃金・増額　⑧ 経済討論会
⑨ 約束・時刻　⑩ 忠実・指示

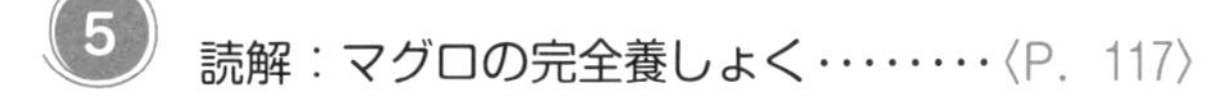

5 読解：マグロの完全養しょく………〈P. 117〉

(1) 世界的な健康ブームだから
(2) （専門料理店のすしやさしみで出されている）クロマグロ
(3) 値段が安く、味がいいから
(4) とり過ぎを防ぎ、資源を回復しようという計画も進んでいる。
(5) マグロの完全養しょく
たまごからマグロを育てること
(6) 資源を守りつつ、マグロをたくさん食べることが

6 言葉と文① 名詞・動詞・形容詞・形容動詞……〈P. 118〉

1 名詞………子ども・気持ち・慣習
動詞………願う・あり・見せる
形容詞……古く・ほほえましい
形容動詞…健やかな・共通な

2 ① 静かだ　② 食べる　③ 暖かい　④ 光る

3 ① 戦い　② 明るさ　③ さびしさ
④ 走り　⑤ 寒さ　⑥ おおらかさ
⑦ にぎやかさ　⑧ 光り

7 読解：ラクダ……………………〈P. 119〉

(1) 水の少ないかわいた土地
(2) しぼう
(3) 日光の熱をさえぎり、体温が上がるのを防ぐ
(4) 水を一度に八十リットル以上飲む
水を血液に閉じこめることができる
(5) 鼻のあなを閉じることができる
目にはじょうぶな長いまつ毛がついている
(6) たくさんの荷物を運ぶ

8 漢字③……………………〈P. 120〉

1 ① はいゆう・ねつえん
② こうふん・わかもの
③ ばくふそんぼう・きき
④ きょうり・せかいいさん
⑤ たいしゅうげき・へいまく

2 ① 議　② 志　③ 業　④ 季　⑤ 採

3 ① 宇宙・宣伝　② 異常・激痛
③ 大量・砂糖　④ 宝物展・警備
⑤ 星座・模型　⑥ 勤勉・労働者
⑦ 背骨・痛　⑧ 警察署長
⑨ 盛・晩・飯　⑩ （卵）子・精子

9 読解：みそ……………………〈P. 121〉

(1) ㋑
(2) 1・4・3・2
(3) 秋・冬
(4) ① 信州みそ、江戸みそ、仙台みそ
② 米みそ、麦みそ、豆みそ　③ 赤みそ、白みそ

⑩ 漢字④……………………………〈P. 122〉

1 ① せいい・かんごし
② こくもつぶそく・なんみん
③ しゅうきょうか・じんあい
④ けんきゅうしゃ・どくそうてき
⑤ （ひん）こんしゃ・きゅうさい

2 ① イ　② 忄　③ 力　④ 扌　⑤ 欠

3 ① 俳優・熱演　② 興奮・若者
③ 正座・拝　④ 幕府・危機
⑤ 貴重・文化財　⑥ 郷里・遺産
⑦ 二条城・拝観　⑧ 大衆劇・閉幕
⑨ 誤差・認　⑩ 尊敬・指揮者

⑪ 読解：うた時計……………………〈P. 123〉

(1) ③
(2) あのごくどうめ
(3) ②
(4) 「おじさん、そいでもね、まちがえて持ってきたんだってよ。ほんとにとるつもりはなかったんだよ。ぼくにね、人間は清れん潔白でなくっちゃいけないよといっていたよ。」
(5) ①
(6) ①

⑫ 言葉と文② 副詞・助詞・助動詞……〈P. 124〉

1 ① さらさら　② かなり
③ ひらひら　④ 決して

2 ① が　② に・を
③ で・に　④ が・から・に

3 ① よう　② られる　③ ます　④ ない

4 ① たり　② ので
③ まるで　④ ずっと　⑤ ます

5 ① れる　② られる　③ せる　④ ない

⑬ 読解：おじいさんのランプ…………〈P. 125〉

(1) ランプ売り
(2) 真昼のように明るい
(3) ③
(4) ①
(5) むっつりとして
(6) あま酒屋
(7) 中・こぼれ出ていた光

⑭ 漢字⑤……………………………〈P. 126〉

1 ① むしょぞく・こうほしゃ
② ひはん・かいぜん
③ せんもんか・じこちょうさ
④ じゅくれんしゃ・しどう
⑤ てんらんかい・（かん）しょう

2 ① おりる・ふる　② いれる・はいる
③ いきる・うまれる　④ たべる・くう
⑤ あかるい・あける

3 ① 疑問点・討議　② 班・机
③ 誠意・看護師　④ 穀物・難民
⑤ 私・将来・夢　⑥ 宗教家・仁愛
⑦ 針穴・絹糸　⑧ 困・救済
⑨ 我・机　⑩ 独創的・研究

⑮ 読解：くもの糸……………………〈P. 127〉

(1) くもの～て来る
(2) ① 数限りもない罪人たちが自分の登った後をつけて、まるでありの行列のようにやはり上へ上へ一心によじ登って来る
② 自分までも、元の地ごくへ逆落としになること。
(3) 開いたまま
動かしていた
(4) わめい
(5) みるみるうちにやみの底へ真っ逆さまに落ちてしまいました。

⑯ 漢字⑥……………………………〈P. 128〉

1 ① こくさいれんめい・こんらん
② じゅうらい・たんじゅんさぎょう
③ じゅひょう・とうちょう
④ なんごく・しゅうじゅく
⑤ みつりん・たんけん・きけん

2 ① 準　② 試　③ 大　④ 高　⑤ 無

3 ① 天皇陛下　② 無所属・候補
③ 革新的・事業　④ 潮・干満
⑤ 批判・改善　⑥ 誕生日・温泉
⑦ 専門家・調査　⑧ 熟練者・指導
⑨ 翌日・届・郵便　⑩ 展覧会・賞

⑰ 読解：生ゴミの減量………………〈P. 129〉

(1) 八割
(2) 約五百万トンもの生ゴミ
(3) 集め・運び・燃やす
(4) 税金などのお金
(5) たまる生ゴミを減量する
水分を四割減量する
(6) 知恵

⑱ 言葉と文③ 接頭語・接尾語………〈P. 130〉

1 ① 非　② 差し　③ 素　④ 真っ
⑤ 無　⑥ 小　⑦ ぶっ　⑧ 打ち

⑨ 真っ　⑩ 不

2 ① 方　② 様　③ たち　④ がる
⑤ きる　⑥ さ　⑦ げ　⑧ 的
⑨ めく　⑩ 性

3 ① 小・㋒　② 素・㋐　③ た・㋑

4 ① がる・㋒　② つける・㋐　③ きる・㋑

19 読解：カレー料理……〈P. 131〉

(1) イギリスがインドを植民地としていたから
(2) イギリス
(3) 香辛料（においやからみをつける、コショウやニンニク、トウガラシやサンショウ、ショウガなどのスパイス）をたくさん使った、野菜や肉類を味付けしたインド料理
(4) ポルトガル人
(5) スープをかけたご飯
(6) ドライカレー・カレーパン・カレーコロッケ

20 漢字⑦……〈P. 132〉

1 ① とうろん・ひけつ
② せいかく・めいろう
③ いよくてき・すいしん
④ しゃそう・だんそう
⑤ へいかい・せんげん

2 ① 系　② 権　③ 料　④ 的　⑤ 化

3 ① 連盟・混乱　② 従来・単純
③ 臨時・時刻　④ 諸国・宝物
⑤ 登頂成功　⑥ 就職活動解禁
⑦ 卒業・紅白幕　⑧ 暖・毛布
⑨ 視界・良好　⑩ 密林・探検（険）

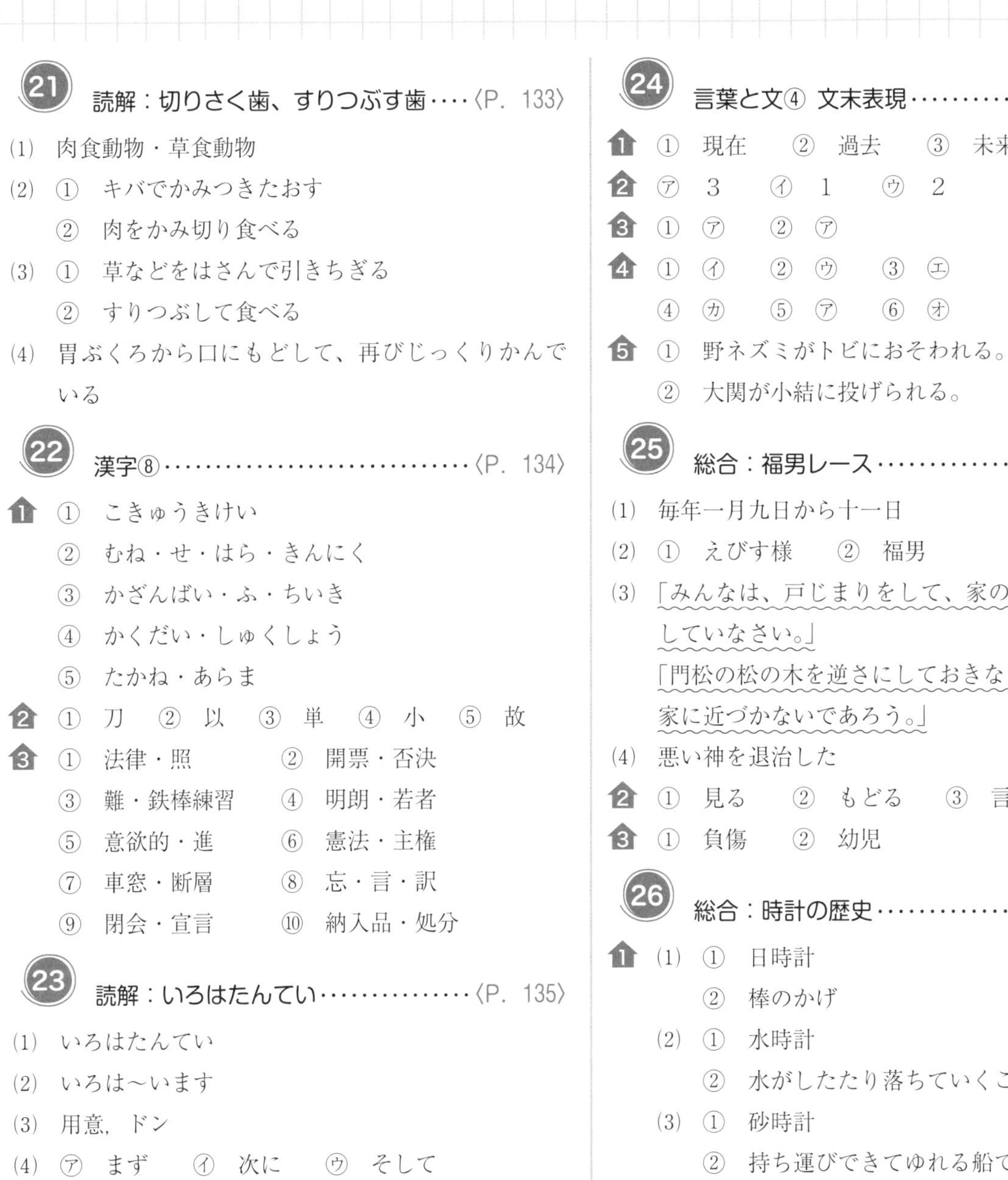

21 読解：切りさく歯、すりつぶす歯……〈P. 133〉

(1) 肉食動物・草食動物
(2) ① キバでかみつきたおす
② 肉をかみ切り食べる
(3) ① 草などをはさんで引きちぎる
② すりつぶして食べる
(4) 胃ぶくろから口にもどして、再びじっくりかんでいる

22 漢字⑧……〈P. 134〉

1 ① こきゅうきけい
② むね・せ・はら・きんにく
③ かざんばい・ふ・ちいき
④ かくだい・しゅくしょう
⑤ たかね・あらま

2 ① 刀　② 以　③ 単　④ 小　⑤ 故

3 ① 法律・照　② 開票・否決
③ 難・鉄棒練習　④ 明朗・若者
⑤ 意欲的・進　⑥ 憲法・主権
⑦ 車窓・断層　⑧ 忘・言・訳
⑨ 閉会・宣言　⑩ 納入品・処分

23 読解：いろはたんてい……〈P. 135〉

(1) いろはたんてい
(2) いろは～います
(3) 用意, ドン
(4) ㋐ まず　㋑ 次に　㋒ そして
(5) 合図
(6) 「ぼうさんがへをこいた」を五回くり返す
(7) 背中に三回タッチされる

24 言葉と文④ 文末表現……〈P. 136〉

1 ① 現在　② 過去　③ 未来

2 ㋐ 3　㋑ 1　㋒ 2

3 ① ㋐　② ㋐

4 ① ㋑　② ㋒　③ ㋓
④ ㋕　⑤ ㋐　⑥ ㋔

5 ① 野ネズミがトビにおそわれる。
② 大関が小結に投げられる。

25 総合：福男レース……〈P. 137〉

(1) 毎年一月九日から十一日
(2) ① えびす様　② 福男
(3) 「みんなは、戸じまりをして、家の中でひっそりとしていなさい。」
「門松の松の木を逆さにしておきなさい。悪い神は、家に近づかないであろう。」
(4) 悪い神を退治した

2 ① 見る　② もどる　③ 言う　④ 敬語

3 ① 負傷　② 幼児

26 総合：時計の歴史……〈P. 138〉

1 (1) ① 日時計
② 棒のかげ
(2) ① 水時計
② 水がしたたり落ちていくこと
(3) ① 砂時計
② 持ち運びできてゆれる船でも使えた
(4) ① ゼンマイのバネ
② フランシスコ・ザビエル

27 総合：たこあげ……………………〈P. 139〉

1 (1) (今年一年) 運勢も上がれという願いから
(2) 中国
(3) 四百年ほど前
(4) Ⓐ それから Ⓑ ところで

2 ① ㋐ ② ㋑ ③ ㋐
④ ㋑ ⑤ ㋒ ⑥ ㋒

28 総合：ワサビ……………………〈P. 140〉

1 (1) ツンと鼻にくるしげきの強い辛味
(2) 奈良時代
(3) 室町から江戸時代
(4) 徳川家康
(5) O－１５７などの食中毒
(6) また

2 ① 化 ② 性 ③ 化 ④ 的

3 ① 誤解・解 ② 絵画展・案内

29 総合：こどもの日……………………〈P. 141〉

1 (1) 女性の田植え
(2) さおとめが田植えをする神聖な行事
(3) 中国
(4) 男の子
(5) 剣
(6) 江戸時代

2 ① 合う ② 治める ③ 変わる

3 ①－㋒ ②－㋐ ③－㋑

30 総合：かかしの郷……………………〈P. 142〉

1 (1) 山奥にある住民のとても少ない村。
(2) 畑を耕しているおばあちゃん
工事をしているおじいちゃん
お店でくつろぐ人たち
(3) 村の住民に似せて作ったかかし
(4) 鳥やけものたちを追いはらう人形
(5) 百人以下

2 ① か ② き ③ く ④ け ⑤ こ

3 ① とじる・しめる ② まける・おう
③ つめたい・ひえる

31 総合：植物工場……………………〈P. 143〉

1 (1) 養分をとかした水と人工光
(2) 温度や空気など
(3) 農地が要らないこと
(4) 計画的に野菜の生産ができる
病害虫の心配がなく、無農薬による安全な生産ができる
レタスなどは大量に生産ができる
(5) 施設費、電気・燃料代などが高額になる
さいばい品目が限られる

2 ① けしき ② とうじ ③ からつゆ
④ しわす ⑤ たなばた

32 総合：白衣の天使……………………〈P. 144〉

1 (1) クリミア戦争
(2) 仲間の看護師を集めた
戦地の病院にかけつけた
(3) ベッドもなく、病人やけが人は床に転がされているから
(4) 病院を清潔にした
栄養のある食事をあたえた
(5) 苦しむ者のためにたたかう者
(6) 看護師の知識や技術を学べる学校

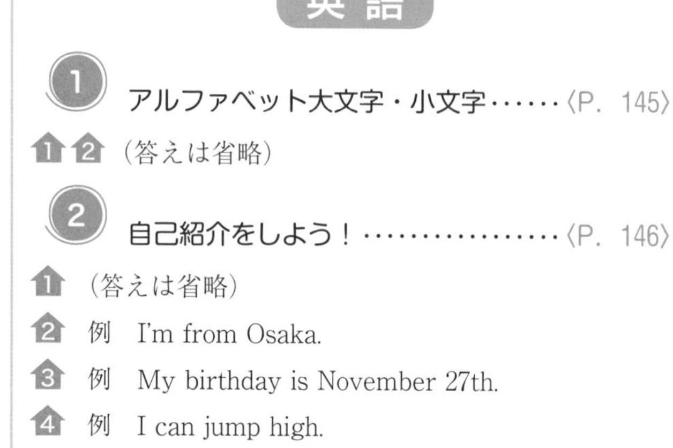

英語

1 アルファベット大文字・小文字……〈P. 145〉

1 2 (答えは省略)

2 自己紹介をしよう！……………〈P. 146〉

1 (答えは省略)

2 例 I'm from Osaka.

3 例 My birthday is November 27th.

4 例 I can jump high.

3 日本について話そう！……………〈P. 147〉

1

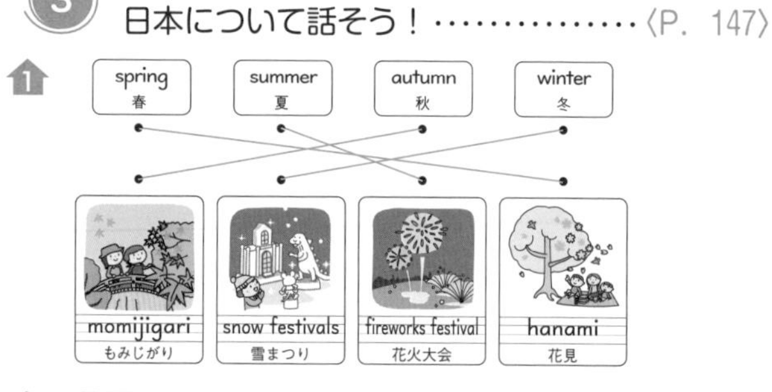

2

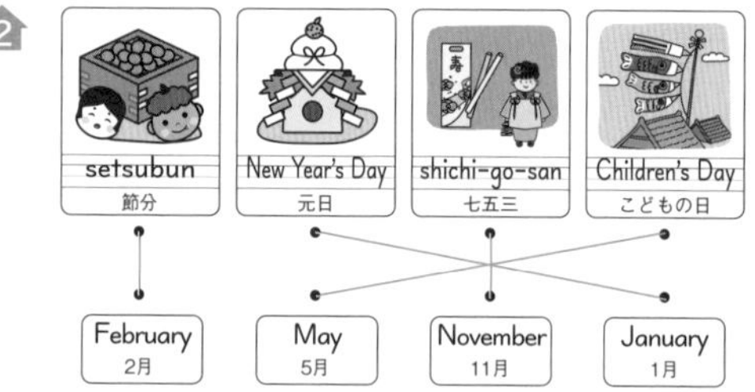

3 (答えは省略)

4 例 We have tempura in Japan.
It's delicious.

4 していることを話そう！…………〈P. 148〉

1 (答えは省略)

2 例 I always go to Juku.
I sometimes ride a bicycle.

3

していること	never (0%)	sometimes (50%)	usually (80%)	always (100%)
eat lice (白米を食べる)				○
walk my dog (犬の散歩をする)			○	
drink coffee (コーヒーを飲む)	○			
watch TV (テレビを観る)		○		

5 何時に何をするかについて話そう！‥〈P. 149〉

1 (答えは省略)

2 例　I usually go to bed at 10：00.

3

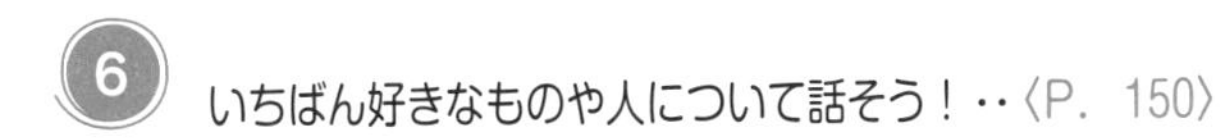

6 いちばん好きなものや人について話そう！‥〈P. 150〉

1 (答えは省略)

2 例　It's hamburgers.

3 (答えは省略)

4

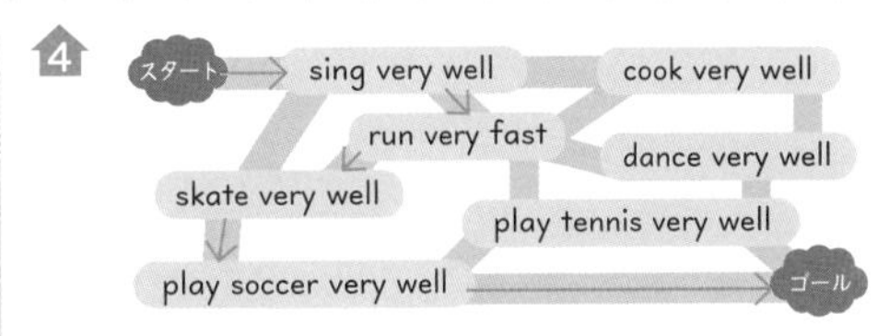

7 どんな人か紹介しよう！‥‥‥‥‥‥‥〈P. 151〉

1 2 3 (答えは省略)

4

アキさんとの関係	どんな性格の人か	できること
兄弟	ユーモアがある	サッカーがとても上手

8 行きたい国・場所について話そう！‥〈P. 152〉

1 (答えは省略)

2

行きたい国	見たいもの
オーストラリア	コアラ

3 (答えは省略)

4

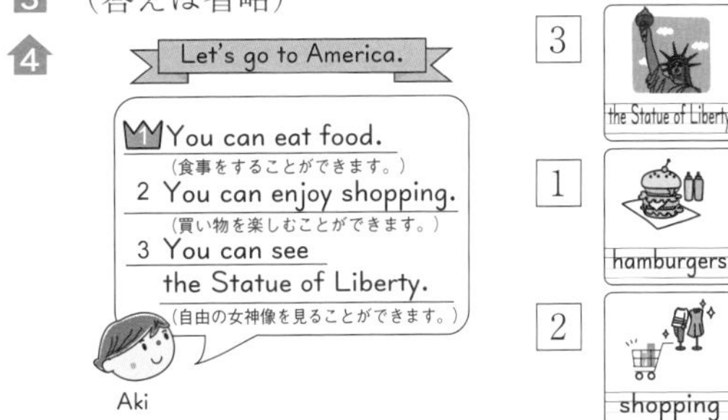

9 得意なことなりたい職業について話そう！‥〈P. 153〉

1 (答えは省略)

2 I'm good at cooking.
I want to be a cook.

3 (答えは省略)

4 例　I want to be a teacher.

10 休みの思い出を話そう！‥‥‥‥‥‥‥〈P. 154〉

1 2 (答えは省略)

3

アキが行った県	そのときの気持ち
青森県	とても楽しかった

4 (答えは省略)

5 例　I enjoyed fishing.

11 小学校での思い出について話そう！‥〈P. 155〉

1 (答えは省略)

2 例　It is our school trip.

3 (答えは省略)

4 例　I saw Tokyo Skytree.

12 中学校でやってみたいことを話そう！‥〈P. 156〉

1 (答えは省略)

2 例　I want to study English.

3 (答えは省略)

4 例　I want to make friends.

要点チェック! 全科ノート　小学6年生

2015年12月20日　初版発行
2021年1月20日　改訂版発行

著者　宮崎彰嗣（みやざき しょうじ）
　　　馬場田裕康（ばばた ひろやす）

発行者　面屋尚志

企画　清風堂書店

発行所　フォーラム・A
〒530-0056　大阪市北区兎我野町15-13
TEL 06（6365）5606
FAX 06（6365）5607
振替　00970-3-127184
http://www.foruma.co.jp/
制作編集担当・蒔田司郎　田邉光喜

表紙デザイン・ウエナカデザイン事務所
印刷・㈱関西共同印刷所／製本・㈱高廣製本